NÉMESIS: MODELO DE JUSTICIA DE MARY DALY

ESWTR Studies in Religion

Published *sub aegis* of the European Society of Women in Theological Research

Edited by Gertraud Ladner (Innsbruck, Austria), Agnethe Siquans (Vienna, Austria), Teresa Toldy (Coimbra, Portugal), and Kristin De Troyer (Salzburg, Austria)

Advisory Board:
Elzbieta Adamiak (Koblenz – Landau, Germany), Carmen Bernabé Ubieta (Bilbao, Spain), Isa Breitmaier (Karlsruhe, Germany), Athalya Brenner-Idan (Haifa, Israel), Maaike de Haardt (Tilburg, The Netherlands), Ann Heirman (Gent, Belgium), Anne Koch (Linz, Austria), Susan Roll (Buffalo, NY; Ottawa, Canada), Lena Roos (Uppsala, Sweden), Zhiru Ng (Claremont, California, USA), Mona Siddiqui (Edinburgh, UK), Nicola Slee (Birmingham, UK; Amsterdam, NL) and Najeeba Syeed (Chicago, USA).

1. Julie Hopkins, '*The Wings of the Spirit'—Exploring Feminine Symbolism in Early Pneumatology: A Reassessment of a Key Metaphor in the Spiritual Teachings of the* Marcarian Homilies *in the Light of Early Syriac Christian Tradition*, Louvain: Peeters, 2020.
2. Antonina Wozna, *Némesis: modelo de justicia de Mary Daly*, Louvain: Peeters, 2021.
3. Theresa Yugar, Lilian Dube, Teresia Mbara Hinge, and Sarah Robinson-Bertoni (eds.), *Valuing Lives, Healing Earth. Festschrift in Honour of Rosemary Radford Ruether*, Vol. 1 and 2, Louvain: Peeters (forthcoming).

NÉMESIS:
MODELO DE JUSTICIA DE MARY DALY

Antonina Maria Wozna

PEETERS
LEUVEN – PARIS – BRISTOL, CT
2021

ISBN 978-90-429-4297-4
eISBN 978-90-429-4298-4
D/2021/0602/7

A catalogue record for this book is available from the Library of Congress.

© 2021, Peeters, Bondgenotenlaan 153, B-3000 Leuven, Belgium

No part of this book may be reproduced in any form or by any electronic or mechanical means, including information storage or retrieval devices or systems, without prior written permission from the publisher, except the quotation of brief passages for review purposes.

I will leave, if I choose to leave, on my own terms.

I have every right to be here. I choose to stand my ground (...)

I still Stand my Ground...more Fiercely than before.

Mary Daly, *Outercourse*, 411

PREFACIO DE LA EDITORA

Hace dos años viajé a Murcia, España, para participar en la defensa de una tesis extraordinaria. Tuve el placer de conocer a la autora de esta publicación, Antonina Wozna, y disfruté de su pensamiento ágil y de su mentalidad abierta. Wozna auna el pensamiento de las jóvenes teólogas europeas con una de las figuras pioneras de la teología y de la filosofía feminista estadounidense y europea, Mary Daly. Wozna examina la obra de Daly y da a su pensamiento fecundo un enfoque ético contemporáneo.

Es estupendo que este libro se publique como el segundo volumen de la serie ESWTR Studies in Religion. Además, es un orgullo publicarlo como el primer volumen español de nuestra serie. Esto es posible gracias a nuestra red internacional de mujeres teólogas, filósofas y científicas de la religión que pertenecen a la Asociación Europea de Mujeres para la Investigación Teológica (ESWTR), extendida, principalmente, por Europa, pero también más allá. Quisiera agradecer la preparación de esta publicación de un modo especial a Agnethe Siquans y a Carmen Bernabé Ubieta (Bilbao, España).

El consejo editorial formado por Kristin De Troyer (Salzburgo, Austria), Agnethe Siquans (Viena, Austria), Teresa Toldy (Coimbra, Portugal) y Gertraud Ladner (Innsbruck, Austria) esperan publicar muchos más volúmenes interesantes en esta serie. Invitamos, encarecidamente, a las estudiosas que investigan en, aunque no exclusivamente, cuestiones feministas, womanistas, queer o decoloniales dentro de los ámbitos de la teología, la filosofía y los estudios de la religión a que presenten sus manuscritos.

Abril de 2020
Gertraud Ladner
Presidenta de la Asociación Europea de Mujeres
para la Investigación Teológica

EDITOR'S PREFACE

Two years ago I travelled to Spain, to Murcia, to participate in an extraordinary defense of a thesis. I had the pleasure to get to know the author of this publication, Antonina Wozna, and I enjoyed experiencing her quick mind and open-mindedness. Wozna brings together the thinking of dedicated young European women theologians with one of the founding figures of Feminist Theology and Philosophy in USA and Europe, Mary Daly. She examines Daly's work for its fruitfulness towards a contemporary ethical approach.

It is great to have this book published as the second volume in our series ESWTR Studies in Religion. And I am proud to publish it as the first Spanish volume or our series. We owe the fact that this is possible to our international network of women theologians, philosophers and scientists in Religion, ESWTR, which extends throughout Europe and beyond. For the preparation of this special publication, I would like to thank especially Agnethe Siquans and Carmen Bernabé Ubieta (Bilbao, Spain).

The editorial board, Kristin De Troyer (Salzburg, Austria), Agnethe Siquans (Vienna, Austria), Teresa Toldy (Coimbra, Portugal) and Gertraud Ladner (Innsbruck, Austria) is looking forward to many more exciting volumes of this series. We warmly invite scholars focusing, albeit not exclusively, on feminist, womanist, queer, or postcolonial issues in the fields of Theology, Philosophy and Religious Studies to present their manuscripts.

April 2020
Gertraud Ladner
President of the European Society of Women
in Theological Research

AUTHOR'S PREFACE

Mary Daly presents a feminist ethics of justice based on the image of the Greek goddess Nemesis. The analysis of her books conducted in this paper outlines the great progress that Daly's ethics of justice implies for feminism, contrasting and comparing it with traditional and feminist ethics. One of her innovations in ethics is to construe Nemesis as a model of justice connecting metaphysics and linguistics. Another is to draw on Aristotelian ethical theory, in contrast to the modern-ethical sources of care ethics and the ethics of representation.

The author is known in Spain as a radical post-Christian feminist, but her works have hardly been investigated in Spanish contexts or translated into Spanish.

I was familiarized with Mary Daly at the Feminist School of Theology of Andalucia (EFETA), which closed in 2013 but which has trained hundreds of women in Europe and America in feminist theology.

My work on Mary Daly began with a brief unpublished article that was wrote at EFETA School, on Daly's theological and trinitarian vision compared to the theology of Elisabeth Johnson and Sallie McFague. Subsequent research served for my Master in Theology at the University of Murcia and my Bachelors Thesis at the Pontifical University *Antonianum* in Rome; parts of this research were published in *Carthaginensia* Review 32 (2016), with the title "Rasgos de la teología feminista en la narrativa de Mary Daly."

The present book is the result of the doctoral thesis at the University of Murcia (2018) with the title "Némesis: concepto de justicia en la ética feminista de Mary Daly. Aportación a la vision tradicional de la justicia, la justicia de representación, la justicia del cuidado y el ecofeminismo," which is presented in a limited form and highlights Daly's dialogue with contemporary feminists, especially with Nancy Fraser and Carol Gilligan.

Daly's philosophy presents its own epistemological body (unlike the philosophy of the genitive) and it allows the establishment of an ethics that does not depend directly on Aristotle or Immanuel Kant (the parents of classical and modern philosophy and ethics), though it articulates their best intuitions and methods.

This paper aims to celebrate and preserve the memory of this thinker and her writings, showcasing her as on of the first female Doctors in Theology in Europe and the United States, a pioneer and a writer who initiated a fruitful dialogue between philosophy and classical and feminist theology, and whose ethical theory representing Nemesis as an alternative image to the traditional virtue of justice makes a truly innovative contribution.

My personal interest in justice stems from my personal and professional context: the business world, specifically the branch of sales, which requires constant mobility and which still lacks gender parity and (for the vast majority) equal opportunities and remuneration. The theological reflection promoted by a radical feminist thinker like Mary Daly has allowed me to distance myself from these realities, overcome the obstacles that they present. It has also enabled me to question the ambiguities of my chosen path in order to seek solutions – not only theoretical, but also practical – to the difficulties of other women who, through their presence at the borders and their rigorous and transformative contribution, are seeking to improve the precarious circumstances to which they are subjected.

What we want to achieve in this paper is to show how the ethics of Nemesis can be a model of feminist justice, on the basis of Daly's narrative following the chronological order of her writings so that she articulates a transverse philosophy and ethics common to the feminist thinkers.

The aim is to highlight Daly's innovative contribution to feminist ethics by investigating how aesthetics breaks into ethics, and why it is so important for feminist reflection and for the reception of Mary Daly's narrative.

An additional objective is to show how Daly articulates ethics and aesthetics with respect to the virtue of justice, and to show how, by reviewing the currents of this category from traditional ethics, she presents the image of the goddess Nemesis and its relevance for renewing the feminist understanding of justice.

Finally, we intend to review the state of the art in feminist ethics, specifically Nancy Fraser's representation justice, Carol Gilligan's justice of care, and ecofeminism, to compare and contrast them with Daly's proposal. This will situate Daly in the context of contemporary feminist ethics and show her contribution to it.

This book applies the bibliographical and interdisciplinary methodology. Showing the sources of Mary Daly's thought and the influences on it, as well as delving into her narrative contexts and the ethical consequences of using the Nemesis metaphor, we will see how her ethical model can transform both a distorted tradition (history) and moral that allows praxis of liberation.

The analysis is enriched by an account of the relationship between ethics and aesthetics that facilitates theological renewal and promotes the development of doctrinal readings that accord with reality. It also facilitates the design of moral approaches that take into account the holistic and experiential aspect of all of humanity, with special attention to the invisible or forgotten women, the unrecognized protagonists of patriarchal history who have never received justice. It will reflect the unsuitability of the term "justice" for not conveying the original claim of gospel, at least from Daly's point of view.

Our approach to Mary Daly's justice of the Nemesis is interdisciplinary and narrative. We chose this methodology to facilitate understanding of the ethical principles in her work, and to link the concept of Nemesis with different theoretical and practical areas: theology; ontology; semantics; politics; history; ecological concerns, and utopia.

We also acknowledge that the narrative method helps connect feminist ethics with narrative ethics. This form of relating history presents the storyteller as a moral agent and person. Confirming the epistemological credibility of authors and rapporteurs ensures that their identities are maintained.

We conduct a synchronic and diachronic analysis of the texts that Daly published between 1968 and 2006. The chronological order of the major works is as follows: *The Church and the Second Sex* (1968), *Beyond God the Father* (1973), *Gyn/Ecology*: *The Metaethics of Radical Feminism* (1978), *Pure Lust: Elemental Feminist Philosophy* (1984), *Webster's First New Intergalactic Wickedary of the English Language* (1987), *Outercourse: The Be-Dazzling Voyage* (1991), *Quintessence... Realizing the Archaic Future: A Radical Elemental Feminist Manifesto* (1996), and *Amazon Grace: Re-Calling the Courage to Sin Big* (2006).

Some works relate to Daly's activity in Ireland; these have a social rather than theological character. Beyond Daly's three doctoral theses: in theology, English language, and philosophy, her works also include a collection of articles and lectures on educational and political topics. More than twenty articles from Boston College's *The Heights Magazine* help us see how prolific Daly was over her career.

As a theologian, Daly is practically unknown in southern and eastern Europe, despite being one of the first female Doctors in Catholic theology (1963, University of Freiburg, Switzerland). Since 1992, only seven doctoral theses have been written about her work (there is no news about the previous theses) and these focus on ecclesiology and dogmatics after the II Vatican Council.

The translations of Daly's works into Spanish are scarce, and most of her texts are not available to reach. It is even difficult to find her books in specialist libraries.

Most of the monographs devoted to Daly's work come from the United States. In Spanish-language theology, by contrast, Daly is mentioned in only few books, and her reception there has been as a radical post-Christian theologian, which has turned others off from studying her work.

To summarize what we establish in this paper:

- The conditions of the possibility of structuring an ethics of feminist justice based on Daly's narrative approach.
- A comparison with the foundations of modern ethics: the connection between the classical theological reflection on the virtue of justice and a feminist concern for new languages representing a liberatory praxis.
- The use of an ethical method based on the critical ontology and semantics of traditional justice and its modern frameworks.
- The relevance of the symbol or figure of Nemesis in designating the transverse orientation of feminist ethics as a non-fragmented and complete epistemological body of science.
- An overview of current feminist ethics has helped us compare and contrast Daly's work with that of other authors. It has also put us in a position to highlight the novelty of her "Nemesis" concept of justice, with respect both to the classic vision of justice, and to the current feminist ethical debate about the justice of representation and care in the context of equality and difference.

A contribution of Mary Daly's works to the feminist perspectives on justice is to make her ethics a feminist alternative to the traditional concept of justice and to provide a global framework to ground different currents of feminist ethics.

April, 2020
Antonina Wozna

CONTENIDO

AGRADECIMIENTOS

Quisiera dedicar el libro a mi marido: Sergi Tomás Alberola, que buscó incansablemente las fuentes que permitieron que este trabajo fuera riguroso, y sirvió de apoyo incesante en los momentos de dudas y debilidad.

También quisiera agradecer la gran dedicación de mi madre: Urszula Wozna, que no ha dejado de creer en mí y asumió muchísimo trabajo doméstico para liberarme de mis obligaciones, dada la carga profesional adicional soportada a lo largo de la redacción.

No dejaré de agradecer a Bernardo Pérez Andreo la paciencia al dirigir la tesis doctoral, fruto de la cual nace este libro, a Miguel Ángel Arraiz, ofm y a todo el Equipo de la Universidad de Murcia y de la Universidad Pontificia Antonianum de Roma la posibilidad de desplegar el pensamiento feminista en la Universidad Pública y en la Iglesia Católica.

Gracias a Ángel Garcia Santos, op por haberme acompañado en todas las etapas de mi formación teológica y a Quintín Calvo Cubillo, Dios lo tenga en su gloria, que supo cultivar en mí las inquietudes y la humildad intelectuales. A las hermanas Carmelitas Misioneras Teresianas, a cuya comunidad pertenecí, quisiera agradecerles su acogida y oración.

SIGLAS

Wickedary: Mary Daly, *Websters' First New Intergalactic Wickedary of the English Language* (Boston: Beacon Press, 1987).

CL: Juan Pablo II, *Christifideles laici* (Roma, 1988), accessed April 18, 2019, http://w2.vatican.va/content/john-paul-ii/es/apost_exhortations/documents/hf_jp-ii_exh_30121988_christifideles-laici.html

VS: Juan Pablo II, *Veritatis Splendor* (Roma, 1993), accessed April 20, 2019, http://w2.vatican.va/content/john-paul-ii/es/encyclicals/documents/hf_jp-ii_enc_06081993_veritatis-splendor.html

EV: Juan Pablo II, *Evangelium Vitae* (Roma, 1995), accessed April 17, 2019, http://w2.vatican.va/content/john-paul-ii/es/encyclicals/documents/hf_jp-ii_enc_25031995_evangelium-vitae.html

CIV: Benedicto XVI, *Caritas in veritate* (Roma, 2009), accessed March 13, 2018, http://w2.vatican.va/content/benedict-xvi/es/encyclicals/documents/hf_ben-xvi_enc_20090629_caritas-in-veritate.html

LS: Papa Francisco, *Laudato sí* (Roma, 2015), accessed April 2, 2019, http://w2.vatican.va/content/francesco/es/encyclicals/documents/papa-francesco_20150524_enciclica-laudato-si.html

INTRODUCCIÓN

La teóloga Mary Daly es conocida en España como feminista radical postcristiana. Se la califica de esta manera, aunque prácticamente no se hayan estudiado ni traducido sus obras al castellano ni siquiera en los ámbitos de la filosofía de género (al abandonar la perspectiva del feminismo radical) o desde la teología (al ser categorizada la autora como postcristiana).

Mi encuentro con ella se produce en la Escuela Feminista de Teología de Andalucía (EFETA) que clausuró su actividad en 2013, pero que ha orientado a centenares de mujeres en Europa y en América en la perspectiva teológica feminista.

El trabajo sobre Mary Daly se inició con un breve artículo no publicado que formaba parte de la memoria de la escuela, sobre la visión teológica y trinitaria de Mary Daly en comparación con Elizabeth Johnson y Sallie McFague. La investigación posterior sirvió para el Master en Teología en la Universidad de Murcia y la tesina de licenciatura en la Pontificia Universidad *Antonianum* de Roma, cuya parte se publicó en la Revista *Carthaginensia* 32 (2016), con el título "Rasgos de la teología feminista en la narrativa de Mary Daly."

Este libro es fruto de la tesis doctoral en la misma Universidad de Murcia (2018), con el título: "Némesis: concepto de justicia en la ética feminista de Mary Daly. Aportación a la visión tradicional de la justicia, la justicia de la representación, la justicia del cuidado y el ecofeminismo," que se presenta en la forma acotada y reducida, poniendo de relieve el diálogo de Mary Daly con las feministas contemporáneas, sobre todo Nancy Fraser y Carol Gilligan.

La propuesta que hace Mary Daly sobre la filosofía como cuerpo epistemológico propio (no como filosofía del genitivo) permite el sentar las bases de una ética que no depende directamente de Aristóteles o Immanuel Kant (padres de la filosofía y moral clásica y moderna), aunque articule sus mejores intuiciones y métodos.

Destacamos, sobre todo, la aportación de Mary Daly al debate sobre la justicia clásica y moderna desde la conexión entre la ontología, la lingüística y la ética, donde muestra la imbricación de la teoría y praxis a través de la imagen de Némesis: una figura y un concepto tomado de la mitología griega. Némesis será clave para ofrecer una propuesta inclusiva de la visión feminista de la justicia de la representación y de la justicia del cuidado.

El interés personal sobre el tema de la justicia brota del contexto en el que me sitúo personal y profesionalmente: el mundo empresarial, en concreto la rama de las ventas y negocios que exige una constante movilidad y donde no está alcanzada la paridad ni, en su inmensa mayoría, la igualdad de oportunidades y remuneración. La reflexión teológica de la mano de una pensadora radical feminista como Mary Daly, me ha permitido distanciarme de la realidad, superar los obstáculos y asumir la precariedad, cuestionar las ambigüedades del camino escogido, con el fin de buscar repuestas, no solamente teóricas, sino también prácticas a las circunstancias de otras mujeres que buscan cambiar la precaria, a veces, realidad laboral a la que están sometidas, por medio de la presencia en las fronteras y la aportación transformadora y rigurosa a las mismas.

El trabajo pretende recuperar la memoria de esta pensadora y de sus escritos, descubriéndola como una de las primeras mujeres doctoras en teología en Europa y Estados Unidos;[1] una pionera y una escritora novedosa que lleva a cabo un diálogo muy fecundo entre la filosofía y teología clásica y feminista, con una aportación innovadora a la teoría ética, que presenta Némesis como imagen alternativa a la virtud tradicional de la justicia.

El trabajo muestra que la teóloga inaugura un estilo, un lenguaje y un método propio de la ciencia feminista que no sólo cuestiona el método tradicional científico (universal, neutral, objetivo, totalizador y esencialista) de cariz patriarcal, sino que dejando patente las carencias de la comunidad científica, propone ampliar el campo del conocimiento filosófico y teológico a la experiencia, la sensibilidad, la novedad y, sobre todo, a la presencia crítica de las mujeres y su ser.

Se ha recurrido a las teorías lingüísticas que muestran la conexión de las prácticas sociales y políticas con las imágenes, las palabras y la comprensión que pretenden describir la realidad. Así se pone de manifiesto cómo, partiendo de la primera de las virtudes morales (justicia), Daly cuestiona "el hábito constante de la voluntad de dar a cada uno lo que es debido,"[2] qué derechos se deben a las mujeres en función del varón que las marca.[3]

En primer lugar, el trabajo recalca que Daly no se queda sólo en la denuncia de la esquizofrenia ética[4] o el doble baremo en la moral tradicional cristiana que viene de la mentalidad, simbología e imagen falocrática,

1. Mary Daly, *Outercourse: The Be-Dazzling Voyage*, 2ª ed. (London: The Women's Press, 1993), 61. Letizia Tomassone, *Un volcano nel volcano: Mary Daly e gli spostameni della teología* (Torino: Effata Editrice, 2012), 8.

2. Tomás de Aquino, *Summa Theologiae*, II–II 58 a, 1.C, trans. Ovidio Calle y Lorenzo Jiménez (Madrid: BAC, 1990).

3. Mary Daly, *Pure Lust: Elemental Feminist Philosophy* (Boston: Beacon Press, 1984), 274.

4. John Giles Milhaven, *Toward a New Catholic Morality* (New York: Image Book, 1970), 85.

sino que ofrece unos contenidos prácticos en torno a la virtud de la justicia feminista, ilustrada en la figura de Némesis. Llega hasta darle otro nombre, al afirmar que la palabra "justicia" ha dejado de tener sentido para las mujeres, por su uso sesgado y patriarcal.

En segundo lugar, la investigación inserta la propuesta de Mary Daly en el marco del debate ético feminista sobre la igualdad y diferencia, presentando las corrientes morales modernas de la justicia de la representación de Nancy Fraser[5] y de la justicia del cuidado de Carol Gilligan.[6]

En tercer lugar, se hace un análisis del alcance de la justicia de la Némesis en la obra de la filósofa y su incidencia en los campos teológico, ontológico, hermenéutico, lingüístico-semántico, histórico-político, ecológico y utópico. Se compara su visión de la justicia con las pensadoras clave de la justicia de la representación y de la justicia del cuidado en los mismos ámbitos.

Finalmente, se abordan los aspectos críticos de sus planteamientos éticos. Valorando la utilidad de la propuesta de Mary Daly para las preocupaciones feministas actuales, se ofrecen unas perspectivas del desarrollo e investigación posterior de la misma.

Lo que se pretende conseguir en este trabajo es mostrar cómo la ética de Némesis partiendo de la narrativa de esta autora, sería un modelo de justicia en clave feminista. Se muestra la visión del feminismo de la autora siguiendo un criterio cronológico y crítico de sus escritos. Lo que demuestra su interés en la articulación de una filosofía y ética transversal propia, no fragmentada y común de las feministas. Se pretende resaltar la aportación innovadora de la autora al tratado ético feminista investigando de qué manera la estética irrumpe en la ética y por qué es tan importante para la reflexión feminista y para una recepción de la narrativa de Daly.

El objetivo conseguido ha sido mostrar de qué forma Daly articula la ética y la estética en torno a la virtud de la justicia, y cómo presenta la imagen de la diosa Némesis y su pertinencia para la renovación de la comprensión feminista de la justicia mediante la revisión de las corrientes de comprensión de esta categoría desde la ética tradicional.

Finalmente, se pretende revisar las corrientes de la ética feminista actual, en concreto, la justicia de representación de Nancy Fraser,[7] la justicia del cuidado de Carol Gilligan,[8] con el fin de mostrar sus afinidades y diferencias

5. Nancy Fraser, *Escalas de justicia*, trans. Antoni Martínez Riu (Barcelona: Herder, 2008).

6. Carol Gilligan, *In a Different Voice: Psychological Theory and Women's Development* (Cambridge: Harvard University Press, 1982).

7. Nancy Fraser and Axel Honneth, *¿Redistribución o reconocimiento? Un debate politico-filosófico*, trans. Pablo Manzano (Madrid: Morata, 2006).

8. Gilligan, *In a Different Voice,* 23.

respecto a la propuesta de Mary Daly. Esto sitúa a la autora en el contexto de la problemática y el debate moderno y actual de la ética feminista, a la vez que se valora su aportación a la misma.

Con esta investigación se pretende mostrar que Mary Daly, en el marco de la reflexión ética, conecta la reflexión teológica clásica sobre la virtud de la justicia con la preocupación feminista por nuevos lenguajes que representen una praxis liberadora, y que su modelo será Némesis (diosa mitológica de la retribución). Así la estética irrumpe en la reflexión ética y, a través de diferentes expresiones (mitos, tradiciones...), se hace posible articular una teología y una ética feminista holística, que se proponen como un modelo moral innovador y desconocido.

Su método ético se basa en una ontología y semántica novedosas que no solamente hacen crítica de la justicia tradicional, sino que cuestionan los marcos modernos de la justicia. Las corrientes feministas de la justicia de representación y de la ética del cuidado serían modificaciones de las éticas ya existentes. Mientras el tratado ético desarrollado daría consistencia y cohesión a ambas propuestas, evitando a su vez, que entren en conflicto dentro del debate actual feminista sobre la igualdad y la diferencia.

Mary Daly parece aportar, por un lado, una alternativa feminista al concepto tradicional de la justicia. Y, por otro lado, proporcionaría un marco global para fundamentar diferentes corrientes de ética feminista como parte de un cuerpo ético estructurado y no solamente en cuanto correcciones de los planteamientos modernos de la justicia.

CAPÍTULO I

MARCO METODOLÓGICO

1.1 Diseño metodológico de la investigación

Siguiendo el criterio cronológico y crítico de los escritos de la teóloga estadounidense, se descubre su visión del feminismo entroncado en el diálogo con las mujeres, la crítica a la que somete la teología clásica, la innovación del lenguaje que propone, la coherencia de su vida, su pensamiento y la progresividad del mismo que alcanza su madurez en las obras de *Gyn/Ecology* y *Pure Lust* donde plantea las bases o presupuestos de la ética y la filosofía feminista sistemática.

Se analiza también cómo estos aspectos se suman y refuerzan la hipótesis que se plantea y que se plasma en las dos obras centrales, es decir, articular una filosofía y teología trasversal propia y común de las feministas, elevándola a un saber compacto y no fragmentado, basado en la idea del consenso, al menos, en unos acuerdos de mínimos. De esta forma, el conocimiento feminista puede lograr una mayor repercusión dentro de la comunidad científica, un impacto más significativo y un poder de influencia.

Al mismo tiempo, al introducir un método innovador, un lenguaje distinto y crítico, Mary Daly aporta una perspectiva más amplia a la ciencia y a la filosofía, hasta ahora marcada por el patriarcado.

Siguiendo la metodología narrativa se presenta con más detenimiento el aspecto ético que la autora estudia en profundidad dentro de su propio método interdisciplinar. Mostrando las fuentes de su pensamiento, las influencias, los contextos narrativos que conjuga, las consecuencias éticas y la práctica del uso de la metáfora de Némesis, veremos cómo su modelo ético basado en este mito tiene una capacidad transformadora de la realidad; aportando, en la misma figura, tanto una tradición (historia) tergiversada, como un contenido moral que permite una actualización y praxis morales liberadoras.

El análisis se enriquece con la reflexión sobre la relación entre la ética y la estética que facilita la renovación teológica permitiendo desarrollar lecturas doctrinales más actuales y acordes con la realidad, así como el diseño de planteamientos morales que tengan en cuenta el aspecto holístico y experiencial de toda la humanidad, con especial atención a las protagonistas invisibilizadas u olvidadas por la historia patriarcal y a las que no se ha hecho justicia. Se reflexionará sobre el término mismo de "justicia" que desde el punto de vista de Daly no es suficiente para transmitir la reivindicación original evangélica.

1.2 Metodología

1.2.1 *Fuentes de la investigación*

Se ha procedido a analizar de forma diacrónica y sincrónica los textos de la autora publicados entre 1968 y 2006.

El orden cronológico de las obras mayores sería el siguiente: *The Church And The Second Sex*, 1968, *Beyond God the Father*, 1973, *Gyn/Ecology: The Metaethics of Radical Feminism* 1978, *Pure Lust: Elemental Feminist Philosophy* 1984, *Websters' First New Intergalactic Wickedary of the English Language* 1987, *Outercourse: The Be-Dazzling Voyage*, 1991, *Quintessence … Realizing the Archaic Future: A Radical Elemental Feminist Manifesto*, 1996 y *Amazon Grace: Re-Calling the Courage to Sin Big*, 2006 en todas sus ediciones (hasta tres en cada caso).

Las primeras obras se centran más en los ámbitos eclesiológico y doctrinal, mientras que en *Gyn/Ecology*, *Pure Lust* y *Quintessence*, que son sus obras de madurez, se descubre el diálogo con algunas partes de la *Suma Teológica* de Tomás de Aquino y con algunas obras de Paul Tillich, clarificando al mismo tiempo su propio método teológico. Las dos obras finales son ensayos prácticos que giran en torno a la aplicación de su método.

Existen también tres obras relacionadas con la estancia y trabajo de Daly en Irlanda, que tienen un carácter social, no teológico: *Women And Poverty*. Dublin: Attic Press, 1989; *The Spirit of Earnest Inquiry: Statistical and Social Inquiry Society of Ireland 1847–1997*. Dublin: Institute of Public Administration, 1997; *Against All Odds: Family Life on a Low Income in Ireland*. London: The Women's Press, 2002.

La obra de Daly, más allá de las tesis de doctorado en teología, lengua inglesa y filosofía, comprende también una colección de artículos y conferencias sobre aspectos educativos y políticos. Su autobiografía intelectual, recogida en *Outercourse*, y más de veinte artículos en la revista *The Heights* del *Boston College* facilitan la labor de acercamiento al perfil y la trayectoria académica de la autora. Las entrevistas se encuentran en internet y en los medios de comunicación.

1.2.2 *La novedad y la originalidad de la obra de Daly*

En España existen muy pocos estudios de su pensamiento y su obra que, prácticamente, no se ha traducido al castellano. La teóloga es muy poco conocida en Europa a pesar de ser una de las primeras doctoras en teología católica (1963, Universidad de Friburgo). Desde el año 1992 (no hay noticias sobre las tesis anteriores), se han escrito siete cinco tesis doctorales en torno a Daly: tres de teología y dos de filosofía; una en la Universidad de Sudáfrica, dos en los Países Bajos, en la Universidad Católica de Nijmegen y en la Universidad de Tilburg, y dos en Canadá (Universidad de Toronto y Ottawa).

Como se puede ver en los títulos de las tesis: éstas no toman en consideración el aspecto metodológico de la narrativa de Daly, sino que más bien centran la atención en la eclesiología tras el concilio y la dogmática:

Hope, Paula, "Patriarchy and Self-Hate: Mary Daly's Psychological Assessment of Patriarchal Religion Appraised and Critiqued in the Context of Karen Horney's Psychoanalytic Theory," PhD diss., University of Ottawa, 2013; Juschka, Darlene, "Feminist Encounters with Symbol, Myth and Ritual: Mary Daly, Elisabeth Schüssler Fiorenza, and Rosemary Radford Ruether," PhD diss., University of Toronto, 1998; Korte, Anne-Marie, "Een passie voor transcendentie: feminisme, theologie en moderniteit in het denken van Mary Daly," PhD diss., Catholic University Nijmegen, 1992; Nutt, Aurica, "Gott als Verb: Gott, Geschlecht und Leiden: Die feministische Theologie Elizabeth A. Johnsons im Vergleich mit den Theologien David Tracys und Mary Dalys," PhD diss., Tilburg University 2008; Wood, Johanna Martina, "Patriarchy, Feminism and Mary Daly: A Systematic-Theological Enquiry into Daly's Engagement with Gender Issues in Christian Theology," PhD diss., University of South Africa 2013.

Solo dos capítulos de su primer libro han sido traducidos al castellano dentro de la siguiente antología feminista: Ress, Mary Judith, Ute Seibert and Lene Sjørup. *Del cielo a la tierra: Una antología de teología feminista*, Santiago de Chile: Sello Azul, 1997 (1ª ed. 1994). La traducción del original inglés es de Elena Olivos.

El resto de sus textos no están disponibles en el mercado español, ni siquiera en su versión original, y la recopilación de su obra implica la búsqueda en Inglaterra, en Estados Unidos y algún título en italiano o alemán, más bien en los motores de búsqueda por internet que en las librerías. Incluso en las bibliotecas especializadas es difícil encontrar sus libros.

La mayor parte de las monografías dedicadas a la obra de Daly se encuentran en el ámbito estadounidense, en particular cuando se produce el cese de la profesora en la universidad y tras su muerte centrándose preferentemente en el campo feminista y no metodológico de la producción de la autora: Alvizo, Xochitl, "Celebrating and Con-Questioning Mary Daly," en *Journal of Feminist Studies in Religion,* 28 no. 2 (2012): 98–100; Culpepper, Emily, "Special Edition in Memory of Mary Daly," *Journal of Feminist Studies in Religion,* 28 no. 2 (2012): 89–90; Gómez Acebo, Isabel, "Dios en la teología feminista: Estado de cuestión," *Estudios Eclesiásticos* Vol. 78, Nº 304

(2003): 10–35; Hunt, Mary, "Celebrating and Cerebrating Mary Daly (1928–2010)," *Journal of Feminist Studies in Religion,* 26 no. 2 (2010): 7–9; Hoagland, Sarah and Marilyn Frye, *Feminist Interpretations of Mary Daly,* Pennsylvania: The Pennsylvania State University Press, 1992; Plaskow, Judith, "Lessons from Mary Daly," *Journal of Feminist Studies in Religion,* 28 no. 2 (2012): 100–104; Ratzel, Eveline, *The BIG SIN: Die Lust zum Sündigen: Mary Daly und ihr Werk.* Hamburg: Christel-Göttert, 2011; Tomassone, Letizia, ed., *Un vulcano nel vulcano: Mary Daly e gli spostamenti della teologia,* Cantalupa: Effata, 2012, Riswold, Caryn, "Two Reformers: Martin Luther and Mary Daly as Political Theologians?" *Political Theology,* 7 (2006): 43–52.

Se menciona a Daly en Gibellini, Rosino, *La teología del siglo XX*, Santander: Sal Terrae, 1998, junto con *La mítica de feminidad* de Betty Friedan (1963) y *Política del sexo* de Kate Millet (1969), como una figura articuladora de la respuesta católica a la obra de Simone de Beauvoir y su obra *Iglesia y segundo sexo.*

La antología de Loades, Ann, ed., *Teología feminista.* Bilbao: DDB, 1997 le dedica 11 páginas y Amorós, Celia, *Feminismo y filosofía*, Madrid: Síntesis, 2000, le dedica 15 páginas dentro del apartado sobre el ecofeminismo. Russel, Letty, *Dizionario di teologie femministe*, Torino: Claudiana, 2009, sin embargo, ofrece una escasa información sobre la autora.

Incluso en el mencionado estudio feminista de Gómez Acebo, Isabel, "Dios en la teología feminista: Estado de cuestión," la autora ha sido considerada como teóloga radical, postcristiana y esta consideración ha cerrado los cauces de su estudio.

1.2.3 *Metodología narrativa*

Nuestro acercamiento a la justicia de la Némesis de Mary Daly será de carácter interdisciplinar. Se ha optado por la metodología narrativa para facilitar la comprensión del enfoque ético de la filósofa dentro de su obra y vincular el concepto de Némesis con diferentes ámbitos teóricos y prácticos: la teología, la ontología, la semántica, la política y la historia, el ámbito existencial, humanista y experiencial de las mujeres, la preocupación ecológica y la utopía; también se verán las aportaciones de los otros autores con los que confrontaremos las aportaciones de la filósofa.

Consideramos también que el método narrativo permite conectar la ética feminista con las éticas narrativas, es decir, muestra cómo se plasman las historias orales y escritas y cómo son expresadas por los individuos y grupos para definir su universo moral. La forma de contar historias muestra la forma de ser del que trasmite en cuanto agente moral y persona.

Confiriendo a los autores y a los relatores la credibilidad epistemológica, se moldean y mantienen las identidades.

Hay que señalar, que la misma autora utiliza un método parecido al narrar los ritos de opresión femenina en los diferentes continentes, como veremos en *Gyn/Ecology*. El método narrativo reivindica las diferentes perspectivas y las diversas y legítimas interpretaciones morales, frente a un modelo ético uniforme, dominador, descontextualizado y pseudoneutral. De esta forma, se pone de relieve el déficit de la inclusión de las mujeres como sujetos morales y las limitaciones de los discursos morales clásicos y modernos. A la vez, las distintas formas de narrar la historia por las mujeres permitirán romper con las praxis y las teorías que las silencian y excluyen.

El cambio del paradigma narrativo consiste en situar al sujeto moral imperfecto en el mundo imperfecto, frente a la moral que partía del ideal humano abstracto dentro de la realidad perfectamente estructurada.[1] Desde esta clave, el método narrativo enfatiza el contexto, las circunstancias y el carácter político de la vida privada. Se ponen en duda los relatos que prefieren una distancia imparcial en detrimento de la relacionalidad entre los sujetos y privilegian la universalidad de las teorías juridicistas o principios éticos neutros.

Según Hilde Nelson,[2] la función de las historias contadas tiene los siguientes objetivos:

- Enseñar los deberes.
- Mostrar ejemplos de moralidad.
- Motivar buenas acciones.
- Justificar los motivos morales.
- Buscar una percepción moral más refinada.
- Autocomprenderse moralmente.
- Reinventarse como personas.

Estas historias difieren también en función de su objetivo. Mary Daly hace un uso feminista, para resistirse a reproducir las lecciones aprendidas desde los siglos sobre lo propio y lo moralmente correcto para las mujeres, reivindicar otros deberes y, puesto en la sociedad, construir un relato alternativo sobre la justicia, además de transformar los relatos con sentido de humor para que dejen de lastrar las conciencias y liberen el potencial creativo de la imaginación moral de las mujeres.

Veremos cómo la teóloga hace una relectura de los valores, y en concreto del valor de la justicia, para cambiar la representación de la misma

1. Kathryn Hunter, *Doctors' Stories: The Narrative Structure of Medical Knowledge* (Princeton: Princeton University Press, 1991), 306.

2. Hilde Nelson, *Damaged Identities, Narrative Repair* (Ithaca: Cornell University Press, 2001), 36.

y ofrecer un relato válido al contenido de la justicia ofrecido por la moral tradicional y moderna, incluso en la feminista.

Los relatos son visuales, incluyen los mensajes auditivos, el lenguaje corporal, el ámbito de derechos y de deseos y atañen a todos los medios de comunicación y de expresividad; por eso, el arte será un componente que desarrollaremos con detenimiento para encontrar la pertinencia de la imagen de Némesis como clave interpretativa y narrativa que vehicula y atraviesa su propuesta filosófico-ética.

Descubriremos cómo la autora reordena y reinterpreta los valores tradicionales sobre la justicia para hacer confluir los diferentes enfoques de la ética feminista en un cuerpo epistemológico y legible, con orientación netamente práctica.

La apertura al diálogo forma parte del método narrativo aplicado a la ética permitiendo la multiplicidad de voces e interpretaciones, negociaciones y permiten elegir la mejor opción.

Es interesante ver de qué manera la narrativa permite encontrarse a sí mismo como sujeto moral, singular y condicionado, aunque no determinado por los demás, por las instituciones y los valores. La constitución del sujeto moral encuentra su coherencia narrativa dentro del relato y no solamente entre las coordenadas de lo bueno o lo malo, de lo correcto y lo incorrecto. Mary Daly lo pondrá de manifiesto al cuestionar el modelo personal en cuanto varón y la crisis de la identidad que causa este hecho en las mujeres que buscan la propia historia, pero no lo consiguen más allá de las historias contadas desde la autoría y la legitimidad epistemológica del que las ha contado. Por eso, la pensadora ofrece como opción o alternativa una historia y una filosofía diferente.

Si la moralidad es responder y dar cuenta de lo que uno hace, luego son acciones y prácticas eminentemente narrativas, por lo cual la coherencia del relato conferirá coherencia a la identidad y al universo moral de la persona que narra.

La fluidez y la estructura compleja de las identidades consisten en la interacción de las diferentes historias, o fragmentos de éstas, contadas desde múltiples puntos de vista, por lo cual hace falta atención, consciencia y discernimiento para que estas historias fragmentarias no sirvan a las identidades dominadoras[3] sino que, por el contrario, favorezcan el desarrollo moral para conseguir una teoría y una praxis inclusivas y motivar una cada vez mayor comprensión de los dilemas morales.

3. Hilde Nelson, "Context: Backward, Sideways, and Forward," *HEC Forum: Special Issue on Narrative* 11.1 (1999): 20.

A pesar de ciertos riesgos que conlleva el uso de los métodos narrativos, como son: la dependencia del testimonio y su credibilidad, la ética situacional y circunstancial demasiado provisional y relativista, la posibilidad de confundir lo curioso y lo interesante con lo valioso y moralmente exigente, o la falta de los principios claros, consideramos que éstos métodos se han utilizado para legitimar ciertos discursos patriarcales y, a la vez, pueden ser útiles para contar una historia liberadora para las mujeres.

1.2.4 *Revisión desde la narratividad de la obra de Mary Daly*

1.2.4.1 Fuentes del pensamiento

Dentro del marco teórico principal del trabajo, se presentan de forma amplia las fuentes del pensamiento de Mary Daly: Sto. Tomás de Aquino y la fenomenología heideggeriana, pero también la mitología griega, la psicología moderna, la teología protestante contemporánea conjugada de forma magistral con la experiencia, la política, los documentos eclesiales y la historia.

Su narrativa en sí es interdisciplinar y esto conlleva un trabajo desde el punto de vista metodológico, claro y distinto dándole protagonismo a la autora misma y su pensamiento sin olvidar sus fuentes.

1.2.4.2 Autores significativos

En sus obras, Daly dialoga y contrasta sus planteamientos con los teólogos Tomás de Aquino, Paul Tillich, Bernhard Häring y las teólogas, con las pioneras feministas Simone de Beauvoir, Elizabeth Gould Davis, Elizabeth Oakes Smith, Matilda Joslyn Gage, los filósofos, las autoridades espirituales, Juan XXIII, Dalai Lama, Martin Luther King, los políticos Bill Clinton, Kofi Anan.

En el presente trabajo habrá ecos de los diálogos con las reflexiones de las feministas de segunda y tercera ola Emily Cullpepper, las biblistas Mercedes Navarro, Elisabeth Schüssler Fiorenza, la teóloga Lucía Ramón, el teólogo Xabier Pikaza, las filósofas Amelia Valcárcel, Hannah Arendt donde encontraremos referencias implícitas al pensamiento de Daly o al menos ciertas coincidencias con sus ideas en cuanto al planteamiento plural pero común feminista.

1.2.4.3 Ideas fuente: autonomía intelectual, ser-como verbo, Némesis

El texto de la tesis del doctorado en teología de Daly, fruto del estudio profundo de Sto. Tomás: *El problema de la Teología Especulativa,* fue un diálogo crítico entre la postura de algunos agustinianos que mantenían que el objetivo de la teología es fundamentalmente práctico, mientras los tomistas enfocaban la teología como un saber especulativo, para el conocimiento en sí mismo. La autora se inspira, sobre todo, en los textos de Tomás de Aquino en los que sugiere que el conocimiento teológico tiene la dinámica de trascenderse, de superarse. Se trata de una extralimitación de la fe ciega a través de una búsqueda del intelecto, del conocimiento que tienda a la participación en la visión de Dios.

Lo que le interesaba a la pensadora a sus 34 años y durante toda su trayectoria fue subrayar la idea de la autonomía intelectual. Reconoce que el conocimiento profundo de los lenguajes teológicos, de sus mecanismos y los textos patriarcales, la han equipado de forma excelente para desenmascararlos y cuestionarlos en sus textos posteriores.[4]

La mayor aportación de Mary Daly a la teología feminista consiste en aplicar la fenomenología heideggeriana del *Dasain* a la reflexión sobre Dios, con el fin de desempeñar la tarea de de-reificación de dios, es decir, de cambiar la concepción/percepción de dios: del ser supremo al Ser-Verbo. Nombrar el Ser como Verbo intransitivo que no requiere objeto expresa de forma diferente el otro modo de comprender la realidad última/íntima. Las experiencias de muchas feministas confirman que la intuición original de Nombrar Ser como Verbo es el salto esencial en el viaje cognitivo/afectivo más allá de las fijaciones patriarcales.[5]

Otra aportación de la pensadora en el campo del Ser es la aplicación práctica en el ámbito de la ética de la imagen y los símbolos. Las teorías lingüísticas demuestran la conexión de las prácticas sociales y políticas con la comprensión, las imágenes y las palabras que pretenden describir la realidad. Mary Daly lo pone de manifiesto al afirmar que la primera de las virtudes morales se ha definido como "el hábito constante de la voluntad de dar a cada uno lo que es debido."[6] La definición, a pesar del pronombre masculino utilizado, tendría su mérito. Sin embargo, resulta más problemático cuando una mujer pregunta qué derechos se deben a las mujeres en función del varón que los marca.[7]

La autora no sólo denuncia el doble baremo[8] de la moral tradicional cristiana que viene de la mentalidad, simbología e imágenes falocráticas, sino que ofrece unos contenidos prácticos en torno a la virtud de la

4. Daly, *Outercourse*, 70. Con el doctorado y la nota *summa cum laude*, le quedaba por pronunciar el juramento antimodernista que obligaba a todos los doctorandos y los habilitaba a dar clases en las facultades pontificias (por ejemplo, en la Universidad de América). Ya que era la única mujer que haya obtenido este grado, su caso fue excepcional, y excepcionalmente le prohibieron hacer el juramento, lo que la misma considera una gran suerte.

5. Daly, *Outercourse*, XVII.

6. Tomas de Aquino, *Summa Theologiae*, II–II 58 a, 1. C.

7. Daly, *Pure Lust*, 274.

8. Milhaven, *Toward*, 85.

justicia feminista, ilustrada en la figura de Némesis, llegando hasta a darle otro nombre, afirmando que la palabra "justicia" ya no tiene sentido para las mujeres al encontrarse vacío su sentido, por su uso sesgado patriarcal.

De esta manera, la estética irrumpe en la reflexión ética y tiene la capacidad de moldear nuevas actitudes y prácticas. La teóloga propone una definición nueva de la justicia, en diálogo con la ética clásica, pero con el enfoque único, rompedor con respecto a la ética falocrática y que no queda atrapada en las palabras vacías de ésta. A la vez, inaugura una corriente sistemática de la ética feminista que no ha sido explorada ni estudiada en España, pudiendo ser no sólo una propuesta de renovación ética cristiana sino también el medio para descubrir la dinámica de una teología holística que conecta la Buena Noticia de Jesús con la ontología, la lingüística y la praxis.

1.3 Argumento y estructura del libro

Dividiremos el estudio en cuatro secciones.

En la primera, nos proponemos enumerar los presupuestos metodológicos de la investigación y mostrar de qué manera la estética irrumpe en la ética y por qué es tan importante para la reflexión feminista y para una recepción actual de la narrativa de Daly. Se realizará también un breve acercamiento a la persona y obra de Mary Daly para poder, a continuación, mostrar de qué manera se articula la ética y la estética en torno a la virtud de la justicia.

En la segunda, se mostrarán los modelos éticos tradicionales y la propuesta ética de Daly; y su pertinencia para la renovación de la comprensión feminista de la justicia (repasado las corrientes y las trampas de esta categoría desde la ética tradicional). La autora presenta la imagen de la diosa Némesis como historia de su olvido.

En la tercera sección, asentaremos las bases del debate ético feminista respecto a la igualdad y diferencia: la articulación de la justicia desde la perspectiva de género (Nancy Fraser[9]) y la ética del cuidado (Carol Gilligan,[10] Sheila Benhabib,[11] Martha Nussbaum,[12] Alison Jaggar[13] y Nel

9. Nancy Fraser, "Multiculturalidad y equidad entre los géneros: un nuevo examen de los debates en torno a la diferencia en EEUU," *Revista de Occidente* 173 (1995): 13-35.

10. Lucía Ramón, *Queremos el pan y las rosas* (Madrid: Hoac, 2011), 113.

11. Sheila Benhabib, "El otro generalizado y el otro concreto: la controversia Kohlberg-Gilligan y la teoría feminista," *Teoría Feminista, Teoría Crítica*, Valencia (1990): 12.

12. Martha Nussbaum, *Las fronteras de la justicia: consideraciones sobre la exclusión*, trans. Ramón Vila Vernís (Buenos Aires: FCE, 2006).

13. Alison Jaggar, *Feminist Politics and Human Nature* (New Jersey: Rowman and Allanheld Publishers, 1983).

Noddings[14]). Analizaremos las principales obras de Nancy Fraser y Carol Gilligan para situar el debate ético feminista, presentar las corrientes principales de la ética feminista actual y tener criterios de comparación con la propuesta de Daly.

En el capítulo cuarto, se establecerán los principales puntos de comparación entre las corrientes de la justicia de la representación y del cuidado y se revisarán los fragmentos de las obras de Daly donde aparecen las menciones sobre la justicia, para determinar el hilo conductor o la estructura interna de la obra de Daly en referencia a la misma. Se tratará de:

- Sistematizar el pensamiento de la autora sobre la justicia en el marco global de su ética.
- Elaborar un marco comparativo entre las tres autoras enumerando las claves de confrontación.
- Destacar los puntos convergentes y divergentes entre las autoras valorando la aportación y la utilidad de la propuesta de Daly en el contexto actual del debate sobre la justicia.

En esta sección, destacaremos la clave narrativa de su ética, el nexo entre la ontología, la semántica y la ética; y veremos su incidencia en las diferentes áreas temáticas: existencial, teológica, ontológica, histórico-política, humanista y utópica.

Finalmente, se ofrecerán las conclusiones acompañadas por referencias bibliográficas ordenadas, enumerando las fuentes, las obras sobre la autora (tesis doctorales y monografías), la bibliografía sobre la ética tradicional y la feminista de la justicia y la bibliografía complementaria.

1.4 Estética que irrumpe en la ética

En este apartado mostramos de qué manera la estética irrumpe en la ética y por qué es tan importante para la reflexión feminista y para una recepción de la narrativa de Mary Daly.

Simone Weil[15] es consciente de la facilidad con que la verdad y la justicia auténticas escapan a nuestra percepción y reflexiona sobre el poder de la belleza para impactarnos y reconducir nuestro interés hacia ellas:

> La belleza es perceptible, aun cuando muy confusamente y mezclada con muchas falsas imitaciones, en el interior de la celda en la que todo pensamiento humano está en principio aprisionado. La verdad y la justicia

14. Nel Noddings, *Caring: A Feminine Approach to Ethics and Moral Education* (California: University of California Press, 2003).
15. Teresa Forcades, *Por amor a la justicia* (Madrid: Hoac, 2015), 89.

> imposibilitadas de expresarse no pueden esperar ningún socorro que no provenga de ella. Tampoco tiene lenguaje; no habla; no dice nada. Pero tiene voz para llamar. Llama y muestra la justicia y la verdad que no tienen voz. Como un perro que ladra para hacer que el agente se acerque a su amo que yace inanimado sobre la nieve. Justicia, verdad, belleza son hermanas y aliadas. Con estas tres palabras tan hermosas no hace falta buscar otras.

La pensadora citada reflexiona sobre la dificultad de que la verdad y la justicia puedan ser percibidas en su autenticidad por quien vive en un entorno de mentira e injusticia. Pero así se presenta en buena medida nuestro mundo falso e injusto. En él, la verdad y la justicia quedan arrinconadas, anonadadas, sin voz para expresarse y pierden poco a poco la capacidad de impactarnos. Un entorno falso dificulta el acceso a la verdad y un entorno injusto dificulta el acceso a la justicia. No ocurre así con la belleza, porque la belleza no apela al intelecto sino a los sentidos. La belleza mantiene e incluso acrecienta su poder de atracción en un entorno de fealdad.

En la comprensión judía del mundo, aquello que de forma más clara la distingue del genio griego, es la convicción de que la verdad no es formulable, es solamente vivible; la verdad (en hebreo: *hemet*) es la fidelidad.[16]

1.4.1 Verum, bonum, pulchrum *en la teología*

Daly está convencida de que existe un nexo entre la estética y teología, tal como indican Pedro Sarmiento[17] y Li Mizar Salamanca.[18] La posibilidad de conectar las dos disciplinas está implícita en el objeto de ambas. El arte trata de la belleza y pretende mostrar en lo material parte de lo infinito, lo que va más allá de la propia obra. La teología trata de la fe en Jesucristo: Dios invisible en el cuerpo humano tangible.

Tanto el artista como el teólogo hablan de la belleza, de Jesús, con vistas al más allá de la materia. La raíz de la estética es la belleza que consigue desde lo material proyectarse con lo infinito. La teología tiene su fuente en la fe en Jesucristo que en lo humano y lo tangible nos muestra a Dios invisible.[19]

A partir de estas fuentes, que apuntan a una visión integral de la materia y del espíritu y por lo tanto de las actividades materiales y espirituales, perfectamente conciliables y entendibles desde la perspectiva laica de la

16. Forcades, *Por amor*, 124.
17. Pedro Sarmiento, "Estética y teología," *Acontecimiento* 23 (1992): 25.
18. Li Mizar Salamanca, "Encuentro entre teología y estética," *Theologica Xaveriana* 143 (2002): 489–501.
19. Salamanca, "Encuentro," 490.

estética y de la teología (religión), históricamente el arte hace hincapié en que en la belleza y en la teología se produce un desplazamiento hacia el trascendental de la verdad y en menor grado hacia la bondad.[20] Se ha dado una excesiva importancia a lo epistemológico creando una división entre lo sensible y lo sobrenatural.

La historia de la teología y del arte contempla los trascendentales de *verum, bonum y pulchrum*, pero Pedro Sarmiento detecta que se ha dado un desplazamiento excesivo hacia lo ético y lo racional en la teología dejando de lado la estética y subrayando de esta manera, la división entre lo sensible y lo sobrenatural; aspecto que el arte no ha descuidado permitiendo su irrupción y enriquecimiento en la teología contemporánea. En la historia del cristianismo han sido los místicos los que han sabido asumir esta tensión de lo material y sobrenatural encontrando a Dios en la experiencia del amor al prójimo. Jesús es entendido como amor y movimiento del encuentro con Dios (cristología excéntrica), en él que es Dios (desde el concepto de la perijóresis), que sale al encuentro donde el ser humano se siente aceptado y amado.

Uno de los teólogos que más en serio se ha tomado el tema de la estética como posibilidad de recuperar la dimensión de la belleza en la teología, para mantener el equilibrio y tensión entre lo invisible y lo visible, lo sensible y lo trascendente, ha sido Hans Urs von Balthasar[21] afirmando que Cristo es la manifestación de la belleza de Dios y éste debe ser el criterio de la interpretación de la revelación.

La categoría central que describe su teología es la de *Gestalt Christi*:[22] en Jesucristo se revela la belleza y mismo en sí reúne la tensión de lo invisible-visible, de lo natural-sobrenatural, de lo material-de lo trascendente. El amor de Dios revelado en esta belleza se muestra en la materia; la encarnación de Jesús completa la creación que era buena desde el principio. La forma que se manifiesta es sólo bella porque la complacencia que produce se funda en la verdad, *splendor veri* y en la bondad, *splendor boni*, de la realidad que se nos muestran y se nos dan. Y este mostrarse y donarse de la realidad se nos revela como algo infinito e inagotablemente valioso y fascinante.[23]

20. Sarmiento, "Estética y Teología," 33.

21. Francisco Berrizbeitia, *La belleza como "locis theologico": Hans Urs Von Balthasar y la recuperación de la belleza en la teología del siglo XX*. Accessed: May 24, 2016. https://www.arautos.org/secoes/artigos/doutrina/espiritualidade/a-beleza-que-salva-140947

22. Lo decisivo de Jesucristo consiste en que de su forma-esplendor no se separa ni se disgrega lo que es en cuanto Dios de lo que es en cuanto ser humano. Berrizbeitia, *La Belleza*, 35.

23. Angelo Scola, *Hans Urs von Balthasar, un estilo teológico*, trans. Juan Miguel Prim (Madrid: Encuentro, 1997), 13.

Estos presupuestos favorecen una óptica diferente a la de la teología tradicional que se fijaba más en lo racional, en el *verum*; aquí nos encontramos con el enfoque del *bonum* y *pulchrum*. Vemos también la necesidad de incorporar la categoría de la experiencia y del amor. "La analogía entre teología y estética a partir de la encarnación, se constituye en criterio y método,"[24] para hablar de Dios en un lenguaje que deja a salvo el misterio de la naturaleza divina, pero a la vez, permite acercarse a su realidad.[25] La teología es reflexión sobre la vida y la realidad de Jesús a la luz de las experiencias del Pueblo de Israel con Dios.[26]

1.4.2 *Arte y ética*

Una vez establecidas las condiciones de posibilidad para hablar de la teología desde la estética,[27] recogiendo como válidas las categorías de la experiencia y poniendo un mayor énfasis en el aspecto ético, podemos ver en qué sentido interactúan, en la práctica, el arte y la teología a través de la cultura. Ambas dimensiones —experiencia y ética— las comparte el enfoque ético feminista de Mary Daly. Es de notar, que las fuentes tradicionales (tanto tomistas -en las que se apoyará la autora-, como buenaventuristas),[28] parecen tratar la belleza como un lugar teológico propio.

Utilizando el arte como categoría analógica y operativa, consideramos que el arte aporta al conocimiento teológico el componente de la belleza, mientras la experiencia le aporta el componente ético. Ambas, la teología y el arte, proporcionan marcos de expresión de la realidad en la experiencia.

Leo Karrer[29] afirma que la experiencia es el encuentro con la realidad, la interacción entre la creatura y la realidad (que se da en el arte y en la teología); la experiencia es una actitud que abre espacios para que existan realidades nuevas. Este autor afirma también que la experiencia presenta dos polos de la realidad y su interpretación. Los teólogos funcionan como

24. Rino Fisichella, *Introducción a la teología fundamental*, trans. José Mª Hernández Blanco y Fermin Cebrecos Bravo (Estella: Verbo Divino, 1993), 161.

25. Salamanca, "Encuentro," 495.

26. Leo Karrer, "Experience as an Interpretative Framework for Art in Knauss," in *Reconfigurations. Interdisciplinary Perspectives on Religion in a Post-Secular Society*, edited by Alexander Ornella (Berlin: Lit Verlag, 2007), 29–43.

27. Lluis Oviedo, *La fe cristiana ante los nuevos desafíos sociales: Tensiones y respuestas* (Madrid: Cristiandad, 2002), 348-349.

28. Buenaventura de Bagnoregio, "Collationes In Hexameron," in *Obras San Buenaventura: Colaciones Hexaemeron o sobre el de la Iglesia Iluminaciones,* Volumen III, trans. León Amorós, Miguel and Bernardo Aperribai Oromi (Madrid: La Católica Editorial, 1957), 176-659.

29. Karrer, "Experience," 36.

comunidad de interpretación de la realidad[30] y el arte será la forma interna de la realidad percibida, por lo cual necesita ser revisada e interpretada constantemente.

Esta doble dimensión de la experiencia, realidad e interpretación, evocan la relación entre la teoría y la práctica, entre el conocimiento y la ética. Lluis Oviedo afirma que la relación entre la fe cristiana y el arte contemporáneo está presidida por un pluralismo no excluyente (…) y que en la actualidad es característico en la observación de las relaciones con el resto de las áreas culturales o incluso estructurales.[31]

Jürgen Habermas está convencido que: "el arte junto a otros ámbitos de valor puede ser reconocido como un factor liberador, tanto por su capacidad de abrir horizontes a la sensibilidad como por la posibilidad que encierra de sugerir ideas de solidaridad y de felicidad."[32]

De ahí, la necesidad que ve Mary Daly de una imagen que represente un mito, una creencia cultural moldeable para implantar y renovar su contenido. Su propuesta es Némesis, que conecta hasta las creencias precristianas con la moral tomista (aristotélica) y contrasta con la imagen cultural actual de la justicia común en la mentalidad patriarcal.

El arte y la teología están en la raíz de la vida y la experiencia. El arte las presenta de forma fragmentada y la teología las abre al misterio, a la plenitud. El arte será una forma de expresión cultural de un pueblo en un contexto histórico. Refleja una parte del imaginario colectivo trasmitiendo símbolos conectados con los individuos concretos.[33] Las representaciones colectivas del pasado de un grupo, en cuanto criterios de selección, sirven para legitimar las creencias del mismo grupo y para inspirar sus proyectos justificando a las élites, que son portadoras de ellas. Esto implica una atribución de valores que se da en el proceso dependiente de la estructura del poder que caracteriza al grupo o a la sociedad.

Mary Daly tiene claro que, para cambiar este imaginario, hace falta cambiar la imagen y escoge una muy consistente y conocida comúnmente que, además, conecta con la categoría de la justicia, ofreciendo así un nuevo enfoque ético y la herramienta para que los cambios propuestos no se queden sólo en la teoría, sino que se puedan ver contrastados en la experiencia y en la praxis real, no limitada sólo a una parte de la humanidad sino susceptible de un reconocimiento y puesta en práctica general.

30. Antonina Wozna, "Arte como categoría analógica y operativa para la superación del dualismo Iglesia-laicidad-laicos," *Actas del simposio de teología histórica: iglesia, laicado, laicidad* (Valencia: Facultad de Teología S. Vicente Ferrer 2015): 449-460.

31. Oviedo, *La fe*, 366.

32. Oviedo, *La fe*, 362.

33. Oviedo, *La fe*, 366.

1.4.3 *Ética y estética feminista*

"El pensamiento feminista ha revolucionado de manera importante los lenguajes visuales de la posmodernidad,"[34] al menos en México; pero también desde la perspectiva europea, se puede intuir una situación parecida. En los ámbitos de estudio y producción humanística (literatura, historia), las reflexiones de la teoría feminista y los estudios de género se han integrado más plenamente en el cuerpo de conocimientos disciplinar, obteniendo frutos significativos en los procesos de educación y en la producción bibliográfica nacional. No obstante, en el campo de la historia y la crítica del arte, esta discusión se encuentra relegada, en parte debido a la vinculación de los discursos historiográficos con los usos simbólicos del arte como un elemento de apoyo a los discursos de legitimación de los grupos de poder hegemónicos.

Tomar nota de esta carencia e involucrar las teorías lingüísticas y simbólicas en el diseño de un nuevo tratado de la virtud de la justicia, es lo que propone Mary Daly en su obra, por lo que muestra una vía original e inexplorada aun, ni siquiera treinta años después de la publicación de *Pure Lust.*

Los motivos por los que el desarrollo de su visión encuentra resistencias son dos: la liquidez de la relación arte-ética y la falta del desarrollo de un movimiento feminista con una presencia y repercusión equivalente a la que ha tenido esta corriente en los años 70-80.[35] La pensadora en su última obra avisa de que el movimiento ha quedado mitigado y la explicación que ofrece tiene la clave es el espejismo de la igualdad del que trata Amelia Valcárcel.[36] La autora mejicana citada advierte que hay resistencias hasta para inscribirse en la corriente artística feminista "por falta de público."[37] En el caso de la teología feminista, Elisabeth Schüssler Fiorenza, detecta varias razones en el campo teológico que empiezan por la definición o la des-comprensión de la causa de las mujeres en este movimiento y su dispersión.[38]

El arte feminista, según Karen Cordero, brota de la convicción de Kate Millet: "lo personal es político,"[39] desafiando la segregación de los ámbitos de lo privado y lo público y enraizándose en los márgenes de la dicotomía

34. Karen Cordero, *Crítica feminista en la teoría e historia del arte* (México: Universidad Iberoamericana, 2007), 5.

35. Cordero, *Crítica,* 6.

36. Amelia Valcárcel, *Escuela de Rosario de Acuña: Tiempo global, tiempo de crisis, tiempo en Asia, tiempo de las mujeres.* Accessed: June 24, 2017. https://www.youtube.com/watch?v=TDXQiLfph18

37. Cordero, *Crítica,* 9.

38. Elisabeth Schüssler Fiorenza, *Los caminos de la sabiduría: Una introducción a la interpretación feminista de la Biblia,* trans. Jose Manuel Lozano Gotor (Santander: Sal Terrae, 2004), 35.

39. Kate Millet, *Sexual Politics* (Chicago: University of Illinois Press, 1970).

postmoderna entre la subjetividad y la objetividad. El proceso de cambio de conciencia hacia lo holístico y no dualista llevó al cuestionamiento de las formas en que las estructuras de poder determinadas desde el género afectan las instituciones sociales y educativas que forman artistas, los criterios explícitos e implícitos que determinan, quién puede aspirar a ser artista, los temas representados, los modos de ver manifiestos tanto en la técnica como en el contenido artísticos, y los criterios y objetivos con los que se ha hecho la historia y la crítica del arte.[40]

La historia del arte feminista, por tanto, compartirá la preocupación del arte involucrado en la reivindicación social de los años 60 del siglo XX con respecto a la raza, la clase social, la etnia, recuperando las voces silenciadas, olvidadas, las presencias femeninas y sus figuras, encontrando las metodologías que resaltan cómo la experiencia de género afecta la producción artística, en un campo donde los cánones han reflejado una postura patriarcal asumiendo que el artista es el varón. "Este predicado académico es una franca ventaja y no solamente un escollo o distorsión subjetiva."[41]

Descubrimos que no es sólo en lo académico donde el modelo es el varón, sino que esta norma se extiende al campo de la estética. Mary Daly detecta este esquema falocrático en el campo de la teología y la ética en particular (*Gyn/Ecology*) y refuerza la comprensión ética con la imagen estética de la justicia en la que se plasma, reafirma y justifica: la dama con los ojos cerrados con la báscula en la mano, que no ve al pecador sino al pecado, aportando una figura de la justicia abstracta y fácil de manejar.

El cuestionamiento se da en las bases tanto institucionales como lingüísticas del arte desde la perspectiva del género, y tendrá implicaciones importantes no sólo para la forma y el contenido de las artes plásticas, sino para la forma del trabajo, la organización y los lugares del arte. Tanto Mary Daly como las críticas feministas de la historia del arte deben confrontar, en primera instancia, las bases intelectuales o ideológicas de las diversas disciplinas académicas o intelectuales: historia, filosofía, sociología, psicología, etc., de la misma manera que deben cuestionar las ideologías de las instituciones sociales actuales.

La autora precisamente, hace el ejercicio de no disociar los campos ético y estético, ni siquiera a nivel metodológico, con el fin de evitar caer en la trampa de la neutralización, denunciada en *Beyond God the Father*. Su propuesta es orgánica, holística y novedosa, hasta tal punto que crea un nuevo concepto que reúna las condiciones de lo que las mujeres entendemos por justicia, sin repetir una palabra vacía y carente de utilidad. Lejos de quedarse

40. Cordero, *Crítica,* 6.
41. Cordero, *Crítica,* 17.

en el aspecto negativo de la deconstrucción y en el cuestionamiento, va más allá de su generación y, aún hasta hoy en día, la actualidad de su innovadora propuesta no ha llegado a arraigarse en la ética feminista.

El planteamiento de la justicia tiene dos vertientes: una estética (arte, símbolo, imagen y figura) y otra ética. Incorporar el arte en la propuesta ética, coincide con el presupuesto interdisciplinar de la autora y con la corriente crítica del arte que considera que los elementos de género enriquecen el diálogo transdisciplinar de la historia del arte.

Frente a la subversión e inversión de símbolos, recursos y temas canónicos que caracteriza la primera etapa, recurre mayoritariamente al *collage* de planteamientos reuniendo la cotidianeidad y la crítica política. Utiliza la metáfora al interrogar cómo se construye el significado de los objetos en los espacios entre la percepción individual y la experiencia colectiva anclada; en el caso feminista, en la experiencia de la mujer como constancia de la otredad dentro del constructo de la sociedad.[42]

Al acudir a la imagen artística de la diosa Némesis y toda su mitología, la pensadora se esfuerza por dar un nuevo sentido, y significado, a la imagen tradicional de la justicia y la historia (*his-story*)[43] que ha acompañado la metáfora de la Dama de la justicia. La genialidad de la teóloga consiste en un notable cuestionamiento de fondo sobre el *verum*, *bonum* y *pulchrum* y en dar el nombre al "problema sin nombre,"[44] de acuerdo con la intuición de las críticas feministas de la historia del arte: "las mujeres y su situación en las artes, como en otros ámbitos de la realización, no representan un problema para ser visto a través de los ojos de la élite masculina dominante de poder."[45]

Así como el mito del gran artista es esencial para la cuestión de las mujeres artistas, el mito asociado a la virtud clásica de la justicia que ofrece Mary Daly puede, ésta es la intuición de la autora, modificar significativamente el contenido que lleva y trasmite. Así pasa también con el mismo arte: la situación creativa en términos de desarrollo del creador en la naturaleza y calidad de la obra de arte en sí ocurren en una situación social, son elementos integrantes de esta estructura social y están mediados y determinados por las instituciones sociales específicas y definidas, los

42. Cordero, *Crítica*, 8.

43. "Parte del problema con el modernismo ha sido la exclusión sistemática de las mujeres de sus instituciones y su concepción de sí (...) la *Tate Gallery* en Londres, el *Museum of Modern Art* en Nueva York, y el resto de las grandes instituciones del modernismo en las artes visuales producen y sostienen una historia del arte que es principalmente una historia de logros de los varones," Cordero, *Crítica*, 96.

44. Dorothee Sölle, "Los nombres de Dios," *Alternativas* 16/17 (2000): 111-123.

45. Riane Eisler, *El cáliz y la espada: Nuestra historia, nuestro futuro* (Santiago de Chile: Cuatro Vientos, 2006), 56.

sistemas de patrocinio, la mitología, las academias de arte, el artista como varón. Analógicamente, así pasa también con la virtud de la justicia en un mundo patriarcal. Los mitos e imágenes de la justicia falocrática funcionan como suposiciones inconscientes e incuestionables tanto sobre el logro artístico mismo como sobre los comportamientos y actitudes.

A pesar de que la modernidad ha traicionado a las mujeres y sus expectativas,[46] "una parte central del proyecto modernista fue siempre vanguardista, en el sentido de ser tanto estética como políticamente radical."[47] La invisibilidad de las mujeres artistas en la historia del modernismo reproduce ese proceso según el cual la obra de los varones (generalmente esposos o amantes de mujeres artistas) es considerada de manera seria mientras la de las mujeres es ignorada. La filósofa utilizará la figura de Némesis para conectar la fuerza y el protagonismo artístico femenino, no sólo como objeto pasivo (el desnudo femenino como el tópico de la naturaleza[48]) sino como creadora de la historia, parte integrante, sujeto del arte y portadora del sentido político-ético.

Hay que destacar en ese punto que no sólo las feministas han expuesto el mito de las pretensiones radicales del modernismo. Siempre han existido quienes han criticado el elitismo del alto modernismo, y su denigración de toda forma de cultura popular o de masas. El postmodernismo, que efectúa una deconstrucción crítica de la tradición, establece definitivamente "la imposibilidad del universalismo en la teoría y los errores de cualquier filiación a una Verdad trascendente."[49]

Esta premisa de la postmodernidad[50] permite y obliga a buscar en la ética y la estética cauces de expresión, tanto con el fin de deconstruir las verdades aparentes, desmantelar las ideas dominantes y formas culturales, como para socavar los sistemas cerrados y hegemónicos de pensamiento. La supuesta objetividad de la técnica ha sido exhibida por diversos autores como una visión parcial, basada en las proyecciones de la experiencia masculina del mundo, haciendo el arte y la realidad a su imagen y semejanza: "Si Dios es macho, el macho es Dios," [51] como diría Mary Daly en *Beyond God the Father*.

46. Cristina Molina, *Dialéctica feminista de la Ilustración* (Barcelona: Anthropos, 1994), 47.

47. Cordero, *Crítica*, 95.

48. "El cuerpo se ha convertido en un campo de batalla política, mientras los distintos órganos de control social luchan por dominarlo," Cordero, *Crítica*, 114.

49. Cordero, *Crítica*, 97.

50. Bernardo Pérez-Andreo, *No podéis servir a dos amos: Crisis del mundo: Crisis en la Iglesia* (Barcelona: Herder, 2013), 89–91.

51. Lo argumenta, siguiendo el hilo del pensamiento de Beauvoir, de forma "más inequívoca" Dios afirmando que las conceptualizaciones sexistas, las imágenes y las actitudes referidas a dios extendidas en la sociedad patriarcal tienden a generar ideas y

La crítica del conocimiento androcéntrico conduce a un debate sobre si los acercamientos feministas habrían de rechazar completamente tales nociones de objetividad adoptando una vía intermedia entre el relativismo radical (anti-teoría) y el desacreditado universalismo (teoría totalizadora).[52]

Al saber que el conocimiento está localizado social e históricamente (y por ello es parcial) y que cualquier teoría es un producto del y limitado por el lenguaje y el discurso, persiste la paradoja epistemológica que conlleva una posible justificación de nuevas teorías críticas por medio de los ámbitos no-epistemológicos: la utilidad, la política o provisionalidad autorreflexiva.[53] Éste sería otro argumento a favor del uso que da la imagen visual de la justicia, al evitar darle un nuevo término que la atrape en la tradición académica androcéntrica y equiparla de personalidad mitológica con toda la fuerza simbólica que pueda tener. Las representaciones funcionan como el mito que muestra la convicción profunda del grupo: la necesidad absoluta de una tradición oral viva que acompañe lo escrito, y la autoridad indiscutible de esta tradición.[54]

Se postula también que habría que diferenciar un postmodernismo de reacción y un postmodernismo de resistencia. El debate entre Jürgen Habermas[55] y sus críticos depende de las nociones propuestas de lo postmoderno, por lo cual el arte feminista postmoderno se describiría como aquella obra consciente de sí misma que deconstruye la tradición, a través de una variedad de técnicas formales y otras como parodia, yuxtaposición, re-apropiación de las imágenes (como es el caso de Némesis en la narrativa de Mary Daly) e ironía. En un primer momento, esta corriente deconstruye la cultura contemporánea por medio del arte y la representación. La deconstrucción da prioridad a la relación productor-texto a expensas de la relación consumidor-texto.

Se plantea imágenes e ideología alternativas rechazando categorías preexistentes y unitarias de la mujer y lo femenino y es ahí, donde brota su potencial radical.[56] En este sentido, Mary Daly fue la primera en intuir la necesidad de conjugar el arte (la estética) con la ética viendo la inminente crisis de las nociones epistemológicas y saliendo al paso de la sensibilidad postmoderna.

actitudes que en conjunto sirven para legitimar y perpetuar las instituciones sexistas. Mary Daly, *The Church and the Second Sex* (Boston: Beacon Press, 1985), 38.

52. Cordero, *Crítica*, 97-98.
53. Cordero, *Crítica*, 99.
54. Gonzalo Aranda, *La literatura intratestamentaria* (Estella: Verbo Divino, 2009), 449.
55. Cordero, *Crítica*, 103.
56. Cordero, *Crítica*, 105.

En el ambiente del arte como "linaje paterno,"[57] el linaje materno tiene lugar sólo si una mujer artista arriesga la validación precedente por la vía de los mega-padres, a favor de sus propias maestras femeninas del pasado y contemporáneas o, al menos, cuando enriquece el entendimiento del público sobre su obra con una auto-contextualización más equilibrada.

La teóloga no opta por rescatar el término de la justicia ni limpiarlo o darle un nuevo significado que pasaría por las validaciones de los mega-padres de la ética dentro del marco androcéntrico, sino que busca las referencias históricas de figuras que podrían representar mejor lo que sería la imagen de la justicia feminista. Con Némesis se pueden identificar las nuevas generaciones de las "enojadas mujeres artistas"[58] que necesitan usar de su derecho a acceder a su propio pasado para que no aparezcan en la historia como meras excepciones, sujetos extraños condenados a redescubrir "la misma rueda una y otra vez, habiendo perdido su lugar dentro de la producción cultural,"[59] al negárseles la posibilidad de la crítica dentro de la historia de sus antecesores. Hay que subrayar, tanto en el arte como en la epistemología que "la historia la escriben los vencedores."[60] Por este motivo es necesario reescribir esta historia dentro de unos marcos éticos diferentes a los que admiten que se den privilegios al fracaso de los varones sobre los éxitos de las mujeres.

Incorporar a Némesis en la obra es crucial, ya que permite reexaminar las nociones mismas del éxito, del fracaso, de lo bueno, lo justo, lo bello basadas en el sistema patriarcal (siguiendo el proceso que la autora lleva a cabo y que hemos denominado la "transvaluación"[61]).

Resumiendo, la situación estética de la producción y recepción femenina se parece a la situación de las mujeres en otros campos. Mary Daly conecta el arte con la ética en el empeño por redescubrir la historia de la justicia y belleza figurada en Némesis. Sin perder de vista la tradición clásica[62] y el poder de la mitología de cara a la creación de actitudes y comportamientos sociales, centra su atención en la imagen de Némesis para que inspire a las feministas (tejedoras-*spinsters*) a reinventar su presente y ofrecer nuevos criterios de belleza y ética, "nuevas vías psíquicas

57. Cordero, *Crítica,* 118-125.
58. Cordero, *Crítica,* 126.
59. Cordero, *Crítica,* 128.
60. Cordero, *Crítica,* 128.
61. Daly, *Pure Lust,* 253.
62. Sin olvidar que "la diferencia sexual llega al niño desde el exterior por medio de su incorporación de imágenes y significantes de aquello de entre lo que la cultura a) hace una distinción, pero b) que establece una en relación mutua." Cordero, *Crítica,* 153.

que no han sido modeladas o están a los sistemas dominantes de simbolización y renovando de esta manera, su propia tradición."[63]

1.5 Mary Daly (1928-2010): pensadora, escritora y activista

En su obra *Outercourse,*[64] que como la misma autora afirma, no es una autobiografía sino —como mucho— un relato de sus deslumbrantes viajes en movimiento espiral por las cuatro galaxias (de profecías y promesas, rupturas, tejidos y remembranzas feministas) destaca el rol de sus padres, inmigrantes irlandeses en los Estados Unidos, y de las profesoras de la academia adjunta a la Iglesia católica de S. José que frecuentó durante 6 años cuando era niña (antes del Instituto). Las hermanas Athanasia y Genevieve "han inspirado y alimentado su determinación de alcanzar las estrellas."[65]

Esta idea no se fragua hasta 1952, cuando Mary Daly, nacida el 16 de octubre del 1928, cumple veinticuatro años y sus sueños de ser escritora y filósofa se encuentran con una dura realidad[66]: la mejor estudiante de su escuela, con amigos (varones) en programas de doctorado solo puede esperar ser, como máximo, esposa de un profesor de filosofía, vivir en casa y desempeñar sus labores, o ser religiosa.

Es cuando, en una de las clases de filosofía, (que no pocas veces premeditadamente llama: *foolosophy* haciendo el juego de palabras entre "filosofía" y *fool*, que se traduciría como la sabiduría de los tontos), se ve como profesora de teología y unos días después encuentra en una revista católica (*Commowealth* o *America*) la propuesta del doctorado en teología para mujeres. Las mujeres no podrían hasta 1952 estudiar ni enseñar teología católica.[67]

Con ayuda de un préstamo de la fundación Medora Feehan y la beca *Fulbright*, en 1959, pudo iniciar sus estudios de doctorado en la Facultad de Teología de la Universidad de Friburgo (Suiza), dirigida por los

63. Cordero, *Crítica*, 152.
64. Daly, *Outercourse*, 39.
65. Daly, *Outercourse*, 41.
66. Con el fin de obtener una información más pormenorizada sobre la obra de Mary Daly, consulte Antonina Wozna, "Rasgos de la teología feminista en la narrativa de Mary Daly," *Carthaginensia* 32 (2016): 365-405. Accessed: March 25, 2019. https://dialnet.unirioja.es/servlet/articulo?codigo=5926043.
67. Daly, *Outercourse*, 50. La joven se lanza a la aventura, se desplaza con su madre a *Notre Dame*, Indiana, al colegio St. Mary llevado por los dominicos y las clases de teología han sido, como comenta, unas clases magistrales de Tomás de Aquino y su "Suma Teológica." Su filosofía llevaba a la "otra dimensión." Consiguió el primero de los tres doctorados a la edad de 25 años. Seguía con su deseo insatisfecho de un estudio más profundo de la filosofía y aplicó al programa del doctorado en la Universidad de *Notre Dame* que rechazó su solicitud por ser mujer.

dominicos. Su madre, de 69 años, se quedó en Washington, hasta que Mary Daly pudo mantener a ambas e invitarla a Suiza (1962).

Evidentemente, era la única mujer entre los alumnos, varones-clérigos. Recuerda que, una vez conseguido el máster en teología, con su nota correspondiente *magna cum laude*, los compañeros la comparaban con John Glenn que dio la vuelta en torno a la órbita de la Tierra. Lo resume afirmando: "Cierto, ambos éramos los primeros."[68]

Los años de preparación de su doctorado en teología estuvieron repletos de viajes, a Francia, España (Madrid), Inglaterra, Irlanda, Yugoslavia y Canadá.

Su siguiente reto fue el doctorado en filosofía, al que dedicó 2 años, hasta 1965, cuando pudo visitar Grecia (su conocimiento de mitología y la ubicación de los sitios históricos helénicos será notable en sus obras clave), conocer de cerca las circunstancias de la publicación y a la autora de "No vamos a seguir calladas," Gerturd Heinzelmann (1959) [ante los pronunciamientos de los padres conciliares y habiendo estado presente en la cuarta sesión del Concilio Vaticano II, gracias a la invitación como periodista que le había prestado uno de los asistentes]. Fue allí, donde un periodista irlandés, Gary MacEoin, le enseña cómo plantear la tarea de escribir un libro, lo que la autora utiliza para redactar su primera obra: *The Church and the Second Sex* (1968).[69]

En Friburgo completa sus cinco primeros capítulos y por motivos legales (una vez terminada su carrera de estudiante no puede seguir residiendo en Suiza) vuelve a Estados Unidos donde, en 1966, acepta por dos años el puesto de profesora asistente en *Boston College* que era llevado por los jesuitas.[70]

En 1967, muere su madre y, el año siguiente, como ya hemos dicho, se publica su primer libro: *The Church and the Second Sex* (1968).

La controvertida publicación desemboca, en 1969, en la rescisión del contrato con el *Boston College* por parte de las autoridades universitarias, a lo que los alumnos reaccionan con unas manifestaciones multitudinarias que coinciden con las protestas a favor de la libertad académica y que

68. Daly, *Outercourse*, 62.
69. Daly, *Outercourse*, 79.
70. En los libros *Gyn/Ecology* y *Pure Lust* dedica un estudio amplio al fenómeno del formulismo utilizado frecuentemente por el patriarcado en contra de las mujeres. Comenta irónicamente: "fui tan ingenua que ni supe distinguir entre el puesto del profesor asistente y asociado; podía haber incluso aplicado directamente a la cátedra (...) Sin conocer las circunstancias, contradictoriamente, he aceptado un puesto de ficha formalista femenina en manos de los varones del departamento de teología de la universidad de los jesuitas." Daly, *Outercourse*, 85.

muestran apoyo al caso paradigmático de las clases de Mary Daly y su despido. Finalmente, la readmiten con un ascenso y la plaza fija.[71]

Su obra posterior se centra en el exorcismo creativo de la "academencia,"[72] las clases, las conferencias por todo EEUU, los gestos metafóricos (no sólo simbólicos) del *Éxodo,*[73] los artículos como *Abortion and Sexual Caste* en la revista *Commonweal XCV* del 4 febrero de 1972. Sus siguientes publicaciones son: *Beyond God the Father: Towards a Philosophy of Women's Liberation* 1973, con ilustraciones de Emily Culpepper. La publicación en Inglaterra tuvo lugar en 1986 en la editorial *The Women's Press Limited.* La traducción al italiano en 1990. No hay traducción al castellano. Tampoco de *Gyn/Ecology: The Metaethics of Radical Feminism* (1978), ni de *Pure Lust: Elemental Feminist Philosophy* (1984).

La misma suerte han corrido: *Websters' First New Intergalactic Wickedary of the English Language,* escrita con Jane Caputi en 1987, y la mencionada *Outercourse: The Be-Dazzling Voyage* fue publicada en 1992; *Quintessence... Realizing the Archaic Future: A Radical Elemental Feminist Manifesto,* en 1998, y su último libro *Amazon Grace: Re-Calling the Courage to Sin Big,* en 2006.

No se le ha hecho justicia a esta autora al encasillarla en el contexto postcristiano que, efectivamente, ella reconoce como una "posición"[74] metodológica, al detectar que la "tradición judeo-cristiana, su doctrina, cultura y comunidad está orientada y dominada por los varones, no es la suya."[75] Es famoso su especie de *éxodo* o salida durante el sermón en *Memorial Church* que predicó el 14 de noviembre de 1971 a invitación de la comunidad. La salida no era un mero acto simbólico o teatral, la pensadora realmente quería hacerlo y al mismo tiempo, era una metáfora del éxodo de una religión patriarcal. Aun así, ni su obra deja de ser un diálogo fecundo con la teología tradicional ni la coloca de por si fuera del ámbito cristiano.[76] De hecho, Mary Daly encuentra en la teología tomista

71. Lo describe de esta forma: "quedó claro que la enfermedad universal de las universidades *(sic)* refleja el macrocosmos del mundo patriarcal (...) Empecé a descubrir las implicaciones de la intuición feminista que *lo personal es político,*" como diría Kate Millet. Daly, *Outercourse*, 97.

72. Daly, *Outercourse*, 100. El juego de palabras: "academia" y "academencia" quieren indicar que algo falla en el ejercicio de la comunidad científica, lo que Amelia Valcárcel llama "el CV oculto," *Raíces de la violencia de género y las claves para su erradicación.* Accessed: May 19, 2018. https://www.youtube.com/watch?v=dK_0gJSeLj4

73. Daly, *Outercourse*, 139.

74. Daly, *Outercourse*, 133.

75. Daly, *Outercourse*, 139.

76. Isabel Gomez Acebo, "Dios en la teología feminista: Estado de cuestión," *Estudios Eclesiásticos Vol 78,* N° 304 (2003): 25.

presupuestos válidos para una filosofía y ética feminista, salvando todas las limitaciones sociales del Aquinate.

Para conocer el contexto personal y universitario donde se fraguaron las obras de Daly, ofrecemos un resumen de varias entrevistas en la revista universitaria *The Heights* de Boston College donde en tres artículos, de los cuales dos son entrevistas, publicados en los años 1974, 1989 y 1999, se describen los cambios de décadas y los avances/ retrocesos en su percepción vital como teóloga, investigadora y pensadora, también desde su posición de profesora en Boston College. Se indica las citas textuales de Mary Daly.

La teóloga llega al Boston College en 1966, acabando de completar dos doctorados en la Universidad de Friburgo: uno en filosofía y otro en teología. Daly era entonces profesora asociada y había enseñado durante varios años en Friburgo. Solicita un trabajo en el Departamento de Filosofía, pero en 1966 parecía que el lugar más acorde era en el Departamento de Teología. Por entonces todos sus estudiantes eran varones, porque a las mujeres no se admitía en las facultades de Artes y Ciencias.

La polémica sobre su ascenso y permanencia en la universidad surgió en otoño del 1968. Por entonces ya se había publicado "La Iglesia y el Segundo Sexo," un texto muy bien documentado y que se consideró impecable en términos de investigación académica. El libro perseguía el objetivo de exponer los elementos de la misoginia cristiana, particularmente católica. Sin embargo, aún era un libro bastante optimista, que es comprensible a la luz del Vaticano II. A raíz de la publicación, fue despedida y aparentemente su carrera académica parecía acabada.

Fueron los estudiantes los que se mostraron disgustados con el Departamento de Teología, y organizaron varias manifestaciones junto a la presentación de la petición que, según afirmaron, estaba firmada por 2.500 estudiantes, en su mayoría varones.

Las protestas fueron inútiles, y la pensadora había llegado a la conclusión de que tendría que cambiar de profesión. "Lo realmente extraño de esto era que cada vez que me sentía impotente, alguien aparecía de la nada y todo comenzaba de nuevo," decía Mary Daly. "Por ejemplo, alrededor de febrero o marzo, llegué al punto de darme por vencida y uno de los profesores graduados llamó y dijo que debería tener un foro para mis ideas y que estaría de acuerdo en hablar. Acepté, pero sentí que debía traer a otros miembros de la facultad despedidos y hacer del foro una verdadera enseñanza."[77] Hubo varios estudiantes y profesores que se pronunciaron en la clase en abril del 1969. Entre ellos estaban: Harvey Cox, el único

77. Maureen Dezell, "Mary Daly: A Feminist Scholar at Boston College," *The Heights*, Volume LV, Number 9, 29 October 1974.

profesor no despedido, Rosemary Layer, quien había sido despedida de St. John's por liderar una huelga, Charles Curran, quien había sido despedido por su posición sobre el control de la natalidad y Herbert Richardson, quien había sido despedido de Harvard y rechazado como candidato para un puesto en Boston College.

Como resultado de toda esta actividad los estudiantes pintaron Gasson Hall y hubo una reunión del Senado Académico Universitario especialmente preocupado por este caso. Tras los meses de verano, sorprendentemente, Mary Daly recibió un telegrama de Seavey Joyce que decía, sin felicitaciones, que le habían ascendido a la categoría de Profesor Asociado y le habían otorgado su cargo.

Desde 1969, el movimiento de mujeres avanzó significativamente en sus reivindicaciones académicas. Las clases masculinas se volvieron predominantemente femeninas. Las mujeres fueron admitidas en Artes y Ciencias. Daly comenzó a atraer a un gran número de estudiantes graduados, en su mayoría mujeres, de lugares como la Divinity School (similar a una Facultad de Teología) de Harvard.

Otro factor en el cambio del alumnado, que pasó de ser mayoritariamente masculino a femenino, fue el crecimiento del Movimiento de Mujeres a finales de los sesenta y principios de los setenta, y el aumento del interés por parte de las mujeres en la búsqueda de logros académicos.

También se dio un desarrollo en el propio pensamiento de Daly, por un lado como parte de la experiencia de las mujeres, y por otro como fruto de la reflexión sobre el movimiento de mujeres en general, de modo que el papel de Daly como maestra, cambió. Mientras antes había sido una exponente muy competente de las teologías y filosofías de los hombres y las exponía y criticaba, su crítica no era específicamente feminista, sino más bien una crítica católica radical.

Las mujeres en sus clases siempre habían sentido una mayor atmósfera de confianza y, posiblemente, de una actividad intelectual más vigorosa si no había varones presentes. También hubo casos en los que los hombres hicieron saber que acudían solo para crear problemas. En estos casos, las mujeres trataron de persuadir a los hombres de que esto sería contraproducente. "Me ha parecido que, en algunos casos, la solución más creativa para esto es dividir la clase. Naturalmente, nunca he negado a nadie la oportunidad de estudiar, pero, cuando las mujeres me presionaron para que tuviera secciones separadas, a veces me pareció aconsejable enseñar a los hombres por separado. Esto a veces tomaba la forma de tutoría privada, pero era la manera de lograr los objetivos académicos e intelectuales de la clase."[78]

78. Caroline Brancatella, "The Daly Saga," *The Heights*, 28 September 1999.

Sus siguientes publicaciones son: *Beyond God the Father: Towards a Philosophy of Women's Liberation* 1973, con ilustraciones de Emily Culpepper. La primera publicación en Inglaterra tuvo lugar en 1986 en la editorial *The Women's Press Limited.* La traducción al italiano tuvo lugar en 1990. No hay traducción al castellano. Tampoco de *Gyn/Ecology: The Metaethics of Radical Feminism* (1978), ni hasta hoy de *Pure Lust: Elemental Feminist Philosophy* (1984).

La misma suerte corren: *Websters' First New Intergalactic Wickedary of the English Language* escrito con Jane Caputi en 1987.

Tras la negación de la cátedra completa en el Boston College en 1989 y finalmente con el despido en 2006, precisamente por motivo de discriminación sexual en sus clases (por no admitir a los varones en las clases con las mujeres), se generó aún una mayor controversia respecto a las ideas feministas radicales de la pensadora.

Las obras de este periodo son: *Outercourse: The Be-Dazzling Voyage* publicada en 1992, *Quintessence... Realizing the Outrageous Courage of Women: A Radical Elemental Feminist Manifesto* (1998) y su último libro: *Amazon Grace: Re-Calling the Courage to Sin Big* (2006).

Como se ve claramente, en el panorama de los veinticinco años que separan los tres artículos internos de la facultad, podríamos destacar los factores que han contribuido al desarrollo del pensamiento de la teóloga, y la controversia que ha frenado su repercusión, encontrándonos con varias dificultades con la recepción de su trabajo, incluso en el ámbito teológico feminista. La dificultad radica, por un lado, en su lenguaje denso y conciso, y por otro, en la recepción de la autora como feminista postcristiana[79].

1.5.1 *Cronología de la obra escrita de Mary Daly*

La obra publicada de Daly, se compone de ocho grandes obras de las cuales los dos primeros libros son escritos de juventud. En *The Church and the Second Sex* (1968) se hace una dura crítica de la eclesiología tradicional, se denuncia la antropología patriarcal en la estructura eclesial y se pone de manifiesto la relación entre el sexismo y la Iglesia, poniendo de relieve los problemas vigentes tras el Concilio Vaticano II.

Beyond God the Father (1973) presenta la crítica del método teológico tradicional, desvelando los presupuestos metodológicos tradicionales. El libro ofrece también las propuestas de cambio desde la perspectiva de la autora.

79. Gómez Acebo, *Dios en la teología feminista,* 55.

Dos obras siguientes serían los escritos de madurez, donde Daly ya no pretende hacer una crítica, sino ensayar su propio método y orientarlo a las feministas. En el subtítulo de *Gyn/Ecology* (1978) encontramos el objeto de la obra: ensayar la metaética del feminismo radical. Junto a la denuncia de los ocho pecados de los "padres" y la descripción detallada interdisciplinar de los cinco testimonios del funcionamiento de estos mitos en la vida real de las mujeres, encontramos las claves de la filosofía práctica feminista.

En *Pure Lust* (1984) se presentan los elementos principales de la filosofía feminista, los presupuestos hermenéuticos, los principios éticos y se hace una relectura de las virtudes cardinales y propuesta del nuevo lenguaje feminista.

El primer diccionario feminista: *Websters' First New Intergalactic Wickedary of the English Language* (1987) es la culminación de la sistematización lingüística de la propuesta hermenéutica de Daly. Una obra sin par en la historia feminista, donde se tratan las palabras y el lenguaje desde la etimología, su uso patriarcal y su sentido original.

Las dos últimas obras son el reflejo de la utopía feminista: *Quintessence* (1998) y la actualización política desde el siglo XXI de los presupuestos teóricos y principios práctios feministas: *Amazon Grace* (2006).

1.5.2 *Método de Mary Daly*

Podríamos enumerar varios puntos clave del método de la pensadora:

- la lectura contextualizada de los textos fundantes del cristianismo y su crítica desde la hermenéutica interpretativa,
- las fuentes metodológicas pronunciadas de: Paul Tillich, Sto. Tomás de Aquino y la hermenéutica lingüística,
- la interdisciplinariedad, narratividad y análisis crítico de los mitos fundantes de las tradiciones y culturas, de las imágenes de Dios y de los roles antropológicos y de género,
- "la metodoclasia" como respuesta a "la academencia,"
- el uso de los modelos éticos que conectan la representación con la praxis,
- la hermenéutica de la sospecha a las formas del dualismo del pensamiento, tanto teológico como el científico,
- el uso de las categorías de la experiencia, de las construcciones teológicas, las metáforas y las analogías, las teorías del lenguaje,
- el manejo de las reivindicaciones políticas feministas.

El conocimiento, por parte de la teóloga, de la literatura, la filosofía y la lengua (en las cuales obtuvo también doctorados, como en teología), la sociología, la teoría de la organización, la economía, la politología, la epistemología y la analogía, le permite conjugar sus aspectos más avanzados con la fenomenología, las hermenéuticas modernas y las teorías del lenguaje, lo que obliga a su somera presentación en esta investigación, con el fin de encontrar los puntos donde Mary Daly consigue la innovación más allá de los límites de estas disciplinas al servicio de la teología.

Es crucial destacar que tanto Mary Daly como varios autores contemporáneos, perciben estos métodos como incompletos, con el "estatuto de la limitación"[80] o inacabamiento, pero que a su vez abren paso a las teorías más globales, orgánicas y holísticas, que conectan las diferentes disciplinas y métodos.

80. Oviedo, *La fe,* 16.

CAPÍTULO II

ÉTICA DE NÉMESIS

2.1 Visión de Némesis en la narrativa de Mary Daly

El objetivo de este capítulo es mostrar de qué manera la teóloga articula la ética y la estética en torno a la virtud de la justicia. El texto paradigmático, breve y muy preciso, que recopila las conclusiones sobre la justicia se encuentra en *Pure Lust* (1984). En las obras posteriores encontramos menciones y desarrollos para la revisión de la realidad política y social (*Quintessence*, *Amazon Grace*).

Se propone tres virtudes o vicios virtuosos que serían los siguientes: Némesis, Coraje y Des-templanza. El camino desde la justicia hasta Némesis parte de la definición clásica como "tendencia permanente de dar a uno lo que es debido." La pregunta se centra sobre el sujeto que decide lo que es justo y debido a cada uno.

No hace falta revisar detalladamente las luchas de las mujeres para conseguir *los mismos derechos* dentro del orden patriarcal, para ver que los engaños patriarcales consisten en mostrar una idea de justicia que poco tiene que ver con lo que es justo y recto. Al centrarse en la virtud intelectual de la prudencia (viril), ésta ha orientado el enfoque de las teorías de la justicia. El rey *justo,* el presidente, el papa, el físico, el jefe, el marido, el padre saben con certeza, cual es el sitio adecuado y justo de la casta intocable.

Tampoco la idea del vicio de la injusticia arroja demasiada luz sobre el sitio de las mujeres. Para la Dictadura Dicotómica de justicia-injusticia lo que cuenta es seguir o no las normas de los Círculos y Clubs masculinos. La situación de las mujeres, sea de opresión, sea de aspiraciones auténticas, está fuera de la órbita de las disputas paternales, reflejándose en la horrible dicotomía semántica. La pareja: justicia-injusticia, es demasiado pálida para nombrar a la Recta Virtud de las mujeres.

Mucho más adecuado es el nombre de Némesis para designar el proceso de la rectitud. Es la diosa de la divina retribución, cuyo nombre radica en el verbo *nemein*, que significa gestionar y dispensar la retribución. A diferencia de la justicia que se dibuja con los ojos tapados, con la balanza y espada en las manos, Némesis tiene los ojos bien abiertos para ver. No está tan preocupada por la retribución en cuanto gratificación o castigo, sino por el juicio interno que permite descubrir los modelos internos de los flujos de actitudes y energías. No se trata de un misticismo irrelevante sino relevante puesto que responde a los gritos atormentados de los oprimidos y del hambre y sed del ser creativo.

Cierto que las mujeres han luchado contra la injusticia. De estas luchas han surgido las generaciones de feministas, pero solamente cuando la consciencia de las injusticias evoluciona hacia el descubrimiento del contexto invisible del ginocidio, puede convertirse finalmente en la Participación activa en el contexto de la armonía biofílica y el poder que sostiene una gran creatividad y acción. Para llamar a este contexto de Participación que trasciende y se adelanta a la *justicia* patriarcal e *injusticia,* se necesita otro nombre. Némesis es el principio rector y orientador.

Las luchas por la justicia y en contra de la injusticia han llevado a las mujeres a utilizar las mismas armas patriarcales y las mismas normas de lo correcto: de las derechas e izquierdas. Por un lado, la revolución y por otro victimismo, autodesprecio, idealización del cielo, militancia antifeminista. Las mujeres oscilan entre la izquierda y derecha masculina capturadas por el imaginario patriarcal y controlado bajo en nombre de *justicia-injusticia.* (...)

Esta palabra ya no sugiere nada creativo sino remite a la condición pasiva femenina de oprimidas. La palabra *justicia* ya no es inspiradora. (...)

Si reparamos sobre el verbo derivado del concepto de la justicia como lo correcto, nos encontramos con el verbo *rectificar, corregir*. Esto implica llevar una situación desviada a su estado anterior, como si de un axioma aritmético se tratara, por lo que este vocablo no remite a nada que esté por encima del futuro o pasado patriarcal, manteniendo el permanente *status quo.*

Reflexionando sobre el estancamiento inherente a la dicotomía justicia-injusticia, los teólogos como Paul Tillich ofrecen ideas de la *justicia creativa* que, en definitiva, apelan a la sumisión como imperativo femenino que retuerce las entrañas de las mujeres (...) Su verborrea es tal que su moral resulta más que sin-sentido, sirviendo a las estructuras de opresión y sin tener en cuenta el sistema de castas sexuales. (...)

Sugiero pues que el nombre de *justicia* no es un nombre adecuado para el proceso creativo de las mujeres. La alineación con los modelos ginérgicos de Némesis no sólo rectifican lo *injusto.* Némesis es Pasión y conexión de las ginergías. El el hábito emocional que se adquiere y requiere para entrar en las Pirosferas, requiere un juicio Salvaje de las Virtudes Pirognósticas. Némesis es el hábito basado en los actos inspirados de la Recta Rabia, que mueve a las víctimas de la opresión ginócida a los cambios pirosféricos desconocidos e insonorizados por la verborrea patriarcal, que proclama a los ginócidas *no-culpables* sancionando como legales las prácticas ginócidas.

De forma que las pirosóficas mujeres, habiendo superado la dicotomía lingüística *justicia-injusticia,* empiezan a vivir en la dimensión que en principio podría llamarse Némesis. La virtud de Némesis se puede percibir como siniestra por su creatividad tan diferente de lo correcto de los sado-dominadores. Es siniestra no sólo por elegir entre lo diestro y lo siniestro, que sería una dicotomía más, sino que mueve hacia otro contexto. La otredad de este contexto no remite a la complementariedad de la sadosociedad. Las mujeres que giran en las ginocéntricas esferas del ser no se dejan atrapar en la rabia reactiva, sino avanzan hacia su furia.

Entre los significados del sustantivo *furia* está el de la acción violenta de los elementos (del viento o del mar), la tempestad, el sentimiento extremo y poderoso, pasión, frenesí. Estas definiciones sugieren las fuerzas elementales de Némesis, engendrada por Furia como la divina vendetta ilustrada a menudo en forma de los fenómenos naturales, atmosféricos. Inspiradas por las Musas de la furia, las mujeres que conectan con Némesis se dan cuenta de las fuerzas elementales que armonizan con sus elementos. Así están en el mundo, pero están en casa y no capturadas por los Estados Fálicos.[1]

La consciencia de estos Elementos les da la suficiente ginergía para poder transformar los estados opresivos. Éstos suponen a veces abandonar ciertos lugares físicamente, o al menos transformar sus condiciones de vida.

Este texto muestra el modelo ético de Mary Daly desarrollado sobre la base de su ontología y subraya los siguientes elementos:

- La inadmisible dicotomía de la terminología moral tradicional que refleja el dualismo sexista y opresor, presente en la práctica social, política y teológica, con respecto a las mujeres.
- La necesidad de una imagen y un nombre que represente mejor el modelo ético de las mujeres (Némesis).
- Este modelo no supone solamente una inversión de roles sino un esfuerzo activo (y no reactivo) por una humanidad que viva más acorde con su condición.
- La ética debe reflejar la conexión y la interdependencia de todas las criaturas, no buscar solamente el interés, del género humano.
- El problema de la justicia es un problema epistemológico y lingüístico y no puede invisibilizar a la mitad de la humanidad.

La pensadora introduce la imagen de Némesis como contraste a la idea de justicia patriarcal que soporta la contradicción de la presunta impar-

1. Daly, *Pure Lust,* 274-279.

cialidad y los ojos cerrados, limitándose a la violencia (espada) para ejercer los derechos. La conexión de un modelo ético con una imagen mitológica que, a su vez, se plasmó en las esculturas y en el arte implica una aproximación a la ética desde un ángulo diferente al tradicional, en el que se trataban las virtudes solamente desde el punto de vista intelectual. Así, implícitamente, denuncia la raíz metodológica del desacierto de estas éticas tradicionales: una visión intelectualista, que ignoraba otros ámbitos del saber y la sensibilidad moral: lo bueno y, sobre todo, lo bello.

La imagen de Némesis y su historia irrumpe en la reflexión ética, planteando un modelo moral holístico, donde Némesis opera —como justicia— de moderadora de los valores y juicios morales, pero no sólo como un concepto sino como una experiencia y una representación vital.

2.1.1 *Némesis: mito y figura de la justicia feminista*

En este punto, presentaremos la imagen de la diosa Némesis como historia de su olvido, y su pertinencia para la renovación de la comprensión feminista de la justicia. En primer lugar, nos acercaremos al concepto del mito desde la crítica feminista de la historia del arte. Seguidamente, nos acercaremos a la figura de la diosa Némesis y su historia. En tercer lugar, veremos cómo se aplica y adapta el mito a la realidad y cómo la autora articula su propuesta de una justicia feminista desde esta imagen.

Mary Daly acuña una práctica innovadora de recuperar los sentidos originarios de las palabras vinculadas a las mujeres, su opresión y su condición. Su esfuerzo por buscar las fuentes etimológicas no es ajeno a la antigua tradición exegética y la hermenéutica estoica, después cristiana-alejandrina y finalmente tomista, para volver a su puesto importante en las artes a partir de la lingüística.[2]

La autora tenía claro que volviendo a los orígenes y recordando los significados ancestrales, podría descifrar de qué manera y por qué han cambiado de sentido, incluso podría mostrar la fecha de tal cambio, dejando patente que, en principio, no fue así, es decir, que la mentalidad falocrática no ha existido desde siempre y, por lo tanto, puede dejar de existir. El estudio etimológico no es un recurso nuevo en la historia de

2. En los clásicos alejandrinos, por ejemplo, en S. Gregorio de Elbira: "la etimología persigue la tendencia clara de explicación, la intencionalidad didáctica y catequética, pero no se trata solamente de la predicación o cura de almas. Se trata de una verdadera concepción del mundo y de la cultura escrita." Tomás recupera esta tradición en innumerables ocasiones a lo largo de la *Summa Theologiae*. José Antonio Molina, "San Gregorio de Elbira y el uso de etimología bíblica en la España romana durante la segunda mitad del siglo IV," *Tonos* 13 (2007). Accessed: March 20, 2018.
https://www.um.es/tonosdigital/znum13/secciones/estudios_S_elvira.htm

teología en general,[3] no obstante, su uso en la disciplina feminista es absolutamente novedoso y es ella quien lo inaugura. A diferencia de los exegetas del siglo IV o de los tomistas, que consideraban que la razón está de parte del texto y el lector debía adaptarse a él, la pensadora considera que hay que cuestionar los relatos, discursos y narraciones patriarcales, como hará precisamente en el caso de la justicia tomista y sus aplicaciones aportando una nueva imagen y un término libre de todas las interpretaciones patriarcales posibles, ajustándose a la vez a la regla hermenéutica alejandrina, según la cual la etimología no es filológica sino pragmática, es decir, su finalidad sería cambiar las costumbres.

El recurso a la etimología le permite:

- Reivindicar, en el sentido feminista, el valor de la palabra: la palabra como lo más parecido a una envoltura física bajo la cual se encuentra la verdadera sabiduría.
- Utilizar las mismas herramientas hermenéuticas clásicas para hacer una interpretación feminista de los textos tradicionales teológicos, mostrándose como gran sistematizadora de la nueva teología holística (feminista), con una destreza y conocimiento pleno de los métodos teológicos válidos.
- Explicar la naturaleza moral de un varón y una "asociación" de varones.[4]

La etimología juega un papel importante no sólo en la explicación del hecho o la historia, sino también en la esencia de lo humano desde la nueva antropología conceptual.

Mary Daly retrocede más allá de la mitología homeriana y rescata un mito que retoca para evitar tanto la mentalidad pagana como la cristiana tradicional. Dada la vinculación entre la ética y la estética en la representación y debido al impacto social de las imágenes en nuestro lenguaje y en los esquemas de relaciones políticas y sociales que influyen en las prácticas morales concretas, seguidamente presentaremos el mito de la diosa Némesis y la pertinencia del uso de su figura en su planteamiento ético.

La escritora crea una nueva tradición en torno a la justicia que concuerda con las exigencias éticas feministas. El carácter trascendente de la realidad que sólo es conocida por la propia tradición se puede expresar de manera mítica y, de hecho, así se ha expresado frecuentemente en la

3. Ya en el siglo IV tenemos pruebas de su uso muy popular y luego el tomismo vuelve a su uso. La cultura del siglo IV se ha convertido en cultura hermenéutica con todo lo que ello implica. El debate con judíos y herejes es más que nunca una cuestión de palabras y de cómo interpretarlas, de exégesis, y en el centro de la cuestión, por supuesto, se encuentra la Biblia. Molina, "San Gregorio de Elbira," 16.

4. Molina, "San Gregorio de Elbira," 6.

historia. Toda auténtica tradición es manifestación de una realidad profunda, fundante, que tiene un alcance metafísico. La tradición sería la hermenéutica histórica de la razón, ya que todo conocimiento tiene una historia y se sitúa en el interior de una tradición en la que ha surgido y en la que se ha relacionado y contrastado con otros conocimientos y experiencias.[5]

Además, denuncia que la tradición feminista, ha carecido de la historia que se ha ocultado y tergiversado, de forma que hace falta volver a los relatos originales míticos para recuperar el fondo de esta tradición.

Partimos del presupuesto esbozado por Jacques Derridá y otros lingüistas y teóricos del arte, de la validez fundamental de la secuencia realidad-conocimiento-lenguaje, que conecta lo representado visualmente (estética) con lo que acontece (comportamientos) en realidad, concluyendo que el reino de la mitología es "la prestigiosa cima del arte."[6] El lenguaje es expresión de la cultura y elemento fundamental de una tradición determinada, pero, al mismo tiempo, es expresión de la realidad a través del conocimiento. Hay en el lenguaje, como en la propia tradición, elementos representativos solamente de la cultura, históricos y cambiantes. Pero eso, no limita la capacidad que tiene de expresar la verdad del conocimiento y de la realidad.[7]

El mito de la diosa Némesis nos servirá de representación activa y participativa de una nueva aproximación a la ética feminista, tal como plantea la autora. El mito en estrecha relación con el rito (el acontecimiento o la praxis) sería el instrumento simbólico integrador y organizador de la experiencia.[8] Según Fernando Giobellina,[9] el mito respecto al rito es como vivir respecto al pensar, donde se descubre el sentido último de todo mito y donde se da la reducción de la cultura a la naturaleza.

El eje principal del mito es de tipo metafórico que subsume las individualidades en el paradigma y amplía y empobrece los datos concretos.[10] En este sentido, el mito funciona como el tópico fundante de la realidad y de las costumbres, apoyándose en una autoridad o una representación visible, de forma que la vida sería reflejada en el arte (cuyo máximo representante

5. Una reflexión muy acertada acerca de la tradición tiene Carlos Izquierdo, "Tradición eclesial y tradiciones culturales (la enseñanza de *Fides et Ratio*)," *Scripta Theologica* 37 (2005): 77-98.

6. Cordero, *Crítica*, 210.

7. Izquierdo, "Tradición," 97.

8. Pérez-Andreo, *No podéis servir*, 91.

9. Fernando Giobellina y Elda González, *Mito-Rito. Lévi Strauss*, trans. Mary Douglas (Uppsala: Instituto de Antropología Cultural de la Universidad de Uppsala, 1981), 246.

10. Giobellina, *Mito-Rito*.

es el mito) y el arte habría de conformar el tema biográfico.[11] Aunque, siguiendo a Lévi Strauss, se concluiría, que no es lícito relacionar lo simbólico del mito con la realidad social empírica y que el mito se sitúa por encima y en contra de las exigencias de la vida social,[12] sus funciones simbólicas y operantes se ven en el rito concreto (acción, acontecimiento), de forma que el mito funciona a través del rito como transformador de los distintos códigos que operan en la sociedad.

El mito de Némesis revela el papel social de lo simbólico en tanto en cuanto control social, como en su carácter de expresión de diversos grupos dentro de la estructura social, con el fin de implantar el orden alternativo, no sin la dificultad que conlleva estar sumergido en la experiencia social actual.[13]

El nexo entre el mito-rito y la cultura-naturaleza muestra que precisamente el cuerpo humano, que piensa desde los mitos y actúa a través de los ritos, se convierte en el centro neurálgico de la acción simbólica: "objeto de poder en su acción constructora y metáfora perenne de los efectos de ese poder."[14]

Dado que lo simbólico no surge como expresión y reforzamiento de una estructura social estática, sino de las tensiones del sistema o por las delimitaciones internas y externas de una sociedad,[15] la vuelta al mito de Némesis y su reflexión y aplicación, pueden resultar extremadamente útiles para la transvaluación de la mentalidad ética machista, en el intento de equilibrar las tensiones de las mujeres oprimidas.

Nuestra aproximación al mito de Némesis de la mano de Mary Daly no se da en la obra misma sino descodificando el proceso dinámico de cómo esta ha sido producida, y explorando qué tipos de lectura hacen posible sus signos, ya que el modelo crítico feminista descansa en la metáfora de leer más allá de la mirada-espejo:

> Lo que vemos en los cuadros más figurativamente ilusionistas son signos, pues el arte es una práctica semiótica. La noción de *leer* el arte vuelve opacas, densas, recalcitrantes a las marcas gráficas y las superficies pintadas; nunca ofrecen significados directamente, sino que deben ser descifradas, procesadas y discutidas.[16]

Nuestro enfoque no se realizará desde la historia del arte feminista, sino desde la propuesta de Mary Daly, ya que el feminismo ofrece ventajas a la historia del arte y a la historia de la moral cristiana, cuando interviene en su campo discursivo.

11. Giobellina, *Mito-Rito,* 162.
12. Giobellina, *Mito-Rito,* 248, 249.
13. Giobellina, *Mito-Rito,* 251.
14. Giobellina, *Mito-Rito,* 253.
15. Giobellina, *Mito-Rito,* 254.
16. Giobellina, *Mito-Rito,* 163.

Acudiendo al mito (tradición paralela y, en algunos casos, más antigua que la tradición cristiana y su moral), y en concreto al mito de la diosa (mujer), la autora desafía políticamente aquellas construcciones de mujeres: hijas, madres, putas[17] al servicio del linaje paterno, ilustradas en los cinco mitos (*Gyn/Ecology*) y en la imagen de la Dama de la Justicia, produciendo contra-construcciones que no están basadas en una naturaleza, una verdad o una ontología. De hecho, la pensadora es consciente de que en el mundo patriarcal y falocéntrico la ontología feminista, el ser-mujer equivale a nada. El cuerpo femenino, definido no en su esencia sino como un recurso para potencialidades imaginativas, psicológicas y de la experiencia, se puede invocar teóricamente como la fuente reprimida de la significación radical como *mujeres-no mujeres.*[18]

La significación radical de la femineidad en las culturas falocéntricas se definiría por esta negatividad, Julia Kristeva afirma que una mujer no puede ser; es algo que ni siquiera pertenece al orden del ser. De lo que se sigue que una práctica feminista sólo puede ser negativa, en desacuerdo con lo que ya existe, de modo que podamos decir: no es eso y tampoco es eso. En *la mujer* veo algo que no puede representarse, algo que no está dicho, algo por encima y más allá de nomenclaturas e ideologías.[19]

Desde una visión psicoanálitica (no olvidemos que los tiempos de Mary Daly han sido influenciados poderosamente por las teorías freudianas que ofrecían respuestas no sólo sobre el género sino también sobre la realidad[20]), la feminidad es nada (en la lógica falocéntrica), como todo lo demás que aún no es conocido en la economía machista.

Esto muestra que la imagen de la justicia que puedan tener las feministas es también provisional, en proceso de desarrollo, pero lejano del mero relativismo. El término oportuno podría ser siguiente: la *responsabilidad* de lo que motiva el deseo, su lectura e interpretación.[21] Estas propuestas teóricas feministas tan radicales crean los medios para releer las inscripciones de lo femenino en los textos e imágenes del pasado, como el mito de Némesis.

17. Marcella Lagarde, *Los cautiverios de las mujeres: Madresposas, monjas, putas, presas y locas* (México: Universidad Autónoma de México, 1990), 35.

18. Giobellina, *Mito-Rito,* 164.

19. Giobellina, *Mito-Rito,* 164.

20. La justificación psicoanalítica de la necesidad de un nuevo símbolo de la justicia brota de la afirmación de la fantasía como registro gobernante del imaginario que teóricamente precede al acceso a lo simbólico, aunque siempre es definido por éste y coexiste dentro de sus significantes. “Lo imaginario es al mismo tiempo una alternativa para los modos simbólicos, mientras opera dentro del sujeto como un significado co-presente y en competencia.” Giobellina, *Mito-Rito,* 167.

21. Giobellina, *Mito-Rito,* 188.

El objetivo, como marcan las críticas feministas de la historia del arte, sería desafiar una historia como sistema de representación que ha construido un campo visual en el arte en el cual las inscripciones femeninas no sólo se hacen invisibles mediante la exclusión o menosprecio, sino *ilegibles* dado que la lógica falocéntrica permite sólo un sexo. Reclamar creatividad para las mujeres no sólo significará recuperar los nombres de las diosas mitológicas, sino transgredir los grandes ejes ideológicos de significado, desordenar el régimen prevaleciente de la diferencia sexual.

Si las mujeres se dispusieran a transformar la historia, sin duda pudiera decirse que todos los aspectos de la historia serían alterados completamente. No siendo creada por los hombres, la tarea de la Historia sería crear a la mujer, producirla.[22]

Recuperando a Némesis, se pretende recuperar la memoria de la historia de las mujeres salvajes. El alivio del trauma de una justicia tergiversada y una historia de la nada de las mujeres procede de los eventos restauradores de la memoria, entregándolos a la representación en la figura de la diosa.[23]

La pertinencia de la imagen de Némesis como nuevo símbolo de la justicia, se basa en el presupuesto de que la práctica artística se puede concebir como una metáfora en sí; supone la participación en los lenguajes públicos de la cultura, cuyos protocolos formales estructuran el material, y posibilita la existencia de un intercambio entre los materiales aún no formulados en términos discursivos y su articulación, a la vez que facilita la enunciación, en el discurso del otro, de los sistemas culturales dados de signos y relatos.[24]

Se redefine el mito como "una pantalla vacía sobre la que proyecta el usuario, observador o lector. Esta proyección tiene lugar en el contexto de lo que llama una relación de transferencia."[25] La transferencia, como hipótesis para analizar los textos culturales e imágenes, nos libera tanto del dominio atribuido al texto original (veremos diferentes interpretaciones del mito de Némesis en la parte siguiente del trabajo) como del dominio de la interpretación, en cuanto se descubre el uso del significado para enmascarar la investidura subjetiva del intérprete. "No hay relato, sólo el relatar."[26]

Lo que pretende Mary Daly con el mito de Némesis es hacer una historia de la ética feminista, porque relatar siempre da lugar a significados y posibilidades, sin cambiar, el significado de la diosa en el relato.

22. Giobellina, *Mito-Rito,* 267.
23. Cordero, *Crítica,* 176.
24. Cordero, *Crítica,* 177.
25. Cordero, *Crítica,* 187.
26. Cordero, *Crítica,* 187.

La importancia de relatar redistribuye la responsabilidad, quitándosela al que relata, quien dispone de los medios para proponer su propio punto de vista, y asignándola al observador, lector o escucha, quien se hace cargo al procesar las obras.[27]

Némesis ofrece atributos éticos nuevos, que proporcionan la posibilidad de desarrollar una nueva comprensión de la virtud. Si existe un inconsciente cultural que cuenta viejos relatos, construidos a partir de los mitos reprimidos en la cultura, cuando las mujeres van más allá de los límites de lo que el inconsciente cultural (masculino) dicta o censura, será en la osadía e impertinencia de indagar en lo desconocido, donde buscarán y encontrarán sus raíces.

Entonces algo aun por imaginar será posible.[28] El hecho de que la teóloga no ponga nombre a la nueva virtud puede deberse a la resistencia activa a la articulación mediante el lenguaje, que apunta a un problema con la representación, que es, generalmente abandonada, por motivo de la ausencia de lenguajes (visuales) o tradiciones adecuadas a la experiencia vivida.[29]

La pobreza de los medios expresivos adecuados a la experiencia de las mujeres, abre un interrogante indagador sobre su relación con el orden simbólico.[30] El recurso a la iconografía mítica puede entenderse como su intento por crear un espacio semántico donde la justicia diferente pudiera ser representada. El mito ofrece un lenguaje universal y conduce al lector a una inmediata (es decir, sin mediatizar) comprensión de lo que representa.[31] A través de la asunción del mito, Mary Daly negocia un grado de autonomía, al menos en el campo de la representación, para la idea ética de las mujeres en torno a lo correcto y lo ecuánime. La autonomía de la representación e interpretación del mito, fuera del dominio patriarcal, indica que el discurso androcéntrico es como "un idioma extranjero que, dicho en dos palabras, sencillamente queda mal."[32]

Estas propuestas esclarecen la importancia del hecho de que Mary Daly acuda al mito de Némesis en su tratado ético y lo hace muy ampliamente. El mito anclado en el arte, una imagen que proyecta y visualiza los modelos sociales, permite no sólo un cuestionamiento crítico del modelo de pensamiento previo o establecido (como en caso mito romántico *vs.* ilustración), sino sobre todo, ejerce un impacto en la mentalidad social y en

27. Cordero, *Crítica*, 187.
28. Cordero, *Crítica*, 194.
29. Cordero, *Crítica*, 327-328, 336.
30. Cordero, *Crítica*, 337.
31. Cordero, *Crítica*, 329.
32. Cordero, *Crítica*, 341.

la sensibilidad, facilitando una realización nueva en el contexto histórico y cultural determinado y concreto.

La recuperación del mito obedece a la situación de crisis y una de las reacciones a la crisis es la articulación de ésta mediante la mitología, buscando soluciones mediante la recuperación del propio mito. La filósofa recupera la memoria de Némesis, la diosa olvidada, en un momento crucial de la crisis del mundo, la crisis nuclear, de guerra fría, la crisis de una cultura patriarcal falocrática parcial y atomizada, fracturada. El mito, que es esencial al espíritu humano, expresando la unidad entre el ser humano y la naturaleza, puede ser un punto de partida muy potente de un cambio, de la unificación de la humanidad después de largos siglos de separación, opresión e infravaloración de la mitad femenina.

Mary Daly avanza en su motivación y pertinencia para usar la desconocida u olvidada categoría de Némesis para desarrollar su versión de la nueva moral sistemática. Partiendo de los siguientes presupuestos: 1) los mitos interpretan la historia de una sociedad[33] y se vuelven a la alegoría, 2) los mitos deben referirse a la religión y su estructura debe ser poética: reducir el material mitológico existente[34] y 3) repensar la historia.

Junto a los mitos existentes, hay que inventar una nueva mitología de nuevos temas, para poder aplicarla a la historia del propio pueblo, del pueblo actual. Con la imagen artística comparada de la balanza y Némesis, se pretende presentar la necesidad de una imagen que:

- Acompañe y proyecte o bien contraste lo histórico y que, teniendo una estructura, permita un planteamiento novedoso y, a la vez, la comprensión de las estructuras conocidas.
- Ampliando el material con la nueva historia, se pueda "encontrar una correspondencia entre formas de pensar y formas de expresión en el contexto político actual."[35]

Concluyendo: la estética será la disciplina racional donde encontrar un mundo nuevo. Mary Daly presenta Némesis, porque sabe de la función unificadora del mito y del arte atendiendo a los siguientes aspectos:

- Las implicaciones socio-políticas.
- La relación entre la filosofía y la poesía, la reflexión y la sensibilidad, el universalismo y el fragmentalismo.

33. Arno Gimber, "Mito y mitología en el romanticismo alemán," *Amaltea: Revista de Mitocrítica* 3. Accessed: April 18, 2017. http://Revistas.Ucm.Es/Index.Php/Amal/Article/View/21521

34. Gimber, *Mito y mitología*, 4.

35. Gimber, *Mito y mitología*, 6.

- La consideración del arte (*pulchrum*) como mediación[36] necesaria entre *verum* y *bonum*, dada la dicotomía existente en este sentido en la teología casi desde sus principios, como hemos tratado antes.

2.1.2 *Concepto de la diosa en las tradiciones*

El hecho de que Mary Daly acudiera a un mito sobre la diosa puede tener varios motivos:

- Ir más allá de la tradición propiamente cristiana.
- Recuperar las tradiciones olvidadas de la diosa.
- Articular un discurso crítico contra el imaginario androcéntrico de la mujer que gira en torno al binomio diosa-pecadora.

Según algunas autoras,[37] el interés por el espiritualismo de la diosa y el arte del cuerpo era una estrategia del feminismo propia de los años 70 (contemporáneo a las primeras publicaciones de la pensadora) para liberarse del patriarcado, encontrando una historia independiente de la mujer, reclamando el derecho del cuerpo femenino, celebrando lo maternal y reevaluando las viejas conexiones metafóricas entre la mujer y la naturaleza.

La diosa es la personificación del poder femenino.[38] Los lazos de la diosa con la naturaleza son muy directos ya que tenemos unas conexiones de la Némesis con las fuerzas del agua (mar) y aire (las tormentas), muy lejos de la imagen culturalmente amainada de la dama con la balanza (símbolo del avance cultural que representa lo masculino dominante, pero también lo artificial).

La Gran Diosa representa un conjunto original de creencias religiosas que ha sido suprimido por siglos de doctrina judeocristiana. La tierra, encarnada en la diosa, es el incontrovertible y contundente origen de la vida. Como tal, se valora la tierra femenina como un significante trascendente que no sólo sustituye al falo sino constituye una medida incomparable con él. La gran Diosa es el prototipo mitológico del que se dice descendían todas las mujeres. Encontramos mención de este recurso en *Beyond God the Father* de Daly de 1973.

Hay otras autoras que utilizaron la figura de la gran diosa; destaca Merlin Stone en *When God Was a Woman*[39] donde se documenta la historia de la imaginería de las diosas del paleolítico, sugiriendo que esas imáge-

36. Gimber, *Mito y mitología*, 10.
37. Cordero, *Crítica*, 393.
38. Cordero, *Crítica*, 390.
39. Merlin Stone, *When God Was a Woman* (San Diego: Harcourt Brace Jovanovich, 1976).

nes representaban una teología anterior al patriarcado, basada en el culto a la tierra. También hay que mencionar a Carol Christ y Judith Plaskov en *Womanspirit Rising: A Feminist Reader in Religion*[40] y a Christine Downing en *The Goddess: Mythological Images of the Feminine.*[41]

Ahora bien, la apuesta de Daly por la imagen de una diosa mitológica muy concreta y sin que haya otra referencia más explícita en sus escritos, nos muestra que no se trata de seguir la corriente de la gran diosa o apartarse de la tradición cristiana optando por la pre-cristiana, sino de utilizar un recurso metafórico para un marco diferente y propio de la ética feminista. Su objetivo es dejar patente el nexo entre el feminismo ético-político, académico y estético.[42]

Hay que destacar no sólo la relación estrechísima de la figura de la diosa con la tierra y la creación, sino su reinterpretación machista, como lo demuestra Rosemary Radford Ruether en su obra sobre las tres versiones clásicas de la Creación, mostrando los retratos utilizados para sacralizar relaciones de dominación:[43]

- El *Enuma Elish* (2.000 a.C.) es la versión, más antigua que el Génesis, en la que se ha inspirado el texto hebreo (500 a.C.) para describir su visión de la creación.
- Timeo, la versión griega de la creación procede del siglo VI a.C y no ha llegado a influir demasiado en el texto hebreo, aunque sea anterior a la redacción canónica y definitiva de la *Torah*.
- La traducción de los Setenta es del siglo III y II a.C. y probablemente coincida con la mentalidad más o menos platónica, por lo que se leerá el Génesis teniendo en mente la cosmología de Timeo.

En el *Enuma Elish* nos encontramos con la Madre primordial como origen del cosmos y de los dioses, y de su cuerpo emergen los padres posteriores. La relectura de la obra en los tiempos del imperio Babilonio (600 a.C.) y de su deidad Marduk, sitúa a la Diosa Madre Tiamat en lucha con sus consortes subordinarios, lucha en la que gana Marduk. Rompe el cuerpo de Tiamat y lo abre de forma que la parte superior es la bóveda y la parte inferior la tierra firme. De la sangre de Kingu mezclada con barro forma a los humanos. Es la materia muerta del cuerpo de Tiamat de la

40. Carol Christ, Judith Plaskov, *Womanspirit Rising: A Feminist Reader in Religion* (New York: Harper and Row, 1979).

41. Christine Downing, *The Goddess: Mythological Images of the Feminine* (San Diego: San Diego State University, 1981).

42. Cordero, *Crítica*, 408.

43. Rosemary Radford, *Gaia y Dios: Una teología ecofeminista para la recuperación de la tierra*, trans. Marta Novo de Ferragut y Norma Lazcano (México: Demac, 1993), 27-43.

que se hace la creación. Marduk se apropia de la materia, al desconfiar de la fertilidad natural de la madre, al estilo de un artesano, arquitecto moldeador y poseedor privado.

La versión griega de la creación presente en el Timeo de Platón es abstracta y se basa en un dualismo entre lo terreno y lo celeste, lo divino y lo humano, lo corporal y lo espiritual. Ahora bien, encontramos un desdoblamiento de lo humano en lo masculino y lo femenino. Lo masculino corresponde a lo celeste, lo divino, lo espiritual. Lo femenino a los opuestos. La creación se desvincula por completo de la generación, haciendo de la creación puro arte de las manos del arquitecto divino y espiritual. De ahí, que la esclavitud es una institución central que no se refiere a los varones libres atenienses, pero sí abarca a la relación hombre-mujer. Si lo terrenal coincide con lo femenino, la actitud social del dominio sobre la tierra se reflejará también en la relación varón-mujer.

La tradición de la diosa como Amor la podemos detectar en varias culturas y representaciones religiosas, incluyendo las bíblicas. Existen incluso analogías entre las figuras mitológicas de las diosas y los personajes. Las representantes originales de esta religión del Amor son las diosas que compartían el panteón de las divinidades masculinas y otras mujeres con dones y talentos especiales, con la función en la sociedad de profetas y sacerdotisas a la par con sus correspondientes masculinos.

Contrariamente al profetismo clásico, la teología sapiencial no se caracteriza por el temor a la Diosa en su defensa apologética del monoteísmo. Está, sobre todo, inspirada por una preocupación positiva por hablar en el lenguaje de su propia cultura y de integrar elementos del culto de la Diosa, especialmente el culto de Isis, en el monoteísmo judío. La teología, en tanto que mitología reflexiva, utiliza elementos del lenguaje de la Diosa para hablar de la bondad misericordiosa del Dios de Israel. Una plegaria a Isis muy conocida, proclama que todas las naciones y pueblos utilizan los nombres divinos que les son familiares.[44]

La Sofía divina es el Dios de Israel en el lenguaje y la *Gestalt* de la Diosa. Se le llama hermana, esposa, madre, amada y maestra. Es ella quien guía el camino, quien predica en Israel, el Dios vigilante y creador. Ella va en busca de las gentes, las encuentra en el camino, les invita a cenar. Ofrece la vida, el reposo, el conocimiento y la salvación a quienes la aceptan. Mora en Israel y oficia en el Santuario. Envía profetas y apóstoles y hace de quienes la acogen amigos de Dios. "Aun siendo sola, lo puede todo; sin salir de sí misma, renueva el universo" (Sab 7,27). La Sabiduría ha buscado una morada en la humanidad, pero no encontró

44. Isabel Gómez Acebo, *Así vemos a Dios* (Bilbao: Desclée De Brouver, 2001), 72-76.

ninguna. Se ha retirado de nuevo y "ha tomado asiento entre los ángeles" (1 Enoc 42,1-2).

La Sofía es descrita como "todopoderosa, inteligente, única" (Sab 7,22). Ella es un espíritu amante del pueblo (*philantropon pneuma*, Sab 1,6) que comparte el trono de Dios (Sab 9,10). Es una iniciada (*mystis*) en la ciencia de Dios, asociada a las obras divinas, emanación de la luz de Dios, que vive en *simbiosis* con él (Sab 8,3-4), imagen de la bondad de Dios (Sab 7,26). Puede advertirse aquí cómo el lenguaje se esfuerza por describir a la Sofía como divina (sin caer en el diteísmo).

El lenguaje utilizado para hablar de la diosa es el empleado para hablar acerca del único Dios de Israel cuya bondad y misericordia es la Sofía divina. La teología sapiencial judía, diferente de la teología gnóstica, ha luchado con éxito contra el peligro del dimorfismo divino. No evitó, sin embargo, el dualismo antropológico, como queda de manifiesto en la caracterización negativa de la mujer en los escritos sapienciales y apocalípticos. Ha abierto así la vía a la posibilidad de proyectar tal dualismo antropológico en la realidad divina y rechazar al Dios creador del judaísmo.

Aunque la mitología sapiencial cosmológica ha influido sobre las primeras expresiones cristológicas del movimiento misionero cristiano, sus huellas —aunque significativas— son escasas en las tradiciones del movimiento de Jesús. Las primeras rememoraciones e interpretaciones teológicas palestinenses de la vida y la muerte de Jesús le presentan como mensajero de la Sofía y, más tarde, como la *Sophia* misma. La teología cristiana más antigua es una "sofiología."[45]

2.1.3 *Imágenes de Némesis y la Dama de la Justicia*

Visto el protagonismo de las diosas en las tradiciones mitológicas y concluyendo que, aproximadamente hacia el siglo X-IV a.C. se da en la literatura una sustitución de la originaria diosa de fertilidad o diosa tierra-madre creadora por la figura del macho-hijo-dios, nos centramos en las noticias que tenemos específicamente en torno a Némesis. Pierre Grimal[46] comenta que Némesis es tanto una divinidad como una abstracción.

45. Elisabeth Schüssler Fiorenza, *Cristología Feminista Crítica: Jesús, Hijo de Miriam, Profeta de la Sabiduría*, trans. Nancy Bedford (Madrid: Trotta, 2000).

46. Νέμεσις (Némesis) se trata de un *nomen actionis* que deriva del verbo νέμω: "distribuir, repartir según conviene," *cfr.* Γένεσις, con el significado de "atribución por autoridad legal." La raíz es indoeuropea: **Nem-*, cfr. germ. *Nehmen*. *Diccionario Etimológico de la Mitología Griega*. Accessed: February 12, 2018. https://www.academia.edu/20872636/Diccionario_Etimol%C3%B3gico_dela_mitolog%C3%ADa_griega

En el marco de la divinidad se le atribuye el mito de ser amada por Zeus, siendo una de las hijas de la *Nix*-la Noche en solitario, pero ella intenta rehuir los abrazos del dios, adaptando miles de formas y transformándose finalmente en oca. Zeus se transforma en cisne y la toma. Los hijos salidos de esta unión son Helena ("la *causante* de la guerra de Troya"[47]) y Dioscuros.

Mary Daly muestra cómo el mito de Némesis y su figura, como diosa y como una abstracción moral, contextualiza y vincula múltiples capas de comprensión de la realidad: la biofilia (el ecofeminismo), el contexto social, las relaciones de género, y cómo la interpretación del mito se ha prestado a la lectura dominadora y opresiva, en un elaborado proceso de tergiversación patriarcal, notorio en muchos de los mitos que generan consciencia y activan los ritos, los acontecimientos y las acciones humanas concretas.

Compararla con la imagen de la dama de la justicia, con la que tradicionalmente se representa la justicia, nos abre a un diálogo vivo con la realidad de las mujeres que experimentan un doble baremo de medición ética, tal como es expresado por Daly y por las preguntas de otras pensadoras, en el contexto sufragista y obrero: "¿Por qué algunos estaban detenidos y otros no? ¿Por qué a unos se llamaba criminales y a los otros hombres de negocios? ¿Qué sentido tienen las palabras justo e injusto?"[48]

La comparación de las imágenes permitirá a Daly insertarnos en un fecundo diálogo, tal como se expresa en toda su obra, con la ética tradicional tomista. Visualizaremos ambas imágenes, ensayaremos las interpretaciones y aplicaciones derivadas del sentido de ambas y recordaremos brevemente los rasgos de la ética tomista con respecto a la justicia para hacer una comparación entre el contenido de la justicia y la némesis.

Finalmente, desarrollaremos la visión de la justicia de las feministas actuales y apuntaremos dónde la innovación de Némesis puede aportar un plus de valor a los planteamientos éticos feministas.

Némesis, figura mitológica llamada la diosa de la venganza, forma parte del panteón de los dioses griegos, pero la conocemos extremadamente poco. Desarrollaremos brevemente el rol de la diosa en los poemas homéricos y mitos griegos para descubrir después la cara desconocida u oculta de Némesis.[49]

Hay que destacar que Mary Daly, al tratar de la justicia desde la ética feminista, no se refiere a Astrea, la llamada diosa de la justicia, según los

47. Robert Graves, *Los mitos Griegos 1,* trans. Esther Gomez Parro (Madrid: Alianza Editorial, 2014), 186.

48. Forcades, *Por amor*, 68.

49. Jeffrey Hunter, *Feminism in Literature* 1 (Stanford: Gale Thompson, 2005), 203.

criterios patriarcales y machistas. Prefiere sugerir la imagen que invierte los valores falocráticos tradicionales,[50] lo que connota cierta ambivalencia, al presentar la figura de Némesis.[51]

En cuanto a la abstracción, es decir, en su campo simbólico, Némesis guarda relación con el valor de la venganza divina. Los dioses no influyen directamente en el castigo, sino que es la confabulación de los poderes la que se encarga de suprimir la desmesura. En la mentalidad griega todo lo que sobresalía de la condición humana, tanto en exceso como por defecto, se exponía a las represalias de los dioses. De forma que Némesis tiende a trastornar el orden del Universo (este orden, que dice la autora, funciona sólo para los varones) y a poner en peligro el equilibrio universal, el *status quo* del patriarcado. Como ejemplo, existe una presentación de cómo Creso, demasiado feliz por sus riquezas y su poder, es arrastrado por Némesis a su expedición contra Ciro que acaba en su ruina.

Como la representación artística de la diosa, en la ciudad de Ramnunte del Ática, cerca de Maratón, en la costa del estrecho que separa Ática de Eubea, Némesis tuvo su santuario y estuvo representada en la estatua esculpida por Fidias en un bloque de mármol de Paros, traído por los persas para colocarlo en Atenas como signo de su victoria. Al mostrarse demasiado seguros de su victoria (signo de desmesura), jamás conquistaron Atenas. *La Némesis* de Ramnunte había suscitado el ejército ateniense de Maratón[52]. La diosa lleva una rama de manzano en su mano y una rueda en la otra, se ciñe la cabeza con una corona de plata adornada con ciervos y de su faja cuelga el látigo. Es hija de Océano y tiene algo de la belleza de Afrodita (también nacida del mar). En Roma se le erigió un altar en el Capitolio.

Según Robert Graves,[53] Némesis (la *debida* norma), a diferencia de Tique (fortuna), la deidad artificial inventada por los primitivos filósofos fue la diosa-ninfa de la Muerte-en Vida, convirtiéndose en el control moral sobre Tique. Fortuna (*la que da la vuelta al año*), su equivalente latino, sugiere que la rueda de Némesis fue originariamente el año solar. Cuando la rueda había descrito medio círculo, el rey sagrado, elevado a la cima de la fortuna, debía cumplir el destino de morir —los ciervos de Acteón en su corona lo anunciaban—, pero cuando completaba el círculo

50. Sue Blundell, "Myth: An Introduction," in *Women in Ancient Greece* (London: British Museum Press, 1995), 14-19.

51. Hunter, *Feminism in Literature*, 54.

52. Piere Grimal, *Diccionario de mitología griega y romana*, trans. Pedro Pericay (Barcelona: Paidós, 1981), 375.

53. Graves, *Los mitos*, 184-185.

se vengaba del rival que le había suplantado. El látigo de Némesis fue inicialmente usado para la flagelación ritual, para hacer fructificar los árboles y las cosechas, y la rama de manzano era el pasaporte del rey para entrar en el Elíseo.

Curiosamente, en el caso de Némesis a la que perseguía Zeus (no como concepto filosófico de la venganza divina contra los mortales presuntuosos, sino la diosa-ninfa original, cuyo nombre habitual era Leda), se dan dos lecturas:

- En el mito prehelénico, la diosa persigue al rey sagrado y, aunque él experimenta sus transformaciones estacionales, responde a cada una de ellas con las suyas propias y lo devora en el solsticio de verano.
- En el mito helénico se invierten los papeles: es la diosa la que huye cambiando de forma, pero el rey la persigue y al final la viola, como en la historia de Zeus y Metis (la palabra *polymetis*—"muy sabia" se aplica a Atenea).

Lo que complica la interpretación de la segunda historia son los datos simbólicos que acompañan el mito: los cisnes eran consagrados a la diosa (Zeus se convierte en cisne) y la formación en "V" del vuelo de los cisnes que a mediados del verano volaban hacia el norte a los lugares desconocidos donde criar llevando con ellos el alma del rey muerto, es el símbolo femenino.

Descubrimos la inversión patriarcal que se da entre el período prehelénico y el helénico, que no permite que el rey de los dioses, Zeus, fuera mortal y devorado por una diosa (mujer). En su lugar, se prepara un mito en el que la violencia machista de Zeus sobre Némesis marca la historia de la dominación machista y Zeus se apropia de la capacidad creadora de Némesis al devorar a Metis, convirtiéndose así en padre-madre de Atenea, arquetipo del ideal de la mujer, patriarcalmente correcta.

Robert Graves ofrece también un matiz que aclara que en el ámbito filosófico se haya interpretado a Némesis como símbolo de la venganza divina al vincularla a la derrota persa, olvidándo su carácter de la norma debida en el drama anual de la muerte. "Para Homero, Némesis fue siempre un simple y cálido sentimiento humano de que los pagos se deben cancelar a tiempo y cualquier tarea debe ser correcta y debidamente ejecutada."[54]

La vinculación que Mary Daly ofrece de la diosa con los elementos, sobre todo, con el mar, tiene que ver con el título que llevaba la diosa

54. Graves, *Los mitos,* 186.

Némesis de Adrastea,[55] que era también el nombre de la nodriza de Zeus, una ninfa-fresno, muy importante para sus adoradores pastoriles por su asociación con tormentas y con el mes de los corderos, el tercero del año sagrado.

De estas descripciones se hace claro que tratamos con un personaje significativo en la mitología, cuya influencia interesaba mitigar para que cuadrara en el canon patriarcal y cuya historia prehelénica hay que recuperar.

También es útil conocer la abstracción del término "némesis," palabra que viene de la vieja raíz indoeuropea **nem-/nom-*que significa asignar tomar, distribuir. Esta raíz existe también en latín, en la palabra *nummus* (moneda), así como en muchas otras lenguas indoeuropeas (avéstico, irlandés antiguo, anglosajón, islandés, lituano, letón). En griego, el desarrollo del vocablo *nomos* (ley, norma, costumbre) en su origen estaba vinculado a la justicia y a la distribución equitativa, y sólo más tardíamente se consideró a Némesis como la diosa de la venganza. Es de notar, que el nombre del dios Nemesio se deriva de la diosa Némesis y no al revés.

De esta manera, podemos hablar de una nueva virtud, olvidada consciente e interesadamente por la historia patriarcal, que tiene una gran carga simbólica y ética que ofrecer al mundo transvaluado, permitiendo proyectar una *her-storia* de Némesis propiamente *ginérgica* como propone la teóloga.

Al visualizar las figuras pictóricas de la diosa Némesis y la Dama de la justicia, ilustraremos, cómo en el contexto cada vez más creciente (y lo percibía también Daly en *Amazon Grace*) de la importancia de las imágenes, la interpretación (mito) que conllevan y su correspondiente puesta en práctica (el rito), marca una mentalidad patriarcal o liberadora indisoluble del actuar.

Al contemplar ambas imágenes y su sentido a través del nexo ya establecido entre la ética y la estética, veremos cómo Mary Daly elabora un proyecto de ética feminista que difiere ciertamente de la teoría clásica y

55. Ἄδραστος (Adrasto), nombre del rey de Argos que acogió a Tideo y a Polinices, les dio como esposas a sus hijas Argia y Deípile y los guió en la expedición contra Tebas. Podría tratarse de un adjetivo verbal con α'-privativa del verbo δι-δράσκω, "huir" y significaría "aquel que no intenta huir" si se entiende con valore activo, o mejor "aquel de quien no se puede huir" si se le confiere un valor pasivo. Wathelet sostiene en cambio que es difícil justificar la presencia de σ-, siendo el tema δι-δράσκω δρα-y no δρασ-; podría ser extraño al griego, pero es un nombre sólidamente atestiguado en Grecia, si se considera también el femenino ἄδράστεια, otro apelativo de Némesis. Quizá se trate también de un nombre prehelénico y la derivación de διδράσκω podría deberse a una etimología popular. *Diccionario etimológico de la mitología griega.* Accessed: April 12, 2017. https://www.academia.edu/20872636/Diccionario_Etimol%C3%B3gico_dela_mitolog%C3%ADa_griega

más aún de sus lecturas prácticas (sociales, políticas y económicas) o sus reinterpretaciones modernas.

Lo que se descubre es que, en la realidad tradicional y patriarcal, se ha utilizado la imagen de Temis, no de Némesis, para expresar la justicia. Hay que tener en cuenta que Temis representa la fase posterior, es decir, la versión patriarcalmente tratada del mito sobre la justicia, que fue sustituida en la mitología romana por la personificación del derecho divino de la ley: la justicia. La explicación que recibe la escultura introduce el aspecto de la moral divina, representada por Temis, y la moral humana representada por Astrea. Los elementos presentados en la escultura: la espada, los ojos vendados y la balanza sostenida por una mujer son imagen de la justicia masculina del poder, de la violencia y de la supuesta imparcialidad o impasibilidad, que Daly ha presentado como insuficiente y sólo imputable a los varones.

No es casualidad que la pensadora compare ambas imágenes. Precisamente Temis presidía la correcta relación entre el varón y la mujer, la base de la familia ordenada y legítima, y cuando a Temis,[56] la diosa del buen consejo, la encarnación del orden divino, las leyes y costumbres, se le hace caso omiso, es entonces cuando aparece Némesis: símbolo del justo y rabioso castigo.

Temis vivió siempre en la tierra, pero durante la edad de hierro, llena de espanto por los grandes crímenes que se cometían, se trasladó al cielo donde ocupó el lugar del zodiaco *Virgo*. Para Mary Daly, Némesis será como la reivindicación de Temis para que pueda habitar en la tierra para que las mujeres puedan gozar de la vida sin necesidad de escapar al más allá o esperar una redención de la mano del varón.

La representación de Némesis es mucho menos conocida. Tenemos pocas noticias de esculturas que la representaran. La búsqueda en motores informáticos devuelve solamente tres imágenes artísticas tradicionales. Esto indica que, en la práctica, se la ha desplazado y olvidado a favor de la figura de Temis, correctamente "maquillada" y domesticada para servir los propósitos de la justicia falocrática. No obstante, su importancia podemos apreciarla en la música, hasta en las rapsodias griegas, cuyo ejemplo más destacado es el himno de Mesómedes de Creta (II d.C.).[57]

Némesis, alado equilibrio de la vida,
diosa de oscuros ojos, hija de la Justicia,
tú que dominas la vana arrogancia de los mortales

56. Los jueces eran *Themistopoloi*, siervos de Temis.

57. Himno de Mesómedes de Creta (II d.C.). Accessed: April 12, 2017. https://luigidante.blogspot.com/2010/06/himno-nemesis-de-mesomedes-de-creta.html

con inquebrantable brida
y condenando la dañina vanidad, la negra envidia eliminas.
Bajo tu sempiterna rueda intangible
vira la fortuna de los hombres.
Sigilosa acechas y la insolencia vences;
con tu vara siempre mides nuestras horas
y ceñuda vigilas nuestros pensamientos,
sosteniendo en tu mano la balanza.
¡Apiádate de nosotros, dichosa, alada Némesis,
justo equilibrio de la vida!
¡Alabada diosa Némesis inmortal,
vehemente victoria de alas extendidas, infalible,
tú que nos muestras el alto pedestal de la Justicia;
tú que quebrantas la soberbia humana
y a los hombres arrojas al Tártaro! [58]

Se la representa con una corona y a veces con un velo que le cubre la cabeza; suele llevar una rama de manzano en una mano y una rueda en la otra. La cabeza de Némesis se ve coronada en los monumentos griegos y algunas veces sale de ella una asta de ciervo para indicar la prontitud con que da a cada uno lo que le corresponde.

La flor del narciso adornaba también su corona como símbolo de la divinidad consciente de su propia hermosura. Pero la belleza de Némesis dista del orgullo de Narciso y ella no soporta la soberbia. En este caso, Daly contrasta el símbolo del narcisismo patriarcal con la justicia feminista que sí tiene los ojos bien abiertos para ver a los demás, las circunstancias y actuar —en plena comunión con las fuerzas de la naturaleza— para el bien de los más desfavorecidos, ya que una única balanza no sirve para todos.

Las alas, con las que solían representar a Némesis los artistas, enfatizaban el hecho de la prontitud con que atendía todas sus funciones, armada de antorchas, espadas y serpientes como instrumentos de su venganza. La palabra "venganza" debemos entenderla en el sentido biofílico, trasvaluado en el sistema de Daly.

Resulta interesante que no sólo Daly ve la necesidad de recuperar la memoria de Némesis. La conexión de su figura con la naturaleza y la fuerza ha inspirado al físico Richard Müller a llamar a una estrella enana roja "Némesis", y hasta Alfred Nobel (inventor de la dinamita) escribió poco antes de su muerte una obra en prosa. Desafortunadamente, después de su muerte la edición impresa de esta obra fue destruida por sacrílega.[59]

58. La música compuesta para el himno a Némesis: Gregorio Paniagua, *Musique de la Gréce antique* (Madrid: Atrium Musicae, 2016). Accessed: May 19, 2016. https://www.youtube.com/watch?v=a1z0zaGDzlQ_

59. Alfred Nobel, *Némesis* (Tenerife: Baile del Sol, 2008).

En la siguiente tabla vamos a destacar los elementos que diferencian a ambas imágenes y que subrayan claramente el enfoque de la justicia patriarcal, por un lado, y de Némesis de Daly, por otro.

DAMA DE LA JUSTICIA	NÉMESIS	SIGNIFICADO[60]
Ojos vendados	Ojos bien abiertos	Némesis ve a la persona y sus circunstancias; los ojos vendados de Temis permiten manipular las pruebas de peso.
Balanza	Alas	Némesis responde a los gritos de los oprimidos y al hambre y sed del Ser Creativo, no espera hasta que alguien llegue al juicio.
Espada	Rueda	Las mujeres no van a utilizar los métodos impuestos por los varones ni las normas que los varones consideren lo recto y lo no correcto para superar la injusticia. El método de la revolución o violencia no son aplicables en este sentido sabiendo que hay muchas formas legales de ginocidio y que a muchos aniquiladores de mujeres se les proclama no-culpable."[61]

A Temis se le conoce más bien como la Dama de la Justicia, privándola hasta del nombre propio y, al mismo tiempo, utilizándola como modelo para ilustrar y legitimizar las prácticas de pseudojusticia limitada sólo a los varones europeos.

"La oposición justicia-injusticia, es demasiado débil para Nombrar la Recta Virtud de las Rabiosas Mujeres," dice Daly.[62] La rabia de la que habla Daly conecta con la cualidad de Némesis. La palabra que utiliza Daly: *rage* significa "la acción violenta de los elementos de la naturaleza, como viento o mar," pero significa también, etimológicamente, la tempestad y la pasión que remiten a las fuerzas elementales que en armonía entre ellas constituyan la fortaleza del planeta, de la naturaleza-nuestra casa[63]. Estas fuerzas implican la necesidad de cambio y transformación de los estados opresivos, a veces requiere un cambio físico del lugar donde se vive o el cambio de condiciones de vida.

60. Daly, *Pure Lust*, 274-280.
61. Daly, *Pure Lust*, 278.
62. Daly, *Pure Lust*, 275.
63. Daly, *Pure Lust*, 279.

2.2 Modelos éticos tradicionales

Para comprender la diferencia y la novedad que supone la ética de Némesis respecto a la concepción de la justicia tradicional, recopilaremos brevemente la tradición de la justicia desde Aristóteles, revisando la concepción bíblica y la ética tomista de la justicia. Se recogerán también las ambigüedades y el alcance del término "justicia" en el mundo moderno (Hume, Mill), junto a los pronunciamientos más recientes del Magisterio de la Iglesia sobre la justicia.

2.2.1 *Orígenes de la justicia tomista (Aristóteles)*

Para Aristóteles, la justicia es el objetivo de la política, del arte de gobernar. A Aristóteles de Estagira lo podríamos llamar el fundador de la ética en cuanto disciplina autónoma, al realizar la primera exposición sistemática y específica acerca de la ética del orden bueno de la conducta humana (la justicia).[64] En su obra "Ética a Nicómaco" nos encontramos con la noción misma de justicia como virtud moral, con el reconocimiento de la igualdad como su medida propia, con el establecimiento de sus divisiones y modalidades, con el caso especial de la equidad como su fundamento natural o positivo. A su vez, llama la atención lo escueto que es el filósofo al tratar el tema: diez páginas del libro quinto.[65]

El procedimiento habitual de Aristóteles al tratar sobre las virtudes es confrontar los términos con sus contrarios (un método que también replican Tomás de Aquino y Mary Daly), tratando de la injusticia y después situando el concepto en su contexto análogo (que significa varias nociones diversas, pero próximas o semejantes vinculadas conceptualmente entre sí). Las nociones del término "justicia" que se extraen de este procedimiento serían tres:

- Se remite a la praxis, es decir, a las acciones.
- Lo que designa la medida de estas acciones.
- Lo que significa una disposición o hábito humano.[66]

Es de notar también que su método es inductivo-abstracto y parte de la experiencia de las cosas humanas con la referencia a la idea de la buena

64. Massini Correas, "La sistemática de la justicia en la filosofía de Aristóteles," *Persona y derecho. Revista de fundamentación de las instituciones jurídicas y de derechos humanos* 39 (1998): 273.

65. Aristóteles, *Ética Nicomáquea*, trans. Julian Marías y María Araujo. (Madrid: Instituto de Estudios Políticos, 1970), V, 1129 A-1138 B 14.

66. Correas, "La sistemática," 240.

vida o la perfección del hombre. Sería un modelo o un paradigma cognitivista, teleológico, naturalista y centrado en noción de virtud.[67]

La conclusión sería que lo justo es entonces lo conforme a la ley y a la igualdad, e injusto lo contrario a ella y a la igualdad.[68]

Massini Correas traduce aquí el término griego *ison* por "igual" y no por "equitativo" como lo hace Julián Marías, ya que el término "equidad"-*epikeia* tiene en Aristóteles un sentido técnico preciso, diverso del que corresponde a "igualdad."[69] Aristóteles no representa un formalismo jurídico y, por lo tanto, lo justo legal se constituye sólo cuando es también materialmente justo, aunque puedan existir leyes más o menos justas o más o menos arbitrarias, ya que su justicia depende principalmente de su contenido material y nunca de su mera formalidad.[70] La justicia de la ley se lleva a cabo cuando ésta ordena los actos propios de las demás virtudes: fortaleza, templanza, magnanimidad. Y uno de los fines principales de la ley es promover la virtud entre los hombres.

La igualdad, para Aristóteles, correspondería a la entrega de los bienes que exactamente corresponden al otro, soportando los males en la medida en que compete a uno soportarlos. Se trata de adecuar la medida de igualdad estricta entre las prestaciones.

El filósofo utiliza también los términos de justicia parcial o particular para designar la justicia distributiva (los honores, los bienes y el dinero) y la justicia correctiva (los modos de intercambio) para que la justicia y la ley tiendan a las buenas acciones en la comunidad, no sólo a la mera convivencia. De esta manera, el fin de la justicia sería la vida buena de la *polis*.

Lo justo sería una proporción que se ajuste al término medio de los méritos de una persona respecto a los méritos que se atribuye a otra persona, siendo estos méritos, diversos.[71] En el caso de cualquier exceso, entraría en el juego la parte de la justicia correctiva.[72]

Como afirma Massini Correas, la grave limitación de esta concepción excesivamente cuantitativa de la justicia consiste en la facilidad de caer en lo arbitrario. Porque, así como resulta relativamente fácil cuantificar los bienes económicos, parece casi imposible cuantificar objetivamente los méritos de las personas: su patriotismo, su magnanimidad, su contribución a la ciencia o su dedicación a la familia.[73] Aún así esta propuesta

67. Correas, "La sistemática," 273.
68. Aristóteles, *Ética,* 1129 A 32.
69. Correas, "La sistemática," 241.
70. Correas, "La sistemática," 242-243.
71. Correas, "La sistemática," 248.
72. Correas, "La sistemática," 251.
73. Correas, "La sistemática," 249.

supone un gran avance porque, al colocar la doctrina de la justicia en el marco de las virtudes (en especial la virtud pública), los méritos ya no dependen del linaje o la riqueza, contribuyendo a la creación de la comunidad ética ordenada al logro de la vida buena.

Una precisión muy importante a toda la doctrina es afirmar que se trata de una doctrina práctica, no absoluta, de aplicación política y concreta. Esta misma precisión muestra el punto débil de la doctrina que retomará después Daly y sus críticos, a saber: al tratarse del marco político de aplicación, quién se salga de este marco no estará previsto para su regulación legal. En el caso de la *polis* sólo se trataría por tanto de los varones y los ciudadanos libres. La exclusión de las mujeres y la restricción de la participación política de todos los seres humanos es una limitación evidente,[74] y Tomás va a reproducirla en el marco análogo para generalizarla en el pensamiento teológico: abstracto, absoluto y también elitista, destinado a todos los cristianos, pero poniendo como beneficiarios y árbitros de la justa medida a los varones.

Su realismo y orientación hacia la experiencia, al mismo tiempo, diferencian esta doctrina de las ideas racionalistas y ahistóricas sobre las justicias de la modernidad.[75]

Aristóteles plantea su doctrina de la justa medida en el marco cerrado económicamente, totalmente diferente de las circunstancias actuales que presuponen un constante crecimiento del capital. Por tanto, la proporcionalidad de las medidas ya no guardaría la misma distribución como en la proporción aritmética que ilustra su doctrina. Incluso el término de equidad, que a veces se traduce como igualdad, aunque en realidad trata de la reparación de los posibles desajustes de medida de la distribución, hoy en día recibe otra definición: la cantidad multiplicada por las probabilidades de su crecimiento.[76]

Los temas de los debates actuales sobre la justicia aristotélica, como son las críticas sobre los ensayos liberales consensuales y parcialmente kantianos, y las propuestas de interpretación que desvinculan la justicia de la realidad humana o que no tienen en cuenta la dimensión virtuosa y el sentido comunitario,[77] ponen de manifiesto la ambigüedad del término y su hermenéutica. No extraña, por tanto, que Mary Daly afirmara que se trata de un concepto vaciado, hasta tergiversado, y la autora buscará un término que no necesite correcciones.

74. Correas, "La sistemática," 280.
75. Correas, "La sistemática," 278.
76. En términos ingleses: *Equity=Assets–Liabilities*. Para cantidad de 100 y un 50% de probabilidades, la equidad es de 50.
77. Correas, "La sistemática," 239.

2.2.2 *Justicia bíblica*

La ley, en la tradición veterotestamentaria, nace de la alianza.[78] La llamada de Dios a Noé, Abraham, Jacob y Moisés desemboca en una alianza. El don de la alianza trae el don de la ley. La alianza se sella con el banquete de comunión. El signo de esta comunión es la ofrenda del toro y la aspersión de la sangre. La mitad del toro se destina al altar (Dios) y la otra mitad es para el hombre (Ex 24,6). Desde entonces, esta nueva relación-comunión es el fundamento y la razón de una nueva vida, de unos preceptos que el pueblo aceptará con gozo.

Los profetas pasarán de una concepción más bien jurídica a otra más relacional, una nueva alianza, con imágenes de referencia en el matrimonio, el noviazgo o la madre con su hijo. Los términos *hesed* y *emet* (el amor, la fidelidad y la gracia) se van entretejiendo en los términos del derecho y la justicia. "Te desposaré conmigo para siempre; sí, te desposaré conmigo en justicia y en derecho, en misericordia y en compasión" (Os 2,19).

También en el libro de Daniel se desarrolla la idea de la justicia en conexión y dentro de la categoría de la elección. Se caracteriza particularmente por la indicación de que los "justos brillarán en el cielo esplendentemente y los que han llevado a muchos a la justicia, como estrellas en la eternidad" (Dn 12,3), lo que implica un cambio de estado, una transfiguración en este o en otro mundo.

La pasión de Jesús descubre ante la humanidad el rostro del Dios-Padre apasionado por su Hijo y apasionado por sus hijos e hijas en el Hijo, de ninguna manera indiferente e inmóvil sino compadecido en el padecimiento de Jesús, sin sustituirlo en la toma de responsabilidad por cargar con las consecuencias de su vida y de la injusticia ejercida sobre Jesús.

La conceptualización tradicional de la justicia, como veremos más adelante, mitiga la enseñanza de Jesús sobre la justicia mayor (misericordia). Es de notar, que Lucas cambia la exigencia de perfección de los discípulos (Mt 5,48) por la de la misericordia, que refleja la actitud de Dios que deben reproducir los creyentes. El seguidor de Jesús debe actuar en coherencia con la misericordia recibida[79]. La misericordia no equivale a la especial sensibilidad que determinadas psicologías poseen ante los infortunios personales y sociales, sino que designa una forma de actuar y da un sentido a la vida que se traduce en la conducta clave de los seguidores de Jesús (Lc 6,36).[80]

78. Xavier Leon-Dufour, *Vocabulario de teología bíblica* (Barcelona: Herder 2001).
79. Francisco Martínez, *Jesús* (Murcia: Espigas 2011), 154.
80. Martínez, *Jesús,* 182.

La propuesta de misericordia como otro nombre para la "justicia" (ver las seis antítesis de la justicia divina en Mt 6,1-18), evita reproducir las posturas incoherentes o ambiguas como las de los que se consideraban justos y no lo eran (Mt 23,27).

La ética que propone Jesús compromete a un cambio de vida[81] y la fidelidad al Reino implica "la infidelidad a ciertas instituciones judías según la experiencia de Jesús."[82] Se muestra cómo el aspecto de justicia mayor presupone una cierta trasgresión[83] de las normas establecidas donde no corresponden a la lógica del Reino.

El que el abandono de los valores de la familia patriarcal se marque como una prioridad para el seguimiento que quizás no se deba leer de forma literal en todos los casos, no resta al hecho de que se trata de renunciar a un estilo de vida patriarcal muy concreto y este desafío causa controversia en el entorno, también el más cercano a Jesús, incluso por parte de las mujeres (Mt 12,50).[84]

Hay variedad de textos que muestran la confusión que causa la comprensión de la ética de la justicia mayor de Jesús, como la parábola del administrador injusto (o astuto, en función de la versión, Lc 16,1-10) o, en Mateo, la rotunda afirmación de que "los recaudadores y las prostitutas entrarán antes que vosotros en el reino de Dios" (Mt 21,31). El texto del administrador injusto (que curiosamente debe servir para ilustrar la actitud del Reino), situado justo después de la parábola del padre misericordioso y delante del relato de Lázaro, no está exento de una ostentosa ambigüedad y nos inserta en un marco de comprensión singular del Reino de Dios en un mundo donde se barajan las realidades del dinero, la deuda y todo un conjunto de conceptos y esfuerzos humanos por comprender la justicia/la economía divina.

La parábola ilustra cómo lo divino se mezcla con lo humano, en concreto con lo político y económico, y cómo no se puede disociar la realidad ética de la espiritual ni legitimar tal separación sin confundir ambos ámbitos.

El juego en la frontera y en los márgenes entre lo humano y lo divino es preciso tanto para los cristianos de la actualidad, como para los de los tiempos de Jesús compartiendo el reto de un esfuerzo creativo por discernir lo más divino y que los motivos y las metas humanos tengan esta

81. Martínez, *Jesús,* 116.
82. Martínez, *Jesús,* 118.
83. El asalto al reino (Mt 11,12) nos remite a la trasgresión propia de la indignación ética nuevotestamentaria y se podría leerla en el contexto de Daly y su llamada a la trasgresión y la resistencia feminista.
84. Martínez, *Jesús,* 119.

motivación. Las acciones, lo ético, el actuar en los negocios del mundo será la prueba de la calidad de la oración y del amor.[85]

La ética bíblica se presenta como una justicia de la vida en abundancia. El libro del Génesis no condena el querer ser como Dios, sino que restringe la forma de buscarlo. Adán y Cristo ofrecieron el mismo fin al hombre: ser cómo Dios.[86] La diferencia consistió en los modos utilizados para lograrlo. El camino del rapto condujo a la muerte y el camino del don de Dios (darse a sí mismo) condujo a la divinización.[87]

Tanto el Antiguo como el Nuevo Testamento nos ponen por objetivo y por utopía o meta esta afirmación: "Sed perfectos, santos" (Lv 19,2; Mt 5,48). Mateo sitúa sus palabras en el Monte justo para finalizar el Sermón que contiene las Bienaventuranzas y el Padrenuestro. El Levítico lo contextualiza en el corazón del código de santidad. El motivo es siempre el mismo, la meta. En el Levítico la razón es "porque yo, vuestro Dios, soy santo." En Mateo, este Dios se convierte ya en el Padre que nos invita a una justicia mayor. De la ley de la venganza y maldición por generaciones pasamos a la ley del talión ("ojo por ojo," Lv 24,19) que puede convivir con la mencionada "ley de la santidad," hasta llegar a la desmesura del amor: "amad a vuestros enemigos," el texto que aparece justo delante de la frase mateana: "Sed buenos del todo como vuestro padre del cielo" (Mt 5,48).[88]

La progresividad de la conciencia moral bíblica demuestra lo que ahora entendemos por un proceso de maduración.[89] La persona se hace, madura, va llegando poco a poco a la sensibilidad de la Trinidad, a la naturalidad y plenitud de las relaciones con Dios y con los demás. En Cristo se nos revela lo constituyente del ser humano: ser desde Otro con los otros y para los otros. Lo que Jesús hizo en la vida y la muerte no es excepción a lo que es la vida humana, sino la norma de nuestra esencia: ser posibilitados por los otros, consistir y tener que existir para los otros. Cristo es el caso máximo y por ello normativo, de la religación de destino querida por Dios entre los humanos.[90]

La obra de Cristo presentada en el Nuevo Testamento, según Olegario González de Cardedal, es vista en dos grandes perspectivas: una oferta del Don de Dios para la vida y, otra, la del pecado.[91] La vida que Dios ofrece a

85. Juan Pablo II, *Christifideles Laici* (Roma, 1988), 3, 5, 6, 14, 16, 37, 42, 43, 46, 51, 60. Accessed: April 18, 2019. http://w2.vatican.va/content/john-paul-ii/es/apost_exhortations/documents/hf_jp-ii_exh_30121988_christifideles-laici.html

86. Sal 82,6; Jn 10,34: "Yo os digo: Sois dioses."

87. Olegario González, *Cristología* (Madrid: BAC 2001), 457.

88. Quintín Calvo, *Espíritu de la moral cristiana* (Madrid: PPC, 2002).

89. Marciano Vidal, *Moral de actitudes* II (Madrid: PS, 1974), 192.

90. González, *Cristología*, 527.

91. "El cristianismo es de un optimismo realista: el pecado existe y el hombre enferma. Pero ni el pecado ni la enfermedad, que abocan a la muerte, son la última palabra.

la humanidad está vista en cuatro categorías: "justicia" (término de Pablo),[92] "vida" (término de Juan), "Reino de Dios" (término de los sinópticos), "Espíritu Santo" (perspectiva de Lucas y Pablo). Hay varios niveles de expresar el pecado, pero la acción reconstructora de ese pecado entendido como ruptura de la armonía o desorden será categorizada como: la Alianza, el perdón, la recreación, la victoria, la reconciliación, la pacificación.[93] Nos centraremos en las categorías del reino (los Sinópticos) y vida (Juan).

Las bienaventuranzas muestran la primera exigencia del Reino: la misericordia (Mt 5,7) que remite a la historia de Israel (Ex 34,6-7) en la que Dios es misericordioso con los necesitados y pecadores. Esta conducta divina determina los comportamientos de los justos y constituye una de las actitudes fundamentales de Jesús que simboliza la presencia del Reino. Es de notar también la llamada a buscar primero a Dios y después su Reino y la justicia; lo demás viene por añadidura: ordenando así la jerarquía de valores de los cristianos (Mt 6,33).[94]

2.2.3 *Rasgos de la ética tomista con respecto a la justicia*

Si el Aquinate se remonta a la tradición precristiana, para explicar la justicia ofreciendo una novedosa tradición ética en la teología, tanto más Mary Daly —como Tomás de Aquino— recurren a una tradición precristiana para volver a dar un vuelco a la ética. Mary Daly es fiel, sin embargo, a su contextualización y no absolutiza el carácter práctico y provisional de la misma, a diferencia del Doctor Angélico que absolutiza y generaliza una doctrina (del Estagirita) que en su origen también contaba con límites: los límites de la *polis*, del marco económico y otros factores, ofreciendo aun así un avance con respecto a las doctrinas.

Tomás de Aquino, conforme a las exigencias de su tiempo, ofrecerá una reflexión ética que parta de la razón humana capaz de llegar a la afirmación de la existencia de un sólo Dios, a la vez, con el convencimiento que únicamente la fe, que acoge la Revelación divina, es capaz de llegar al misterio del Amor de Dios uno y trino.[95]

La primera son Dios y vida; hombre y pecado son palabras segundas y por ello penúltimas." González, *Cristología*, 579.

92. Rom 3,28: "El ser humano recibe la justicia por la fe independiente de las obras de la ley," Gal 3,24.

93. González, *Cristología*, 516.

94. Martínez, *Jesús*, 181.

95. Benedicto XVI, *Audiencia General* (Roma, 17 de Marzo 2010). Accessed: April 20, 2019. http://w2.vatican.va/content/benedict-xvi/es/audiences/2010/documents/hf_ben-xvi_aud_20100317.html

Su punto de partida metodológico está, como en caso de Aristóteles, en la analogía: la fe ayuda a la razón, pero también la razón, con sus medios, puede prestar un triple servicio, que santo Tomás resume en el prólogo de su comentario al *De Trinitate* de Boecio: "Demostrar los fundamentos de la fe; explicar mediante semejanzas las verdades de la fe; rechazar las objeciones que se levantan contra la fe" (q. 2, a. 2).[96] Su forma de argumentar será también parecida a la de Aristóteles: el planteamiento del problema, las objeciones, las refutaciones y las conclusiones.

Su antropología teológica conjuga la gracia y la naturaleza en perfecta armonía (rotura del dualismo platónico) y todas las facultades del ser humano son purificadas, transformadas y elevadas por la gracia divina. Una importante aplicación de esta relación entre la naturaleza y la gracia precede su doctrina ética fijando y desarrollando la idea del derecho natural en la teología moral (no tan clara en la "Ética Nicomáquea"[97]).

El centro de su enseñanza ética lo pone en la acción del Espíritu Santo y de la Gracia, de la que brotan las virtudes teologales y morales, de forma que los cristianos pueden alcanzar las Bienaventuranzas (la versión tomista de la felicidad del Estagirita) viviendo una relación auténtica de fe en Cristo. Pero —añade el Aquinate—"aunque la gracia es más eficaz que la naturaleza, sin embargo, la naturaleza es más esencial para el hombre" (*Summa Theologiae,* I-II, q. 94, a. 6, ad 2), por lo que, en la perspectiva moral cristiana, hay un lugar para la razón, la cual es capaz de discernir la ley moral natural.

La razón puede reconocer esta ley, considerando lo que se debe hacer y lo que se debe evitar para conseguir esa felicidad, e impone también una responsabilidad hacia los demás y, por tanto, la búsqueda del bien común. En otras palabras, las virtudes humanas, teologales y morales, están arraigadas en la naturaleza humana. La Gracia divina acompaña, sostiene e impulsa el compromiso ético, pero, de por sí, según santo Tomás, todos los hombres, creyentes y no creyentes, están llamados a reconocer las exigencias de la naturaleza humana expresadas en la ley natural y a inspirase en ella para la formulación de las leyes positivas, es decir, las promulgadas por las autoridades civiles y políticas para regular la convivencia humana.

96. A nivel ontológico "la distancia entre Dios, el Creador, y el ser de sus criaturas es infinita; la desemejanza siempre es más grande que la semejanza. A pesar de ello, en toda la diferencia entre Creador y criatura existe una analogía entre el ser creado y el ser del Creador, que nos permite hablar con palabras humanas sobre Dios," dice Benedicto XVI, *Audiencia.*

97. Correas, "La sistemática," 267: "La idea de derecho natural en Aristóteles sólo tiene una función crítica, no se la puede emplear de forma dogmática," máxime la aplicación de la ética en contexto práctico, no absoluto.

Al asumirse el tomismo en la teología, se ha asumido también la idea de la ley natural, actualmente discutida y en desfase.[98] La razón por la que se asumió esta idea es por la responsabilidad que implica.[99] De lo contrario, según Benedicto XVI, se abre dramáticamente el camino al relativismo ético en el plano individual y al totalitarismo del Estado en el plano político. La defensa de los derechos universales y la afirmación del valor absoluto de la dignidad de la persona postulan un fundamento.[100]

Tomás de Aquino define a la justicia en sentido estricto por referencia a su objeto, que es lo justo, lo debido, lo que pertenece a cada cual (lo suyo, lo de cada uno). Así la famosa definición de la justicia que dice: "la justicia es la constante y perpetua voluntad de dar a cada uno lo que le es de derecho,"[101] es comentada por el Doctor Angélico del siguiente modo:

> Dicha definición es aceptable si se entiende rectamente. Siendo, en efecto, toda virtud un hábito, que es el principio del acto bueno, es necesario que la virtud se defina por el acto bueno que tiene por objeto la materia propia de la virtud. Ahora bien, la justicia versa propiamente, como su peculiar materia, acerca de aquellas cosas que se refieren a otro..., y por tanto el acto de la justicia se designa en relación con la propia materia y objeto cuando se dice que «da a cada uno su derecho....[102]

Es una virtud, al requerir libertad, consciencia y fin. El primero de estos requisitos está contenido en el segundo, pues lo que se obra por ignorancia es involuntario, como dice también Aristóteles, y por esto en la definición de la justicia se pone primeramente la voluntad, manifestando que el acto de justicia debe ser voluntario. Se añade la constancia y la perpetuidad, para designar la firmeza del acto. Esta definición es casi la misma

98. Bernhard Häring, *Libertad y fidelidad en Cristo* (Barcelona: Herder, 1982).

99. El Aquinate expresa así la naturaleza de la ley eterna: "Dios, por su sabiduría, es el fundador de todas las cosas, a las cuales se compara como el artífice a las cosas artificiales. Es, pues, el gobernador de todos los actos y movimientos que se encuentran en cada una de las criaturas. Por eso, así como el plan de la sabiduría divina en cuanto todas las cosas son creadas por ella, tiene razón de arte o de ejemplar o de idea, así el plan de la sabiduría que mueve todas las cosas a su debido fin alcanza la razón de ley. Y según esto la ley eterna no es otra cosa que el plan de la divina sabiduría en tanto que es directiva de todos los actos y movimientos". Tomás de Aquino, *Summa Theologiae*, I-II, q. 93, a. 1.

100. ¿No es precisamente la ley natural este fundamento, con los valores no negociables que indica? Juan Pablo II escribió en su encíclica *Evangelium vitae*: "para el futuro de la sociedad y el desarrollo de una sana democracia, urge, pues descubrir de nuevo la existencia de valores humanos y morales esenciales y originarios, que derivan de la verdad misma del ser humano y expresan y tutelan la dignidad de la persona. Son valores, por tanto, que ningún individuo, ninguna mayoría y ningún estado nunca pueden crear, modificar o destruir, sino que deben sólo reconocer, respetar y promover" (n. 71).

101. Tomás de Aquino, *Summa Theologiae*, II-II 58 a, 1. C.

102. Tomás de Aquino, *Summa Theologiae*, II-II, q. 58, a. 1.

de Aristóteles, quien dice que la "justicia es el hábito por el cual uno obra según la elección de lo justo."[103]

Tomás de Aquino remite también al derecho como el objeto de la justicia.[104] La justicia, subjetivamente considerada, es una inclinación permanente de la voluntad por la que ésta realiza, con prontitud y facilidad, ciertos actos de intención, de elección y de uso activo. Pero objetivamente entendida, la justicia es una inclinación especifica por lo justo o por el derecho de los demás; es la constante y perpetua voluntad de dar a cada uno su derecho. Esto hace que la justicia sea una virtud adquirida, un hábito sobreañadido a las inclinaciones naturales de la voluntad; porque la voluntad humana tiende naturalmente al bien, pero no tiende naturalmente a ese bien que constituye el derecho de los demás.[105]

En cuanto a la estructura de la justicia, se pone de relieve que la justicia comporta siempre una relación entre personas distintas y que esta relación puede establecerse entre una persona individual y otra, o entre una persona individual y la comunidad de todas ellas, el todo social. Desde esta doble perspectiva, se ven tres relaciones distintas: la relación de las partes al todo, es decir, de los individuos a la comunidad en cuanto tal, es la que tiene en cuenta la justicia legal o general. La relación de la comunidad, o mejor, de la autoridad que la representa, a los individuos, es la que tiene en cuenta la justicia distributiva. Por último, la relación de unas partes con otras, a saber, de unos individuos a otros, es la que tiene en cuenta la justicia conmutativa.

La justicia distributiva se refiere a la proporcionalidad, como en Aristóteles, y la conmutativa a la restitución en caso de que la distribución no se haya producido con la medida (grado) igual.[106]

La diferencia entre la justicia y las demás virtudes, es que las otras versan en torno a las pasiones, y en ellas hacer el bien es colocarse en el medio, lo que implica apartarse de los dos extremos viciosos, y así en dichas virtudes viene a ser lo mismo hacer el bien y apartarse del mal; pero la justicia versa acerca de las operaciones y de las cosas exteriores, y aquí una cosa es establecer lo justo y otra no destruir lo justo ya establecido. Una persona establece la igualdad de la justicia haciendo el bien, es decir, dando a otro lo que se le debe, y conserva la igualdad de la justicia

103. Tomás de Aquino, *Summa Theologiae*, II-II, q. 58, a. 1-2.

104. "Se llama a algo justo en cuanto tiene la rectitud de la justicia o en cuanto termina la acción justa... La justicia, entre las demás virtudes, se determina especialmente en razón de su objeto al que se llama justo. Y esto es también el derecho. De donde es manifiesto que el derecho es el objeto de la justicia," Tomás de Aquino, *Summa Theologiae*, II-II, q. 57, a. 1.

105. Tomás de Aquino, *Summa Theologiae,* I-II, q. 56, a. 6.

106. Tomás de Aquino, *Summa Theologiae*, II-II, q. 61, a. 2.

ya establecida apartándose del mal, es decir, no causando ningún daño al prójimo.[107]

Hay que subrayar también, el método con el que se distingue entre otras virtudes y la justicia para mostrar cómo ésta regula, en cierta manera, todas ellas, que de suyo no requieren un ajuste entre lo que se debe y lo que se puede dar por falta de correspondencia entre el derecho de unos y el deber de otros: la religión, la piedad, la observancia,[108] la gratitud,[109] la veracidad,[110] la afabilidad,[111] la generosidad.

El gran valor añadido de la justicia con respecto a las demás virtudes es el hecho de que, a diferencia de éstas que perfeccionan al hombre únicamente en relación consigo mismo, la justicia se ordena al otro y según "cierta igualdad, como el pago del precio debido por un servicio prestado."[112]

Se inserta aquí una visión política y económica distinta de la que nos encontramos actualmente y la crítica misma del marco económico y político que efectúa Mary Daly, hace que la definición del Aquinate deje de ser apropiada para los tiempos, y que no represente los intereses de las mujeres, al tratarse de cierta igualdad y una justicia basada en el intercambio de valor de los bienes, en función de la medida arbitraria y ajustada por los varones.[113] No obstante, a nivel de la metodología, Mary Daly sigue a Tomás de Aquino en la estructura de su discurso: después de describir las pasiones y sus correspondientes virtudes, pasa a la justicia.

De las críticas de Mary Daly también hace eco Gabriel Chalmeta, revisando la idea de la justicia política y poniéndola en diálogo con el utilitarismo y el contractualismo políticos (que veremos en David Hume y John Stuart Mill más adelante), mostrando los límites de esos modos de concebir la racionalidad política.[114] Según el autor, Tomás habría completado la noción de libertad que maneja el contractualismo (indeterminación) con las razones por las que coloca la libertad en el grado más alto de los valores individuales y sociales: la elección del bien y la ignorancia actual del principio de subsidiariedad.

107. Tomás de Aquino, *Summa Theologiae*, II-II, q. 79, a. 1.
108. Tomás de Aquino, *Summa Theologiae*, II-II. q, 102, a. 1.
109. Tomás de Aquino, *Summa Theologiae*, II-II, q. 106, a. 4, ad. 1.
110. Tomás de Aquino, *Summa Theologiae*, II-II, q. 109, a. 3.
111. Tomás de Aquino, *Summa Theologiae*, II-II, q. 117, a. 5.
112. Tomás de Aquino, *Summa Theologiae*, II-II, q. 57, a. 1.
113. Jesús García, *Virtud y personalidad según Sto. Tomás de Aquino* (Pamplona: Eunsa, 2003), 145 comenta que, si una persona hace algo o da algo a otra persona, ésta otra, para que exista un ajustamiento proporcional en las conductas y en las cosas, debe a su vez, hacer algo o dar algo a aquella persona que hizo otro tanto por ella. Esta es la noción primera de lo "debido" o "ajustado" (lo "suyo," lo "justo"), que se determina por la estricta igualdad de las transacciones o los contratos.
114. Gabriel Chalmeta, *La justicia política del bien común político* (Pamplona: Eunsa, 2002).

2.2.4 *Ambigüedades del término "justicia" del mundo moderno y sus alcances*

Salvo raras excepciones, los ilustrados consideraron el feminismo como una hija ilegítima. Como ha mostrado Cristina Molina, el feminismo se convirtió en el punto ciego o el lado oscuro de la Época de las Luces:

> la Ilustración no cumple sus promesas (universalizadoras y emancipatorias) y la mujer queda fuera de ella como aquel sector que las luces no quieren iluminar. Sin la Sofía doméstica y servil, no podría existir el Emilio libre y autónomo.[115]

Para Jean Jaques Rousseau la educación debe ser diferenciada y específica: el Emilio deberá ser educado para la vida pública y el ejercicio de la ciudadanía, las Sofías para educar buenos ciudadanos y cuidar del hogar. "El feminismo se convirtió en la Cenicienta y el Pepito Grillo de la Ilustración."[116] Por una parte, las vindicaciones feministas eran un desarrollo lógico de las premisas ilustradas, una explicitación de sus virtualidades liberadoras. Por otra, sus avatares, ponen en evidencia las contradicciones y las incoherencias de los pensadores ilustrados, que se convirtieron en los pilares del modelo ético, social y político de nuestras sociedades modernas. Unas contradicciones que han llegado hasta nuestros días.

Salvo algunas excepciones, fueron las mujeres ilustradas las que defendieron la razón igualitaria y emancipadora de la Ilustración y mantuvieron vivos sus ideales morales hasta las últimas consecuencias. Las mujeres se organizaron en grupos y reivindicaron sus derechos apelando a la racionalidad y al buen sentido de sus compañeros de lucha. En 1792 Mary Wollstonecraft publica su obra *Reivindicación de los derechos de la mujer*. Muchas pagaron con su vida el atrevimiento: Théroigne de Méricourt acabó encerrada en un manicomio. Olympe de Gouges, la autora de la *Declaración de los derechos de la mujer y la ciudadana* fue guillotinada en 1793.[117]

Las mujeres, que tanto contribuyeron a la causa de la Revolución, fueron acalladas y encerradas en el hogar. A mediados del siglo XIX las sufragistas británicas y norteamericanas retomaron sus reivindicaciones y continuaron sus reflexiones teóricas y sus luchas sociales y políticas hasta obtener el sufragio femenino.[118]

He escogido solamente dos autores ilustrados para mostrar las trampas de la justicia moderna: David Hume y John Stuart Mill. Del primero la elección está motivada por no seguir la línea tomista y aristotélica del

115. Molina, *Dialéctica*, 20-21.
116. Celia Amorós, *Tiempo de feminismo* (Madrid: Cátedra, 2006), 141.
117. Celia Amorós, *Diez palabras clave sobre mujer* (Estella: Verbo Divino, 2000), 192.
118. Adela Cortina, *Ética sin moral* (Madrid: Tecnos, 1990), 299-300.

razonamiento moral, rompiendo con la visión ontológica clásica y apostando por el empirismo.

El segundo autor, precursor del movimiento sufragista de las mujeres y a su vez, representante del utilitarismo y seguidor del empirismo humeano, a pesar de su sensibilidad a la cuestión feminista, no consigue construir un sistema que realmente pueda garantizar un trato justo a las mujeres cayendo en los mismos errores o partiendo de los mismos presupuestos ambiguos y sesgados que Hume.

Las reflexiones de ambos sirven como ejemplo para mostrar que, independientemente de los orígenes de la reflexión moral, las propuestas modernas de la ética no tienen en cuenta a las mujeres y directamente las afectan de forma negativa. Así se pone de relieve la necesidad de una ética totalmente nueva, basada en presupuestos radicalmente diferentes y sobre categorías totalmente extrañas para la reflexión ética tradicional.

Sus dos representantes destacados son David Hume (1711-1776) y John Stuart Mill (1806-1873). En la historia del convencionalismo cabe destacar la figura de David Hume. Una investigación de la teoría de Hume sobre la justicia[119] y sobre sus métodos de estudio podrían aportar soluciones a los debates metodológicos actuales. La finalidad de las explicaciones de Hume sobre la justicia tiende a responder a las preocupaciones jurídicas concretas, pero sólo en un aspecto general del ordenamiento jurídico y debemos tener este horizonte presente para no extralimitarnos en la interpretación del conjunto de su obra. Se trata pues, solamente, de un pequeño capítulo del *Tratado sobre la naturaleza humana* libro III, parte II, sección 2, donde examina dos cuestiones:

- El modo en que se establecen las normas jurídicas mediante el artificio de los hombres.
- El motivo de que se reconozca que exista la obligación moral de obedecer esas normas.

Los presupuestos antropológicos en los que se basa son:

- La vida del hombre dentro de la sociedad es preferible a su existencia en solitario.
- Hace falta que los hombres piensen que la sociedad es realmente provechosa para ellos. No basta que las ventajas de vivir en la organización en sociedad sean reales, sino que es necesario que se conozcan.

119. Según Rus, es un tema que dentro de la filosofía de Hume se ha estudiado menos que otros elementos y que no ha sido suficientemente aclarado, pero su estudio puede facilitar la comprensión y, hasta la solución de algunas cuestiones jurídicas importantes en el debate actual, en el entorno principalmente angloamericano. Salvador Rus Rufino, "Apuntes a la teoría de la justicia de David Hume (Comentarios al Tratado de la naturaleza humana, libro III, parte II, sección 2)," *Persona y Derecho* 25 (1991): 125.

- Las ventajas se aprecian conforme van apareciendo las necesidades prácticas.
- Los obstáculos para el desarrollo de organizaciones sociales se producen a partir del egoísmo y por falta de generosidad.[120]
- Hay tres tipos de bienes: los que satisfacen la mente, las capacidades físicas y el disfrute de las propiedades conseguidas con el esfuerzo o por suerte.

La teoría jurídica de Hume se centrará, sobre todo, en el aspecto de la propiedad, por lo cual su teoría de la justicia oscilará en torno a las relaciones interpersonales que se establecen con respecto a esta clase de bienes, es decir, en el ámbito de justicia redistributiva.

El filósofo y economista John Stuart Mill (Londres, 1806-Aviñón-Francia, 1873) es una de las figuras clave del empirismo en el siglo XIX y el precursor de la formación del sufragismo británico. Junto a Harriet Taylor escribió, en 1869, *La esclavitud femenina*, obra clásica del feminismo liberal de la Primera Ola que, generó una gran controversia en la época y le supuso un enfrentamiento con su padre, el historiador y filósofo James Mill.

Su debate se centra, sobre todo, en el derecho al voto, el derecho a la educación de las mujeres y el cuestionamiento del matrimonio, que convertía a las mujeres en objetos.

Los hombres escogen a las mujeres al representar para ellos la humildad, la sumisión y la resignación de toda voluntad individual en las manos de un hombre, como una parte esencial del atractivo sexual.[121]

Las británicas lograrían el reconocimiento del voto femenino en 1918, restringido a mujeres mayores de 30 años; y, en 1928, ampliado ya a todas las mujeres mayores de edad.

Alejandra Carrasco[122] que, en un interesante artículo reflexiona sobre las paradojas de la justicia utilitarista y del liberalismo de John Stuart Mill, muestra cómo las teorías ilustradas han decepcionado a las mujeres en sus expectativas de igualdad guardándola solamente a los varones y en circunstancias muy concretas.

El presupuesto del filósofo inglés sobre la libertad individual como el espacio de autodesarrollo dentro de la sociedad, se encuentra con la necesidad de una ética fundada en la conveniencia social. En función de la

120. Rus, "Apuntes," 120.

121. John Stuart Mill, *The Subjection of Women* (New York: Harvard Classics, 1909), 245.

122. Alejandra Carrasco, "La justicia utilitarista y las paradojas del liberalismo de Mill," *Anuario Filosófico* 32 (1999): 395-428.

maximización de la felicidad general la acción sería moralmente más correcta o menos. El análisis pormenorizado de sus supuestos sugiere que su propuesta de ética, en lugar de favorecer un sistema político liberal, tendría un carácter más bien totalizante, implicando unos niveles de exigencia tan grandes que reducirían el espacio de libertad de los individuos.

La justicia, según nuestro autor, no es un valor absoluto y es difícil justificarla desde el punto de vista utilitarista, como afirma en el quinto capítulo de su libro: *El utilitarismo.*[123] La justicia derivaría de la utilidad y los valores morales se subordinarían al principio de utilidad.

Esto conlleva una trampa muy clara en referencia al trato justo con respecto a las mujeres que no han sido consideradas de la misma valía que los varones.[124] Sugeriría la necesidad de demostrar, por parte de las mujeres, su utilidad al resto de la sociedad.

Al defender la superioridad (natural o contractual) de las facultades morales del varón sobre la mujer y la necesidad de recluir a las mujeres en el ámbito doméstico para mantener el buen gobierno de la ciudad, la naturalización del género sirvió para legitimar un nuevo orden social que excluía a las mujeres de la plena ciudadanía. Es decir, se convirtieron en naturales, en naturaleza femenina, las funciones y las características de las mujeres eran promovidas por esa cultura discriminatoria y útiles para la estabilidad de ese orden social asimétrico.[125]

123. John Stuart Mill, *El utilitarismo*, trans. Josefa Sainz Pulido (Madrid: Alianza Editorial, 2014). El capítulo quinto se titula: "Sobre las conexiones entre justicia y utilidad."

124. La teoría o el método cartesiano marca un nuevo principio epistemológico (y por lo tanto antropológico) que condicionará prácticamente hasta determinar las bases de la ciencia moderna: pragmatismo, empirismo y objetivismo. A nivel político la debilidad de estos presupuestos teóricos se muestra en la práctica, al negar la participación de todos los ciudadanos en la dicha dignidad de los ciudadanos: al relegar a las mujeres al rol doméstico (a través del contrato matrimonial y control sexual) privándolas del acceso a la esfera pública. El principio de la libertad no se aplicó a todos los ciudadanos: el acceso a las instituciones de educación y decisión política, como pueden ser los parlamentos, no se "concedió" a las mujeres a pesar de sus luchas y reivindicaciones, ni siquiera se otorgó a las mujeres el derecho de voto o el derecho al trabajo remunerado igual que a los varones. Ante esta situación de infravaloración femenina y privilegio masculino en las nuevas instituciones (universidades, gobierno político etc.) las voces femeninas o las de otros colectivos afectados apenas se han podido escuchar y la visión kyriarcal masculina ha marcado los ámbitos más reconocidos socialmente y a nivel de pensamiento. Esto es lo que subyace en la cosmovisión de las sociedades occidentales ilustradas con sesgo patriarcal desde el siglo XVIII. Sobre su importancia en la historia del feminismo. Amorós, *Tiempo de feminismo*, 109-163.

125. Según Vicenç Fisas, *El sexo de la violencia* (Barcelona: Icaria, 1998), 35-36, Hegel en "Filosofía del derecho" afirma que las mujeres pueden, por supuesto, ser cultas, pero no están hechas para las ciencias más elevadas, para la filosofía y para ciertas producciones del arte, que exigen un universal. Pueden tener ocurrencias, gusto y gracia, pero no poseen lo ideal. (...) El estado correría peligro si hubiera mujeres a la cabeza del gobierno, porque no actúan según exigencias de la universalidad, sino siguiendo opiniones e inclinaciones contingentes.

El filósofo ofrece una definición de la justicia atendiendo a la etimología[126] y a su vez, distingue lo conveniente (deseable), de lo moral (correcto) indicando que la justicia se sitúa dentro del ámbito de lo moral y lo moral se integra en lo conveniente. Lo correcto es el subconjunto de lo deseable, por lo cual "lo deseable-no correcto" no significa "incorrecto" introduciendo una especie de esquizofrenia o ambigüedad que sacrificaría los mínimos en aras de los máximos, en detrimento del principio de "evitar el mal" y afirmando el principio del "mal menor" tan cuestionado por los moralistas católicos.[127] De esta forma, la justicia provendría de consideraciones relativas a la conveniencia general y el problema consistiría en determinar quién o quienes califican las acciones como convenientes. Queda claro, que desde la concepción antropológica que se tuvo sobre las mujeres, ellas quedan en desventaja, hasta expuestas al castigo supuestamente justo, como lo denuncia Mary Daly a partir de la concepción teleológica del Aquinate.

Concluyendo, aunque la obra completa de John Stuart Mill, su bibliografía y sus artículos muestran claramente el espíritu igualitario de su moral, su pretensión de apoyar la justicia en la utilidad y su forma de argumentarla no parecen apoyar su sistema sino más bien contradecirlo implicando "un alto precio en libertad,"[128] también en el caso de las mujeres.

2.2.5 *Magisterio eclesial reciente sobre la justicia*

Juan Pablo II escribió en la encíclica *Evangelium Vitae* palabras que siguen siendo actuales. Para el futuro de la sociedad y el desarrollo de una sana democracia, urge descubrir de nuevo la existencia de valores humanos y morales esenciales y originarios, que derivan de la verdad misma del ser humano y expresan y tutelan la dignidad de la persona. Son valores, por tanto, que ningún individuo, ninguna mayoría y ningún Estado nunca pueden crear, modificar o destruir, sino que deben sólo reconocer, respetar y promover.[129]

Se refiere a la ley natural, doctrina tomista que sigue vigente prácticamente hasta *Laudato sí* del Papa Francisco, a pesar de los profundos cambios sociales (la globalización industrial y financiera) y filosóficos que marcan límites a su aplicación actual.

126. Mill, *El utilitarismo,* 134.

127. Juan Pablo II, *Veritatis splendor* (Roma, 1993). Accessed: April 20, 2019. http://w2.vatican.va/content/john-paul-ii/es/encyclicals/documents/hf_jp-ii_enc_06081993_veritatis-splendor.html

128. Carrasco, "La justicia," 427.

129. Juan Pablo II, *Evangelium vitae* (Roma 1995), 71. Accessed: April 17, 2019. http://w2.vatican.va/content/john-paul-ii/es/encyclicals/documents/hf_jp-ii_enc_25031995_evangelium-vitae.html

El documento *Christifideles Laici* (1988), dada su importancia de cara a las aplicaciones y desarrollo con respecto a varios aspectos de la vida cristiana, lo hemos considerado el más oportuno para mostrar la progresión de la enseñanza general sobre cuestión de justicia social en los últimos 27 años hasta la publicación de la encíclica *Laudato sí*.

En *Christifideles Laici*[130] encontramos la mención sobre la justicia en el mundo globalizado (n. 4), pero mostrando más bien su aspecto político. El término aparece, en total, trece veces a lo largo de los 64 capítulos de la exhortación. La justicia se menciona en tres de cuatro partes del documento (salvo en la parte segunda, sobre la participación de los laicos en la Iglesia, n. 18-32) y en la introducción.

De forma explícita, el término aparece en once capítulos, por lo que, podríamos decir que atraviesa todo el documento, aunque adquiere una mayor importancia en la tercera parte del documento (n. 32-44), la que trata de la corresponsabilidad de los laicos en la misión de la Iglesia y desde el punto de vista político donde se la menciona cinco veces en tres apartados y tres veces en el único apartado número 42.

La justicia aparece en tres ocasiones en la introducción, dos de ellas en contraste con la injusticia, una vez dentro de las cuestiones urgentes (n. 3), otra con respecto a las leyes civiles (n. 5), una tercera a propósito de la dignidad de las personas y en referencia a la paz (n. 6), dentro del apartado sobre la conflictividad.

Luego, se hace referencia a la justicia con respecto a la caridad (n. 14), al tratarse de la dignidad de los laicos con funciones de reyes, sacerdotes y profetas de Jesucristo y dentro del apartado sobre la llamada universal a la santidad con su referencia pneumatológica (n. 16).

Una aproximación fundamental hacia la justicia en el documento sería la referencia bíblica al Mt 20,1-2, ofrecida en la introducción (n. 1) y que claramente marca tres principios de esta virtud, y al mismo tiempo, ponderay todo el contenido restante:

- La justicia divina difiere de las medidas humanas.
- Tiene un aspecto escato-teleológico que supera la visión puramente terrenal.
- Muestra una clara vinculación con la tensión del Reino de Dios ya presente y todavía por llegar, como se ha visto en el apartado sobre la justicia bíblica.

130. Juan Pablo II, *Christifideles laici* (Roma, 1988). Accessed April 18, 2019. http://w2.vatican.va/content/john-paul-ii/es/apost_exhortations/documents/hf_jp-ii_exh_30121988_christifideles-laici.html. En adelante: CL.

La categoría de la justicia, entendida desde estas claves, sería el eje trasversal de la enseñanza moral del documento.

Se recoge así la tradición bíblica sin descuidar los aspectos políticos más urgentes ni tampoco perder la riqueza de la tradición que vinculaba la virtud de la justicia con el derecho y la necesidad que éstos se manifestaran en las leyes civiles,[131] a lo que apela en el capítulo 5 y en el 51.

Es curioso, que la palabra justicia no aparece en la parte segunda (n. 18-32) y, sin embargo, aparece, en su lugar, el concepto de la ley, precisamente en tres momentos, lo que sugiere la complementariedad de la enseñanza.

Si la exhortación de 1988 dedicó espacio para tratar la justicia (no tanto en sí misma sino más bien en su aspecto práctico y unificador), tanto más explícitamente está presente en *Laudato sí,*[132] ampliada con la reflexión sobre la equidad (n. 48-52) que ha merecido encabezar todo el capítulo quinto de la primera parte del documento y una reflexión más amplia al respecto a la ley.

En la última encíclica, tenemos quince referencias a la justicia y nueve a la ley (en CL tuvimos trece referencias a la justicia y seis a la ley) y de forma parecida como en CL, el capítulo que se centra en la ley no menciona la justicia (parte tercera sobre la raíz humana de la crisis ecológica, n. 101-136 donde hay mención de la ley en el número 123 en referencia al utilitarismo y a la pseudocultura del "usa y tira").

De esta forma, se marca la complementariedad entre ambos términos, tanto más si prestamos atención a la segunda parte, donde el mayor énfasis se pone sobre la virtud en cuestión: "El Evangelio de la creación" (n. 62-100). Entre los números 70-75 se concentra la mayor parte de la reflexión tanto sobre la ley como sobre la justicia y de forma entrelazada.

Así se muestra la importancia y la densidad de ambos términos y su encuadre con el propósito general del texto, postulando la integridad de todas las realidades humanas y espirituales en un punto de convergencia que es la tierra y la naturaleza y que requiere nuestra urgente atención y preocupación moral, al tratarse de un problema que trasciende los límites de las religiones y apela a la humanidad.[133] Al tratarse de una coherencia e integridad de la persona, es llamativo que en el número 142 (capítulo

131. Jorge Martínez, "Santo Tomás de Aquino y la teoría de la justicia," *Derecho y humanidades* 12 (2006): 109-117.

132. Papa Francisco, *Laudato sí* (Roma, 2015). Accessed: April 20, 2019. http://w2.vatican.va/content/francesco/es/encyclicals/documents/papa-francesco_20150524_enciclica-laudato-si.html. En adelante: LS.

133. Sallie McFague, *Modelos de Dios: Teología para una era ecológica y nuclear,* trans. Agustín López y María Tabuyo (Santander: Sal Terrae, 1994).

cuarto titulado: "Ecología integral"), tenemos una mención tanto de la justicia como de la ley desde una perspectiva holística (bajo ningún concepto dualista).[134] En este contexto debe encajarse la mención sobre la ley natural (n. 155), como la moral inscrita en la naturaleza comprendida como la ecología del hombre. No se trata de una abstracción filosófica sino de escuchar los ritmos de la naturaleza para descubrir que la violencia, la explotación y las violaciones (con respecto a otros seres vivos, no solamente humanos, como recalca el número 82, donde, para enfatizar su importancia, se utiliza dos veces la palabra "justicia" dentro del mismo punto) del mercado económico, social y cultural, afectan a la humanidad en la misma medida que a la naturaleza.

El papa Francisco lanza el reto de una ciudadanía ecológica (n. 211) y de una cultura ecológica en justicia y derecho, recordando la necesidad de volver a reflexionar sobre el concepto de la justicia distributiva (n. 157), remitiendo a la concepción tradicional de la justicia sólo como preámbulo de lo que muestra en el título de las reflexiones comprendidas entre los números 159-162: "Justicia entre las generaciones," dentro de la IV parte ("Ecología integral").

Con respecto a las líneas de acción y orientaciones (quinta parte de la encíclica n. 163-201), las propuestas sobre la justicia son bastante más modestas y más bien recopilan las acciones para prevenir o curar las injusticias (con matiz negativo del sustantivo "justicia") con respecto a los gases contaminantes (n. 170) y la tecnocracia, y la necesidad de justicia como reguladora de su impacto en el proceso de la paz (n. 200).

2.3 Ética de Némesis: modelo propuesto por Mary Daly

La propuesta de Mary Daly sigue el esquema clásico y tomista del tratado ético.[135] Aristóteles, seguido por Tomás de Aquino, a diferencia de los platónicos abogaba por la autonomía de la ética respecto a la metafísica y, al mismo tiempo, por su estricta conexión con la praxis, lejos del idealismo platónico.[136] De esta manera, lo que puede parecer una aporía, de hecho se muestra como una limitación en el planteamiento del Aquinate, como hemos visto más arriba. La reflexión ética que retomará Mary Daly sobre el Aquinate será una reflexión filosófica sobre la moral, sobre las costumbres, el carácter y las acciones que realizan los seres humanos.

134. Benedicto XVI, *Caritas in veritate* (Roma, 2009), 51. Accessed: March 13, 2018 http://w2.vatican.va/content/benedict-xvi/es/encyclicals/documents/hf_ben-xvi_enc_20090629_caritas-in-veritate.html.

135. Sarah Hoagland and Marilyn Frye, *Feminist Interpretations of Mary Daly* (Pennsylvania: University Park, 2000), 145.

136. Martínez, "Santo Tomás de Aquino," 117.

Su visión ética parte de la ontología y antropología holísticas, que ella denomina *Be-ing* (SER, como verbo). La ética se enraíza en su antropología y el deber en una ontología muy específica, diferente de la clásica, ya que esta última presupone el ser humano como varón (cuestión ya denunciada en *Beyond God the Father*).

Mary Daly, con la imagen de Némesis, busca establecer mediaciones entre una experiencia religiosa dada y un contexto cultural específico. Tiene en cuenta: 1) la experiencia propia de la situación cultural desde la que se pregunta por el sentido de lo religioso, 2) la experiencia que ofrece las herramientas conceptuales para entender, reflexionar y juzgar su experiencia religiosa y la experiencia religiosa misma, tal como ha sido vivida, sentida, entendida, pensada y transmitida dentro de determinadas tradiciones religiosas y 3) cómo se ha proyectado a las experiencias concretas de injusticias practicadas sobre las mujeres.

La estructura que sigue la autora recoge en la figura de Némesis las mediaciones para el camino de moralización: la antropología, los valores, las normas y los juicios morales.

Al mismo tiempo, la autora está convencida de que a la ontología y la ética las acompaña la imagen (la representación) o el lenguaje que significa. La crisis, que denuncian los hermeneutas, consiste en que el lenguaje clásico ya no representa ni significa lo que se comprendía en su momento y deja de ser interpelante para quien lo escucha hoy.[137] Es lo que pasa con la palabra "justicia."

La propuesta de Mary Daly consiste en traducir una tradición de la justicia por medio de una nueva imagen y unas nuevas palabras que recojan la experiencia de las mujeres, sin perder el rigor y conexión con la tradición, como la que estructura la ética tomista.

El modelo ético o modelos éticos, como veremos que propone la teóloga, le permite prescindir de la neutralidad científica y evitar a la vez, la polarización de su trabajo. La peculiaridad de los modelos consiste en contraponer los aspectos de una misma realidad, al no ser posible integrarlos en una única y sintética visión basada en unas proposiciones categoriales. Con el fin de hacer justicia a los diversos aspectos éticos, en cuanto realidad compleja, debemos trabajar simultáneamente con diversos modelos. Daly mantiene diversos modelos éticos al mismo tiempo.[138]

Seguidamente mostraremos el nexo indisoluble entre la ontología y ética de Mary Daly: *Be-ing, Be-speaking, Be-leaving* con los rasgos característicos:

137. Román Sánchez, *La teoría hermenéutica de E. Schillebeeckx* (Salamanca: Sígueme, 1981), 20.

138. Avery Dulles, *Modelos de Iglesia,* trans. José Benito Portada y José Mª García Wamba (Santander: Sal Terrae, 1975), 4.

la liberación, la vida en la frontera, en los márgenes, la trasgresión y su carácter encarnacional. Destacaremos los principios éticos desde la reflexión sobre Némesis: *Be-laughing, Be-longing, Be-witching* y qué implica actuar desde Némesis en el tiempo. Finalmente, enumeraremos los problemas que suscita la comprensión y la aplicación de la ética de Daly.

2.3.1 *Ontología—lingüística—ética*

El libro que más ampliamente trata el tema ético es *Gyn/Ecology* con el subtítulo: "Meta-ética del Feminismo Radical." En él se trata el tema moral y político desde la misma entraña de la teología clásica, que no debe diluirse en el raciocinio intelectual moderno.

El modelo base se resumiría en los aspectos o pasos que la misma autora denomina: *Be-ing, Be-speaking, Be-leaving.*

Be-ing: Hay que tener en cuenta que la diferencia que marca la forma de escribir la palabra "ser," en inglés "*being,*" que tiene la autora al crear el neologismo con guión "*Be-ing,*" explica el propósito de tratar sobre Dios y su ser en *Beyond God the Father.*[139] La antropología de Daly, en su obra *Pure Lust*, presenta la Arquimagen como metáfora del Meta-Ser en el que las mujeres "se mueven, participan y existen."[140]

Para Tillich,[141] Dios-ser es la metáfora perfecta que simboliza a Dios, pero Mary Daly aclara que Dios-verbo no puede caer en la falacia de reificación y conversión en sustantivo, ni siquiera si se sustituyera por el sustantivo "diosa." Dios-Verbo conlleva acción y potencialidad de la realidad biofílica.[142] El Meta-Ser, con los cuatro significados clásicos del prefijo *meta*:

1) Lo que acontece después (de ver y sufrir las fuerzas de la falocracia).
2) Lo que está detrás (las historias olvidadas e invisibilizadas de las mujeres).
3) Lo que cambia y se transforma hacia otra cosa.
4) Lo que está encima, más allá, de forma trascendente,

forma la estructura ontológica básica de la filosofía y la ética de Daly del Ser-verbo. "Ser" como verbo remite al movimiento orgánico que acompasa el movimiento y la presencia, de forma que ninguna acepción del Meta-Ser tiene prioridad sobre la otra. La espiral es la metáfora para este

139. Hoagland and Frye, *Feminist Interpretations*, 173.
140. Hoagland and Frye, *Feminist Interpretations*, 46–53.
141. Paul Tillich, *Teología sistemática (1): La razón y la revelación. El ser y Dios*, 5ª ed., trans. Damián Sánchez Bustamante (Madrid: Casa del Libro, 2010).
142. Hoagland and Frye, *Feminist Interpretations*, 61.

ser, indicando que no tiene principio. De forma que su método se convierte en polivalente y plural, sin encerrarse en oposiciones binarias, ofreciendo una consistencia filosófica clara y una amplia perspectiva de comprensión.[143]

Be-speaking, es decir, el metalenguaje permite la acción de Naming (nombrar). Se trata de un lenguaje que rompe los silencios forzados e impuestos a las mujeres por el balbuceo fálico. Aquí destaca la reminiscencia a Alberto (maestro de Tomás el Aquinate) que en *De divinis nominibus* sugiere la metodología del Doctor que subraya la simplificaciones gramaticales, lógicas, metafísicas, teológicas y místicas en lo que concierne al arte de nombrar. La parte de negatividad (sobre las vías dionisianas a las que remite Mary Daly[144]) es una pieza clave en la epistemología de Alberto Magno con el fin de elaborar las consideraciones racionales para acceder al principio noético que dirige el pensamiento: el universal anterior a la realidad.[145] En la aplicación de este principio es donde difiere la teóloga, pero no deja de insistir en desmitificar la imagen de Dios funcional que responde demasiado bien a las necesidades del hombre. La cuestión de los nombres divinos de Tomás representa la primera exposición sistemática sobre las condiciones de posibilidad de un discurso sobre Dios.[146] En el caso de la pensadora, será la primera reflexión sistemática sobre Dios entendido como varón y sobre las implicaciones de las imágenes de Dios en la ética. Si Tomás de Aquino fundamentó la legitimidad del discurso sobre Dios en la analogía del ser y en la continuidad entre el lenguaje humano y la Palabra de Dios, la teología de los nombres divinos tiende a mostrar la posibilidad y la legitimidad de un discurso significativo sobre Dios[147] y será de gran calado el hecho de utilizar nombres, palabras, lenguajes excluyentes, invisibilizadores u opresores para las mujeres.

Aunque el acto de nombrar sea solamente una parte del lenguaje, el hecho de nombrar juega un papel tan decisivo en la producción del significado que entraña toda la práctica discursiva.[148]

Be-leaving: si el lenguaje clásico ha perdido su significatividad y las virtudes éticas se han vuelto "vicios capitales,"[149] Mary Daly da fe del juego de transacciones semánticas, aplicado a muchos términos-clave

143. Hoagland and Frye, *Feminist Interpretations,* 69.

144. El esfuerzo de su teología positiva de los nombres divinos proporciona un riguroso discernimiento de los nombres divinos que se atribuyen a Dios y de los que se atribuyen solamente por metáfora.

145. Evangelista Vilanova, *Historia de la teología,* II (Barcelona: Herder, 1992), 761-801.

146. Vilanova, *Historia,* 777.

147. Vilanova, *Historia*, 800.

148. Hoagland and Frye, *Feminist Interpretations,* 233.

149. Vilanova, *Historia*, 812.

dentro de distintos ámbitos de actuación, lo que muestra la pluralidad de significados y experiencias que están detrás de cada término, según el código que asumimos. Es curioso y sorprendente a la vez, que en su *Wickedary* no aparezcan los términos "justicia" ni "ética" sino en referencia directa a Némesis y explicándolos que es la virtud que supera la justicia, obtenida por los Actos Inspirados de la Furia por lo Recto; virtud que permite redescubrir a la Justicia cautiva; la participación en los poderes de Némesis; ruptura Elemental con el equilibrio patriarcal de terror; saltos en espiral hacia los hilos arcaicos de la *Gynergía.*[150]

Se da un giro ontológico en dirección al ser, que es objeto de comprensión; es decir, el lenguaje de Mary Daly ofrece una perspectiva heidegerriana de una teoría de comprensión histórica, la ontología basada en la ontología del lenguaje para que sea un lenguaje significativo para las mujeres.[151] Para Gadamer los prejuicios del individuo, mucho más que juicios, constituyen la realidad histórica del ser humano, por lo cual las precomprensiones generados por *precipitación* serían fuentes de error, mientras que los errores de *autoridad* serían sólo faltas por omisión.[152]

Daly descubre cómo los prejuicios machistas, sean por autoridad o sean por precipitación, afectan a las mujeres y la precomprensión de la justicia no les hace justicia. De forma, que necesita una figura o imagen nueva, que ilustre nuevas palabras y nuevos contenidos.

Con el desarrollo de la filosofía del lenguaje, la comprensión aparece como el modo de ser. Paul Ricoeur, a diferencia de Martín Heidegger con su análisis del *Dasein,* opta por el análisis del lenguaje al considerar necesaria la mediación, en este análisis, de los signos y los textos. De esta forma, la comprensión ontológica queda pendiente de la interpretación hermenéutica.[153]

Como bien intuye la autora, la función simbólica es condición de posibilidad de un yo significativo y sólo siguiendo la intencionalidad del símbolo se puede acceder a los elementos ontológicos de la realidad.[154] Daly sabe a su vez, que la interpretación se somete a tres puntos contingentes: los símbolos, los textos dependientes de una cultura y su carencia de unidad significativa.[155] Por eso, se ilustra a Némesis de una forma rupturista

150. Mary Daly, *Websters' First New Intergalactic Wickedary of the English Language* (New York: Harper Collins, 1994), 84.
151. Manuel Maceiras, *La hermenéutica contemporánea* (Bogotá: Cincle, 1990), 55-56.
152. Maceiras, *La hermenéutica*, 58.
153. Maceiras, *La hermenéutica*, 105.
154. Maceiras, *La hermenéutica*, 107.
155. Maceiras, *La hermenéutica*, 108-109.

incluso con respecto a la imagen clásica de la diosa. El mensaje de Némesis, el mensaje de la justicia, puede y debe ser traducido a formas lingüísticas y artísticas diferentes, propias de cada tiempo. Daly traduce las expresiones arcaicas al modo de hablar de las mujeres actualmente.[156]

Habiendo detectado que las palabras patriarcales no corresponden a las experiencias de las mujeres[157] y viendo que la *nada* es el pecado estructural de la sociedad patriarcal, Daly descubre con coraje el hecho de pertenecer a lo que no es esta sociedad, lo que requiere el coraje de ser y el coraje de trasgredir, de pecar contra la nada. Lo que la autora llama el coraje de pecar llega a ser el núcleo del reto ético enraizado en el coraje tillichiano de ser, ya que, para las mujeres, ser significa trasgredir/pecar con respecto a las normas patriarcales.[158]

El sistema sexual que divide la gente en dos categorías opuestas, reforzado con los símbolos tradicionales religiosos, desemboca en una moralidad fálica que evidentemente afecta, pero no tiene sentido para las mujeres. Esta moralidad fálica ratifica actitudes de sumisión en las mujeres y las actitudes de dominación en los varones que fuerzan a las mujeres a una ética pasiva y de resignación a la suerte asignada.[159]

Resumiendo: si el Meta-Ser es el principio ontológico de la metafísica y antropología de Mary Daly, el lenguaje es categóricamente el fondo ontológico de su discurso ético. El lenguaje es el material del que se compone la ontología, es la esencia de la ontología. El lenguaje establece las condiciones del ser. La realidad es un constante descubrir el Ser-Verbo. Hay tres elementos interconectados para entender su modo de vincular la ontología y lenguaje:

- El significado, los símbolos y las experiencias de las mujeres, que brotan de los discursos existentes.
- El nombrar (Naming) que es crucial para la creación de los significados.
- El uso de la metáfora.[160]

Encontramos resonancias al pensamiento heracliteano, en el hecho de cuanto que el lenguaje comprendido desde su aspecto dialógico transforma la realidad, consiguiendo una sociedad alterada con respecto a la

156. Sánchez, *La teoría*, 20.

157. "El lenguaje se experimenta como carente de sentido en la medida en que no contiene ya ninguna referencia perceptible a las experiencias reales vividas en el mundo. Así se llega a las estructuras lingüísticas sin contenido humano de experiencias," Sánchez, *La teoría*, 259-292, y así es el lenguaje y el ser falocrático: nada.

158. Hoagland and Frye, *Feminist Interpretations*, 64-65.

159. Hoagland and Frye, *Feminist Interpretations*, 115.

160. Hoagland and Frye, *Feminist Interpretations*, 231.

existente.[161] Mary Daly rechaza la tradicional dicotomía occidental entre el lenguaje y la acción poniendo de relieve que las palabras pueden tener un efecto concreto de moldear la realidad.[162] La metáfora y la figura de Némesis es fruto de su profunda convicción y apuesta por el poder de las palabras para transformar y cambiar la realidad.[163]

2.3.2 *Rasgos característicos*

Desde estos principios éticos se derivan varias actitudes y rasgos propios de la ética feminista propuesta por Mary Daly. Mencionaremos los rasgos más importantes: la liberación, la vida en la frontera y en los márgenes, la transgresión y el carácter encarnacional de la misma.

La liberación. Supone una nueva consciencia que brota del recuerdo del ser radical original que no se contiene en el estado de la posesión. Némesis es todo lo contrario a las representaciones estereotipadas de las mujeres como objetos impotentes. Evocar a Némesis es un proceso que implica:

- Reconectar con la memoria de la pasión y fuerza femenina.
- Recuperar y curar a la diosa entre las mujeres.
- Evocar la comunicación entre las mujeres, la naturaleza y otros seres biofílicos.
- Deshacer el borrón que se produjo sobre las tradiciones de las mujeres.
- Releer los mitos sobre las antiguas diosas que conllevan relatos inspiradores y de fortaleza con imágenes de la energía y empoderamiento femenino.[164]

Es, en cierto sentido, el viaje de "Exorcismo y Éxtasis" del que trata Daly en *Pure Lust,* lo que supone confrontar y superar el estado de la posesión y dominación falocrática; es un viaje hacia el fondo (*Background*) que implica la realización de lo que las normas patriarcales llamarían "Pura Lujuria" (traducción literal del título de la obra de Daly del 1984): el humor, la esperanza, la armonía cósmica, la integridad no adulterada, absoluta y plena del Ser.[165]

La vida en la frontera, en los márgenes. El nuevo espacio vital está situado en la frontera. Su centro está en los márgenes de las instituciones patriarcales (iglesias, universidades, políticas, hasta familias). Se trata de renunciar a ser marioneta o dejarse absorber por las estructuras patriarcales. No se trata

161. Hoagland and Frye, *Feminist Interpretations,* 232.
162. Hoagland and Frye, *Feminist Interpretations,* 367.
163. Hoagland and Frye, *Feminist Interpretations,* 368.
164. Hoagland and Frye, *Feminist Interpretations,* 407.
165. Hoagland and Frye, *Feminist Interpretations,* 391.

solamente de separarse, sino de crear espacios para poder inspirar, cosa que no se consigue con esfuerzos personales separados sino con un proceso comunitario que afirme el vínculo entre las mujeres.[166]

Trasgresión. El punto de vista de Daly es extremadamente pragmático: si las mujeres no pueden realizar su Ser en el mundo opresor que lleva a su fragmentación y alienación, lo bueno para su vida será trasgredir las normas impuestas, que acortan la vida de las mujeres, y separarse de la nada en búsqueda del Ser Original íntegro (que encuentra en Némesis). El proceso de liberación conlleva la necesidad de reinventar nuevas reglas, una nueva imagen de sí misma conforme a la *Aquimagen.*[167] La trasgresión y separación supondrán hacer sitio para una misma, recomponerse de la fragmentación y de lo que rompe la unidad y la integridad del Ser. La trasgresión no es el objetivo en sí mismo sino el proceso de ir conectando consigo misma.[168] Se trata, en palabras de Daly, de pecar a lo grande,[169] con respecto a las normas patriarcales que desnaturalizan y alienan a las mujeres de su Ser Original.

Ética encarnacional. Decía Eduard Schillebeeckx que la teología será una teoría de la praxis cristiana o no será nada. El lenguaje teológico debe estar atado a lo real y debe partir de la experiencia.[170] Parafraseando, podríamos decir que la reflexión teológico-ética de Daly es una teología de la praxis: su teología es el lenguaje de la praxis.[171] Si la praxis se considera agente creador del futuro, ésta se inscribe en el marco escatológico del mensaje cristiano y al mismo tiempo es un reclamo al compromiso real, al encarnacionismo, aunque el vector cristiano trascienda la realidad meramente material del presente.[172]

2.3.3 *Principios éticos desde Némesis*

Se propone una estructura ética a partir de los escritos de Daly que se articularía en torno a los principios éticos siguientes:[173]

- Descodificar el discurso patriarcal (desmitificación). Daly ofrece la lectura de un mito concreto y no deja de insistir en la necesidad de desmitificar los demás relatos patriarcales. Según Rudolf Bultmann,[174]

166. Hoagland and Frye, *Feminist Interpretations,* 404
167. Hoagland and Frye, *Feminist Interpretations,* 53.
168. Hoagland and Frye, *Feminist Interpretations,* 70, 117-119.
169. Hoagland and Frye, *Feminist Interpretations,* 183.
170. Sánchez, *La teoría,* 277.
171. Hoagland and Frye, *Feminist Interpretations,* 120.
172. Sánchez, *La teoría,* 279.
173. Hoagland and Frye, *Feminist Interpretations,* 411.
174. Maceiras, *La hermenéutica,* 62.

desmitologizar es poner en crisis los prejuicios (precomprensiones), y realizar una interpretación. Paul Ricoeur[175] considera que este ejercicio de interpretación del mito consiste en referir las representaciones del mito a la comprensión de sí, que se muestra y que está también oculta en ellas. Aunque el sujeto de desmitologizar sea el lector, el mito mismo apunta a la orientación de este acto y entraña la posibilidad de decir más allá de lo que dice.

- Desarrollar un análisis claro: tener el coraje de ver, *courage to see*, elemento inspirado en Paul Tillich.[176] Hans Gadamer[177] expone la estrecha relación de la ética y la hermenéutica al reflexionar en torno a la *Ética Nicomáquea* y la categoría aristotélica de *phronesis*. Afirmaría que es en esta relación donde radica la problemática propiamente hermenéutica al no equipararse la conciencia hermenéutica al saber técnico (*tekne*) sino al saber ético; ambos saberes comportando funcionalidades de aplicación. El intérprete que trabaja con una tradición intentará comprenderla y aplicarla. Daly crea una nueva tradición, pero tiene que poner el texto (el antiguo mito de la justicia y su imagen) en relación con la situación de las mujeres, para que se comprenda aquello de lo que quiere tratar.[178] A la comprensión teórica de la sociedad le es esencial una praxis emancipadora.[179]
- Llamar por el nombre a los agentes de la opresión.
- Conectar con otras mujeres en grupos para hacer el camino juntas.
- Crear los espacios exclusivos para las mujeres.
- Buscar los relatos de la historia de ellas (*her-story*) y los mitos de la diosa. Las mitologías y cosmologías a menudo borradas del marco cultural ofrecen numerosos ejemplos de empoderamiento femenino en figuras. Tenemos algunos ejemplos de Skadi, diosa escandinava del viento del norte con capacidad extraordinaria de comunicación. Pele es la diosa del fuego de Polinesia que evoca la fuerza y energía de la magna. Kuan Yin es la diosa china de la tierra, símbolo de la compasión y poderes mágicos. Jemaja representa la imagen africana del mar como signo de nutrición y amor. Se trata, en definitiva, de reencontrar la conciencia de la conexión de las mujeres con la naturaleza elemental, en una sociedad igualitaria y *ginérgica*.

175. Paul Ricoeur, *Hermenéutica y acción: De la hermenéutica del texto a la hermenéutica de la acción* (Buenos Aires: Prometeo, 2008), 83.

176. Paul Tillich, *Courage to Be* (New Haven: Yale University Press, 1953).

177. Hans Gadamer, *El giro hermenéutico*, trans. Arturo Parada (Madrid: Cátedra, 2008), 58.

178. Maceiras, *La hermenéutica*, 73.

179. Sánchez, *La teoría*, 273.

Daly utiliza la terminología proporcionada por Moane, ya en sus obras de madurez. En *Wickedary*, *Quintessence* y *Amazon Grace* recopila unos principios más originales, auténticos y que no guardan continuidad con la tradición académica, con el fin de poder dar nombres nuevos a principios morales feministas inescrutados por la ética tradicional.

Sigue el modelo de virtudes anclados de forma inseparable en el Ser-verbo, Ser-original que son: *Be-laughing* (*laugh*: reir), *Be-longing* (*belong:* pertenecer), *Be-witching* (*witch*: bruja).

Be-laughing expresaría la actitud del humor original y elemental que, por un lado, se burla de la pseudo-realidad patriarcal y, por otro lado, representa la risa que trasciende los tabúes y que mueve los espíritus de las mujeres despertando la esperanza, apelando a la versatilidad y resilencia.

Be-longing, conectada de forma positiva a la actitud de *Be-leaving*. Es superar la posesividad patriarcal, añorar la participación en el Meta-Ser y realizar el deseo de una actividad intensamente ontológica de la felicidad de una manera incansable.

Be-witching supondría saltarse las reglas del tópico fetichista de lo encantador y saltar hacia la transformación en el Ser. La meta-patriarcal metáfora de la "bruja" funciona como incentivo para encontrar un futuro en lo salvaje de la consciencia, modificando la percepción de la realidad, subrayando los símbolos inadecuados, haciendo memoria de las diosas y madres y acentuando las contradicciones presentes, superando los presupuestos de género tradicionales. Embrujar sería evocar la risa inapropiada, dejar fluir las lágrimas, provocar sensaciones y conexiones *ginestéticas*, inspirar virtudes volcánicas y animar a emprender la aventura de vivir.[180]

2.3.4 *Actuar invocando a Némesis*

¿Para qué una nueva ética y su nueva imagen? Mary Daly respondería que es para mostrar las consecuencias de cómo la teología y ética cristianas han afectado las vidas de las mujeres.[181] Daly confiere el significado ontológico a la actividad ética y actitudes vitales. La ética precede la ontología y la diferencia entre los seres biofílicos y necrofílicos se confirma en las elecciones y decisiones vitales.[182] Enfatiza la responsabilidad relacionada con el cuidado y el crecimiento o la destrucción de la vida del otro.

180. Daly, *Pure Lust,* 403. Hoagland and Frye, *Feminist Interpretations,* 236.
181. Hoagland and Frye, *Feminist Interpretations,* 225.
182. Hoagland and Frye, *Feminist Interpretations,* 121.

Lo biofílico y lo necrofílico son una especie de actitud vital proyectada como proceso y abierta a cambio en el tiempo, sobre todo, en el futuro.[183]

La figura de Némesis, en las obras de madurez de Mary Daly, va adquiriendo cada vez mayor importancia. En *Quintessence* Némesis conlleva el coraje de crear. En su ontología, siguiendo la idea de Tillich de coraje de Ser (*Be-ing*), que Daly transforma en coraje de pecar (las palabras: "ser" y "pecar" tienen la misma raíz en sánscrito), se desarrolla el coraje de nombrar (*Be-speaking*) y el coraje de irse (*Be-leaving*) que sugerirá, como su homófono: vivir (*Be-living*).

El punto culminante de su ontología y su ética será el coraje de crear, que identifica con la figura de Némesis. La autora se da cuenta que no se trata simplemente de reaccionar contra la injusticia sino "concrear a Némesis."[184] Los actos de participación en Némesis no pueden ser denominados simplemente la lucha por la justicia. Némesis no trata de sobrellevar los malos tiempos, remite a las nuevas concordias, nuevas cacofonías, valientes y magnéticas que atraen los elementos, la naturaleza. Se trata de aprender a no olvidar el Futuro Arcáico.

Mary Daly coincidiría con Paul Ricoeur al afirmar, que la distancia temporal tiene una función productora de sentido. Se trataría de dejar aparecer el sentido verdadero encerrado en la realidad del objeto. La comprensión no crea sentido, sino que permite que el ser se manifieste a sí mismo como lo que es y precisamente en aquello que lo individualiza y hace "otro."[185] La pensadora considera justo salvar del olvido aquello que constituye el ser propio e irrepetible, a imagen de los ángeles, con género y especie diferente en cada caso, como son las mujeres, en contra de adscribirlas unos roles predefinidos. La comprensión histórica de la alteridad de los textos patriarcales sobre la justicia, de la que disfruta la autora, desde la distancia temporal, le permite caer en la cuenta de la falacia de la justicia patriarcal y proponer una nueva imagen que muestre el auténtico sentido oculto en el texto u obra de arte. "La distancia temporal no es una magnitud fija sino relación flexible, que permite una penetración cada vez más profunda en la alteridad temporal y de significado de los polos distantes."[186]

Se descubre en el planteamiento de justicia de Daly un aspecto escatológico, crucial para la ética de la autora.[187] Recordemos que su actividad

183. Hoagland and Frye, *Feminist Interpretations,* 125.

184. Mary Daly, *Quintessence... Realizing the Archaic Future: A Radical Elemental Feminist Manifesto* (London: The Women's Press, 1999), 85.

185. Maceiras, *La hermenéutica,* 66.

186. Maceiras, *La hermenéutica,* 66.

187. Hoagland and Frye, *Feminist Interpretations,* 420.

literaria se sitúa entre 1968 y 2006, cuando publica su último libro. Sus obras son testimonio de un cambio de mentalidad tanto social como eclesial. El movimiento feminista también se trasforma y su recepción pasa por diferentes fases, de forma que Daly en sus últimos libros *Quintessence* y *Amazon Grace* llega a la conclusión que, vistos los progresos feministas en los treinta años de su actividad, su pronóstico de cambio cualitativo no se sitúa en un futuro inmediato. Descubre sus protagonistas como trasgresoras hasta de la linealidad del tiempo, saltando del pasado hasta el futuro que ubica, en concreto, en el año 2048.

La visión que acompaña esta era biofílica es de paz y justicia a escala cósmica cuando la nada, la opresión y la dominación sobre las mujeres estén erradicadas y su consecución requiere una conversión mundial inmediata. El tiempo no corre de la misma manera en el mundo patriarcal y biofílico y el imperativo moral para las mujeres es precisamente vivir en la frontera de las instituciones falocráticos reclamando el propio tiempo/espacio. No se trata de la percepción sino del valor y calidad del tiempo. Su existencia en el tiempo exige resistencia, constancia, transformación y renovación. La justicia, como medida de las virtudes, será exploración en el tiempo de posibilidades de realización de Némesis, de la Bondad como Causa Final de la realización del futuro.[188]

2.3.5 *Problemas de la ética de Némesis*

La principal dificultad para entender el pensamiento ético de Mary Daly consiste en su amplitud e interdisciplinariedad que, en algunos casos, puede dar la sensación de poco sistemática.

La pensadora, coherente con su proyecto de abandonar la academencia y efectuar la métodoclasia, rompe con las categorías tradicionales, aunque su esquema sigue de fondo el modelo clásico para equipararlo en una posibilidad de referencia y comprensión global, al menos como un acuerdo de mínimos entre las feministas.

A pesar de la dificultad de lectura, los términos que utiliza resultan evocadores, suscitan dudas, preguntas, interpelan y cuestionan, requieren una actitud creativa y de contextualización según las circunstancias de cada lector.

La imagen de Némesis que proporciona requiere ser contextualizada y articulada desde la misma tradición homérica. La dificultad que se presenta aquí es la ausencia de las tradiciones feministas conocidas que pudieran servir de base crítica para verificar si Némesis en su origen tuvo

188. Hoagland and Frye, *Feminist Interpretations*, 426.

el sentido reivindicador de otra manera de retribución que la ofrecida o perpetuada en la figura de Tamis.

El desarrollo de los principios como *Be-laughing, Be-witching y Belonging* es, comparado con la magnitud de su obra, muy escaso y en cierto sentido disperso, y aparece propiamente dicho en el período de la madurez de la autora, desde 1983 hasta su máximo desarrollo en las obras como *Quintessence* y *Amazon Grace*, lo que supondría diferenciar claramente al menos dos etapas de la reflexión ética de la autora. Es destacable que el desarrollo de su ética de Némesis se da principalmente en *Pure Lust*, obra de filosofía elemental feminista, más que en *Gyn/Ecology* que trataría, a juzgar por su subtítulo, de la metaética del feminismo radical.

La autora aporta, a lo largo de sus obras, ejemplos de aplicación de sus principios en el contexto socio-político occidental (estadounidense, sobre todo), pero se ve más claro que el fundamento ontológico-lingüístico de su ética prima sobre la definición de los principios rectores, lo que, por un lado, puede parecer una carencia de desarrollo práctico de su teoría, pero por otro lado, no restringe el ámbito de aplicación, permitiendo una actualización en diferentes contextos y circunstancias.

Otro aspecto crítico es el uso constante de los neologismos que pueden crear un efecto profético, poético e inspirador hasta mistificador. Los análisis históricos de Mary Daly pueden parecer que tienden a reducir la complejidad de los hechos históricos al aspecto ejemplarizante que satisface sus teorías. No obstante, se podría considerar que éstos muestran de forma rigurosa los hechos históricos, pero la forma en la que se cuentan no corresponde con la semántica en la que se trasmitían desde la perspectiva dominante e interesada.

CAPÍTULO III

DEBATE ÉTICO FEMINISTA SOBRE LA IGUALDAD Y DIFERENCIA

En esta sección presentaremos el *status quaestionis* del debate feminista ético actual en torno a las categorías de la diferencia y la igualdad para poder, seguidamente, formular las bases de la comparación con la ética de Mary Daly, con su categoría de la justicia. El debate se orienta en dos direcciones:

- La articulación de la justicia desde la perspectiva de la representación (Nancy Fraser[1]).
- Las propuestas de la ética del cuidado (Carol Gilligan,[2] Martha Nussbaum,[3] Alison Jaggar,[4] Nel Noddings[5]).

En primer lugar, expondremos las definiciones preliminares de los conceptos necesarios para situarnos en el ámbito de justicia dentro de la corriente ética feminista y presentaremos el estado de cuestión de la ética feminista como disciplina. La categoría de género tendrá un papel de extrema importancia para mostrar la complejidad de la teorización con la que se enfrentan las pensadoras éticas feministas.

En segundo lugar, trataremos con mayor detenimiento el tema de la justicia de la representación en el ámbito teórico actual desde la perspectiva de Nancy Fraser, habiendo analizado previamente la visión clásica de la justicia.

Seguidamente, ampliaremos el campo con la reflexión sobre la ética del cuidado centrándonos en su precursora Carol Gilligan. Veremos también las críticas constructivas que recibió esta autora y concluiremos con una breve mención de las ideas de sus seguidoras críticas: Martha Nussbaum, Alison Jaggar y Nel Noddings.

1. Nancy Fraser, “Multiculturalidad,” 33-35.
2. Carol Gilligan, “La ética del cuidado,” *Cuadernos Fundació Víctor Grofols i Lucas* 30, Barcelona 2013.
3. Martha Nussbaum, *Las mujeres y el desarrollo humano* (Barcelona: Herder 2002).
4. Alison Jaggar, *Living with Contradictions: Controversies in Feminist Social Ethics* (Boulder: Westview Press, 1994).
5. Nel Noddings, *Educating Moral People: A Caring Alternative to Character Education*, (New York: Teachers College Press, 2002).

Este análisis nos permitirá comparar las tres perspectivas con la propuesta de Mary Daly valorando sus convergencias, divergencias y utilidad.

3.1 Feminismo y justicia: nociones preliminares

Con el fin de plantear correctamente la cuestión y el debate actual feminista sobre la justicia, se hace imprescindible acercarnos a cuatro nociones, cruciales para comprender el sentido de tales discusiones y evitar perder los puntos de referencia terminológicos, es decir: el género, la identidad, la igualdad y la diferencia.

Los planteamientos éticos feministas desvelan que las teorías morales tradicionales y actuales no tienen en cuenta factores como el género y la identidad y, relacionados con ellos, la igualdad y diferencia, sobre todo, cuando se producen cruces y superposiciones de estas variables.

En casos de múltiples grupos sociales, estas superposiciones se contemplan y manejan como ciertas excepciones de la norma: el caso de las mujeres parece funcionar como si estas funcionaran como un grupo social que es una excepción de la normatividad masculina.

Antes de acometer una dura crítica de este fallo epistemológico, las feministas reflexionan sobre su propia comprensión de las variables de género, identidad, diferencia e igualdad; las debaten en sus propias corrientes situando estos debates en la realidad política, ética y científica.

En primer lugar, haremos una breve mención sobre el debate igualdad-diferencia y después sobre la comprensión del término "identidad," mientras que el aspecto de género en su cruce con la teoría de la justicia actual lo trataremos dentro del marco de la justicia de la representación de Fraser, en cuanto anormal y reflexiva.

3.1.1 *Igualdad/identidad y diferencia*

Los debates actuales feministas se centran en buscar el equilibrio entre las categorías de igualdad y diferencia y, sobre todo, en las prácticas que armonicen las reivindicaciones de la comprensión de ambas nociones. Las feministas observan que el imperativo categórico se ha caracterizado por pretensiones de universalidad, que en cuanto el campo moral intenta definir una ética de la justicia y el deber de corte universal homogeniza las diferencias ocultando las mismas y obviando el nexo que existe entre la diferencia y la desigualdad. Esta circunstancia favorece la invisibilización de las desigualdades de género. Cruzando este enfoque científico con la realidad política, se pone en entredicho las prácticas liberales multiculturales globalizadas que promueven un modelo masculino de particularidades de género, afirmando la universalidad solamente para los varones y en función de sus grupos sociales.[6]

Al mismo tiempo, el feminismo no se debe centrar en las diferencias de género, porque éstas van entrecruzadas con la clase, la sexualidad, la nacionalidad, la raza o la etnia. El proyecto democrático y de justicia sigue siendo un frente abierto.[7] Nancy Fraser distinguirá dos fases del feminismo: de la igualdad en cuanto *ser como humanos* a nivel de igualdad de los derechos y de la diferencia *como mujeres* que comparten la identidad entre ellas, pero que serían la excepción del ser humano. En consecuencia, habría dos visiones de la injusticia y la igualdad:

- Las defensoras de la igualdad percibían la diferencia de género como un instrumento de la dominación masculina y que las injusticias brotan de la mala distribución de los bienes sociales; su objetivo era alcanzar la participación y redistribución igualitaria.
- El feminismo de la diferencia considera a ésta como el fundamento de la identidad femenina; el androcentrismo es el peor mal del sexismo; la forma de subsanarlo sería la revalorización de la feminidad.[8]

El problema estriba en que cada feminismo politiza una diferencia distinta, interfiriendo, más que coexistiendo unas con otras; por ejemplo, las diferencias entre las mujeres, entre los varones y las mujeres, entre las mujeres y el ser humano equiparado al varón.[9] Por eso, la categoría del género, de la que trataremos más adelante, en último término, ayudará a aclarar de qué diferencia/identidad/igualdad se trata. Establecer el concepto del género (en singular), imposibilita desdoblarlo en dos. Se trata del género humano, no de los géneros (masculino-femenino).

El denominado feminismo de la igualdad en la diferencia apuesta por la posible reconstrucción de un sujeto universal identificado con todos los seres humanos, sin distinción entre mujeres y hombres y, al mismo, tiempo, sensible a las diferencias individuales. Al contrario, el feminismo de la diferencia considera positivo mantener las estructuras modernas, pero reformulando el racionalismo universal a través del énfasis de las emociones junto a la razón, y del acento en la contextualidad frente al egoísmo y aislamiento del individualismo liberal.[10]

6. María Medina, "La ética del cuidado y Carol Gilligan: una crítica a la teoría del desarrollo moral de Kohlberg para la definición de un nivel moral postconvencional contextualista," *Daimon Revista Internacional De Filosofía* 67 (2016): 84.

7. Celia Amorós, ed., *Feminismo y filosofía* (Madrid: Síntesis, 2000), 151.

8. Amorós, ed., *Feminismo y filosofía,* 152.

9. Amorós, ed., *Feminismo y filosofía,* 153.

10. Celia Amorós, *La gran diferencia y sus pequeñas consecuencias ... para las luchas de las mujeres,* 2ª ed., (Madrid: Cátedra, 2006).

La igualdad y la diferencia aparecerían entonces como dos conceptos compatibles e indiscutiblemente ligados. De otra forma, el peligro puede estar en volver a caer en identidades esencialistas de género, nada favorecedoras para la lucha feminista por la igualdad. Pero, a nivel práctico, Nancy Fraser y Mary Daly mostrarán que la tarea no se orientará a vincular los polos opuestos sino a buscar conceptos que engloben ambos a nivel práctico, no solamente teórico.

El multiculturalismo, en cuanto fenómeno de movimientos sociales minoritarios que buscan reconocimiento, se suma a los debates en torno a la relación entre la diferencia y la igualdad. La preocupación por la justicia social, la política, la identidad, la cultura y el reconocimiento desembocan en las políticas de la identidad que reciben otros nombres: "políticas del reconocimiento" o de "la diferencia" que por vía de multiplicidad y fragmentación confunde a menudo los planos, y sustancializa la cultura dejando de lado las exigencias de la justicia social.

"El reconocimiento y la identidad son las claves,"[11] pero también son un problema ya que resulta complicado conjugar el desmembramiento de la unidad del esencialismo o determinismo cultural. De forma que el relativismo gana terreno y la cultura se convierte en el centro de disputas y hasta de luchas por la identidad y la diferencia[12].

Conviene, para clarificar, separar los conceptos de la identidad y diferencia para ver en qué momentos históricos y desde qué reflexión se han cruzado y cómo llegaron a identificarse en el entorno de las políticas. Tratando más adelante sobre el género, se añadirá otra variable que aporta una complejidad añadida.

Para Descartes, el *cogito* no es una consciencia. John Locke opone la "identidad" a la "diversidad" en cuanto diferencia. En efecto, la afirmación de la identidad resulta de la comparación de una cosa con la otra, con el objetivo de subrayar la identidad de una cosa, por la negación de la otra. John Locke se refiere a la sustancia en su distinción, pero ésta no afectaría ni la consciencia ni a la memoria. No presta atención a la experiencia ni al cambio que acontece en la identidad para ser más. Deja fuera el campo del pensamiento político, que reclaman las feministas[13], al mostrar que las teorías ilustradas tienen un potencial emancipador, pero están restringidas al ámbito teórico sin incidencia en la práctica.[14]

11. Amorós, ed., *Feminismo y filosofía,* 139.
12. Amorós, ed., *Feminismo y filosofía,* 140.
13. Kate Millet, *Sexual Politics* (Oxford: Oxford University Press, 1970). La recién fallecida autora proclamaba en este libro que "lo personal es político."
14. Paul Ricoeur, *Caminos del reconocimiento* (México: FCE, 2006), 157-159.

Al universalismo abstracto se le reprocharía el haber permanecido ciego a las diferencias en nombre de la neutralidad liberal. En el caso de la política de la diferencia, la exigencia del reconocimiento universal procede del fondo cultural diferenciado, pero "al final del argumento, es lo universal idéntico el que parece discriminatorio."[15]

Se denuncia así el fenómeno llamado "sobrecarga de la identidad heterodesignada"[16] o las compensaciones de las carencias de los mecanismos de convalidación de las identidades en contexto social complejo, que asfixian lo individual, fruto de las abstracciones de las relaciones de poder.

No obstante, tampoco sería bueno, a criterio de Amorós, celebrar de forma acrítica las identidades/diferencias, a falta de criterios normativos de carácter ético-político que se deslizan hacia lo estetizante-folclórico (tras nuestra reflexión se verificarán como complejos de definir).

Las mujeres no se pueden equiparar a lo Otro de Occidente, como lo hacen las corrientes seguidoras de Jacques Derridá,[17] junto con otros grupos desfavorecidos, como si pudieran ir de la mano "la musulmana velada hasta quedar medio bizca y el jeque árabe que utiliza la American Express."[18]

A finales de la década de los setenta se da una trasvaluación de las actividades típicamente femeninas. Éstas ya no serían expresión de victimización y distorsión del potencial humano de las mujeres, sino una afirmación positiva de la diferencia, por lo cual la igualdad no se mide en cuanto iguales que los varones[19]. La justicia y las políticas de la diferencia suponen que las mujeres no son una desviación de la norma y, aunque existan grupos privilegiados, es la ceguera a las diferencias entre los grupos infravalorados y los privilegiados la que tiene consecuencias negativas de opresión. De este modo, hace falta a nivel político, garantizar el reconocimiento y representación de las distintas voces, sin descuidar el procedimentalismo y el derecho. La conclusión de Amorós sería la siguiente: hace falta un sistema general aplicable para todos, pero que contenga políticas específicas de los grupos.[20]

15. Ricoeur, *Caminos del reconocimiento*, 273.

16. Amorós, ed., *Feminismo y filosofía*, 46, 91.

17. Shawn Copeland, "La diferencia como categoría en las teologías críticas de la liberación de las mujeres," *Revista Concilium* 1 (1996): 91-108.

18. Amorós, ed., *Feminismo y filosofía*, 48.

19. Amorós, ed., *Feminismo y filosofía*, 159.

20. Los grupos se entienden como un conjunto de miembros con afinidad entre las personas que se identifican las unas a través de las otras. La identidad del grupo se articula a través del sentido de la historia, la comprensión de las relaciones sociales y estilos expresivos de las personas que forman el grupo. Amorós, ed., *Feminismo y filosofía*, 160.

3.1.2 *Diferencia*

La identidad, en cuanto reflexión sobre la igualdad de dignidad y de derechos humanos, encuentra su contrapartida en la diferencia. La teoría de la diferencia en su aplicación al feminismo parte de la filosofía postmoderna,[21] apela a la deconstrucción de la razón imperante en la modernidad occidental. Tal deconstrucción implica conceptos subsidiarios como la dispersión, la diseminación y la diferencia misma. Se rechazan los grandes relatos, fragmentándose en micronarrativas que contribuyen a la identificación cultural múltiple.[22]

Este feminismo se hace portavoz postmoderno de lo femenino como lo otro (lo diferente) de la razón dominante. Hablando de la singularidad hablamos de la diferencia que se va convirtiendo en una categoría fundamental para la filosofía y la teología, sobre todo, las teologías de los grupos marginados, la teología de la liberación y la teología feminista.

La categoría de la diferencia evita la posibilidad de una uniformidad, una sola voz, una única teología feminista, ayuda en la autocrítica y precisamente se presta para desmontar los esquemas, desestabilizar, pluralizar cualquier totalitarismo o absolutización de la teología que pudiera suavizar las reivindicaciones de los grupos marginados.

El concepto de la diferencia lleva al reconocimiento no sólo de la variabilidad sino también de la posibilidad de incongruencia, división, discrepancia, malentendido y anomalía. Los padres capadocios que utilizaban la categoría de la analogía estaban tan influenciados por la filosofía platónica y aristotélica que no podrían desvincularse de la idea de la perfección como algo en lo que no cabe la discrepancia, la incongruencia o el malentendido.

La reivindicación feminista de la diferencia partiría de la consolidación del pensamiento y del sujeto androcéntricos, hasta tal punto, que este mismo decide autocuestionarse, lo que no implica que los privilegios prácticos derivados del referente se vean comprometidos en tal sujeto.[23] La categoría de la diferencia propuesta en esta perspectiva no conlleva la resignificación del concepto, pero las pensadoras feministas consideran que pueden poner esta categoría al servicio del discurso feminista evitando caer en la red conceptual tradicional del discurso.

La representante de la corriente francesa, Luce Irigaray,[24] conocedora de la teoría de la diferencia de Deleuze o Derridá, pretende retomar la

21. María Herrera Lima, "La ética desde el feminismo: Notas sobre la diferencia," *Isegoria* 6 (1992): 153-160.
22. Amorós, ed., *Feminismo y filosofía*, 142.
23. Amorós, ed., *Feminismo y filosofía*, 232.
24. Luce Irigaray, *La ética de la diferencia sexual* (Ellago: Castellón, 1974).

categoría de la diferencia establecida, no para proclamar la disolución de ésta sino la del sujeto que la ha elaborado sustituyéndolo simbólicamente por la relación madre-hija.

La filósofa parte de una especie de esencia genérica del ser humano, pero reconoce la diferencia como un dato natural y la dualidad que propone puede confundirse con la complementariedad. A pesar de ello, es preferida por encima de los reclamos de la igualdad de las feministas por equiparar a las mujeres y los varones, siendo desde su óptica necesario ahondar precisamente en las diferencias. La reivindicación de la igualdad de los sexos sería, según ella, un planteamiento incorrecto, porque podría llevar a neutralizar el sexo. Acude a los mitos fundantes de la historia colectiva para proyectar, desde la imaginación, un devenir de la humanidad "incontaminada de logo/andro/falocentrismo"[25] y para elaborar una cultura de lo sexual, desde el respecto de los dos géneros.

Considera al mismo tiempo necesario un modelo objetivo de identidad para las mujeres que evite el encasillamiento en los roles sexuales como madres, intentando, de esta manera, revalorizar los papeles femeninos, a pesar de que fueran impuestos por el patriarcado.

La diferencia se convierte, de esta forma, en un *ontos* esencial, en una diferencia ontológica que desde la dualidad sexual cumple el papel esencializador y universalizador de la diferencia por excelencia.[26]

En cuanto a la corriente italiana, la idea de la diferencia es una cuestión de peculiaridad política, tras la publicación del "Manifiesto Programático del grupo DEMAU" (Desmitificación del Autoritarismo Patriarcal) en 1966. Se trata de un movimiento acusado de elitista y minoritario, que cuestiona las leyes sobre las mujeres promulgadas por los varones (el debate sobre el aborto del 1976).[27]

Lo que las italianas entienden muy claramente es que la igualdad es un principio jurídico que no puede dar razón de la realidad de las mujeres, mientras la diferencia es un principio existencial que se refiere a estilos de vida y experiencias concretas, "la afirmación de la diferencia sexual es una búsqueda absoluta de una misma en su igual."[28] Su vía de la diferencia sería la inversa a la vía de la igualdad. La política de la diferencia perseguirá la creación de nuevas relaciones sociales, generando hábitos de existencia social y, por tanto, los derechos que se postulan curiosamente en contra de la representación femenina política.

25. Amorós, ed., *Feminismo y filosofía*, 237.
26. Amorós, ed., *Feminismo y filosofía*, 239.
27. Luisa Muraro, *El orden simbólico de la madre* (Madrid: Horas y Horas, 1994).
28. Carla Lonzi, *Escupamos a Hegel* (Milán: Librería De Mujeres De Milán, 1970).

El libro "Órden simbólico de la madre" de Luisa Muraro[29] será la obra paradigmática para entender la estética de la diferencia. El presupuesto será el descubrimiento de la complicidad entre el patriarcado y la filosofía, la invisibilización de la relación madre-hija (la representación pintórica a menudo presenta la madre con el hijo-varón) y el núcleo de la estética será saber amar a la madre. Este núcleo no será una posición estratégica sino el fundamento que da sentido al ser.[30]

Entrar en el orden simbólico de la madre supondrá salir de la lógica simbólica masculina, lo que obliga a dar la vuelta a todo el marco simbólico filosófico-cultural, es decir, resignificar incluso la metafísica dotándole de un sentido que "no acabe en nada."[31] La experiencia originaria de la relación con la madre conlleva la restitución simbólica de tal relación, sacudiendo el orden simbólico masculino, restituyendo (y no sustituyendo) el ser en tanto que ser mismo (un eco heigederriano de su noción de *aletheia*[32]) y dotando a la madre de la autoridad.

Esta autoridad, según Luisa Muraro,[33] es una cuestión simbólica, no tanto de orden moral o psicológico; es una necesidad y, en ausencia de la necesidad reconocida, la autoridad no puede ejercerse ni ser reconocida. Aludimos a esta opinión, porque conecta con el debate de Axel Honneth y Nancy Fraser sobre las necesidades reconocidas y que, según Fraser, no será una cuestión solamente filosófica o estética sino precisamente de justicia y, por tanto, eminentemente ética.

Concluyendo el recorrido histórico,[34] conociendo las teorías de la diferencia y su aplicación deconstructora, diríamos que las feministas de la diferencia, pretenden dar a éste un giro, desarrollando como esencial una ontología de la diferencia. Como hemos visto en caso de Irigaray, esto puede confundirse con la complementariedad o hasta con el dualismo esencialista que, junto al hecho de que no presta atención al fenómeno de la postmodernidad, el feminismo de la diferencia se convierte en una postura del imperativo estético más que ético o político.

La reivindicación de la maternidad requeriría un conjunto de derechos (igualdad) y el reconocimiento de la diferencia a través de los medios políticos, por lo cual las experiencias de las mujeres no se pueden convertir en un mero discurso y necesitan una representación política; pero al

29. Luisa Muraro, *Sobre la autoridad femenina* (Madrid: Horas y Horas, 1991), 21.
30. Amorós, ed., *Feminismo y filosofía*, 245.
31. Muraro, *El orden simbólico*, 73-74.
32. Amorós, ed., *Feminismo y filosofía*, 247.
33. Muraro, *Sobre la autoridad*, 91.
34. Amorós, ed., *Feminismo y filosofía*, 250-252.

negarse a participar en la representación política, el feminismo de la diferencia quedaría políticamente inactivo.

Excluyendo el patriarcado como una categoría del discurso, se borra su realidad, lo que puede ser perjudicial para los intereses del reconocimiento que el movimiento pretende, y de lo que da testimonio Nancy Fraser, al poner en evidencia la forma en la que las políticas liberales han utilizado las teorías de la diferencia para acallar las voces y los derechos feministas.

No debemos olvidar, sin embargo, que el debate actual sobre la diferencia en el seno del feminismo oscila entre:

- La afirmación de la diferencia de género como aspecto positivo, que no consiste en un eterno femenino ni en una esencia común, no lleva a abolir ni a disminuir las diferencias de género, un hecho que, a su vez, no está reñido con la reivindicación de las políticas de la igualdad, de derecho y de hecho, del género humano.[35]
- El desplazamiento del centro del debate a las diferencias entre las mujeres con el fin de no invisibilizar las experiencias singulares.

Con todo, "no faltaron intentos de ir más allá de la igualdad y la diferencia,"[36] superando el dilema igualdad/diferencia.

El punto clave del discurso se encuentra en la negación a considerar la igualdad como el concepto opuesto a la diferencia partiendo del presupuesto de que lo genéricamente humano es en sí una trampa y no deberían existir las zonas neutras en la existencia humana. De forma que toda abstracción universalizadora debería ser criticada, no por ser insuficientemente coherente, sino por no ser pertinente.[37]

Fraser planteará la necesidad, no solamente de no abolir las diferencias, sino de afirmarlas, pero no en el sentido solamente cultural (del grupo social), porque las mujeres no forman un grupo entendido como un conjunto de personas que comparten afinidades, historia y comprensión. La cuestión de género es anterior a la pertenencia al grupo social.[38] Existen, por tanto, diferentes clases de diferencias ante las cuales hay distintas actitudes: humanista, ginocéntrica, cultural.

Sin embargo, no se puede mantener la pertinencia solamente de las tendencias deconstructoras sin "reclamar la reconstrucción de un sujeto con criterios para la articulación de sus identidades de otro modo fragmentadas."[39] Se trata de la de-construcción-reconstrucción del sujeto y el género. La justicia no es

35. Amorós, ed., *Feminismo y filosofía*, 50.
36. Fraser, "Multiculturalidad," 34.
37. Amorós, ed., *Feminismo y filosofía*, 89.
38. Amorós, ed., *Feminismo y filosofía*, 163-164.
39. Amorós, ed., *Feminismo y filosofía*, 51.

posible mientras los grupos marginados permanezcan silenciados y no se puede tratar a otros como iguales sin comprender cómo las prácticas existentes afectan a sus intereses fundamentales.[40]

Resumiendo: las feministas culturales reivindican una política de reconocimiento orientada a revaluar los rasgos asociados con la feminidad, pero no todas están de acuerdo con que la afirmación de la diferencia de la mujer sea un fin en sí mismo. En algunos casos, se pretende desestabilizar los marcos de oposición varón-mujer, de forma que potenciaría la presencia de la feminidad contra el sesgo de género que pesa sobre los roles sociales. En otros casos, se revalorizarían las actividades tradicionales de las mujeres para que quede constancia de las tareas que deberían ser compartidas.[41]

En un principio, el feminismo de la diferencia daría primacía a las éticas del cuidado frente a las de la justicia; los feminismos postestructuralistas no ven posibilidades de establecer criterios normativos de la justicia, ya que éstos generarán siempre exclusiones; los feminismos multiculturales apostarán por remediar las injusticias culturales, en consonancia con las tesis del feminismo de la diferencia, teniendo en cuenta que la política de la identidad/diferencia, en cuanto teorización multicultural, es reductiva.[42]

Sin embargo, la problemática de género complica tanto la adscripción del feminismo a cualquiera de los tipos de políticas multiculturales que, o se cae en el uso de la cultura de modo romántico o instrumental, o se potencia un relativismo cultural simplista.[43] El respeto multicultural por la diferencia no se identifica con la línea liberal que encarna una posición individualista ciega a las diferencias.[44]

Ambas políticas están en tensión. Por un lado, muestran la necesidad de tener los mismos derechos que equivaldría al manifiesto: "somos iguales a pesar de ser distintos" y, por eso, disfrutamos del reconocimiento y derechos. Por otro lado, la exigencia del reconocimiento (diferencia) pone de manifiesto el espejismo del liberalismo que apuesta por la neutralidad correspondiente a la cultura hegemónica, que constriñe y discrimina las culturas marginadas, disfrazándose del universalismo a cuenta de la imposición de una falsa homogeneidad.[45]

Sería difícil generalizar las implicaciones éticas y políticas del reconocimiento, que no tendrían que ver tanto con las tradiciones, con las formas culturales minoritarias, sino con la percepción de la discriminación

40. Amorós, ed., *Feminismo y filosofía,* 157.
41. Fraser, *¿Redistribución o reconocimiento?,* 78.
42. Amorós, ed., *Feminismo y filosofía,* 154.
43. Amorós, ed., *Feminismo y filosofía,* 142.
44. Amorós, ed., *Feminismo y filosofía,* 144.
45. Amorós, ed., *Feminismo y filosofía,* 146.

al descubrir la opresión manifestada de forma descriptiva y prescriptiva, es decir, presente no sólo en actos directos de exclusión, sino en formas más sutiles donde entran en juego las relaciones de poder.[46] Es cuestionable el olvido o el desentendimiento de la igualdad en las políticas de la diferencia, ya que éstas se independizan de la desigualdad material, de las diferencias del poder y de las relaciones de dominación y subordinación que se dan dentro del sistema.[47]

En vista de las aporías de los enfoques igualitario/de diferencia, Nancy Fraser pretende trascender la polarización de ambas políticas englobándolas en un marco diferente y haciendo un ensayo práctico de su aplicación desde la categoría de la justicia.

3.2 Ética feminista—estado de cuestión

Para desarrollar este punto, nos basaremos en la estructura propuesta por Alison Jaggar en la entrada enciclopédica de la *Stanford Encyclopedia of Philosophy*[48] e *Internet Encyclopedia of Philosophy*,[49] según la cual la ética feminista es en realidad un método crítico de revisar, reformular o repensar la ética tradicional en la medida en que desprecia o devalúa la experiencia moral de las mujeres. La filósofa feminista[50] acusa a la ética tradicional de excluir a las mujeres de la misma corriente de cinco maneras relacionadas entre ellas.

Primero, se interesa por los asuntos que interesan a los varones, no a las mujeres. En segundo lugar, la ética tradicional considera triviales las cuestiones morales que surgen en el ámbito privado, espacio donde las mujeres hacen el trabajo doméstico y cuidan a los niños, los enfermos y los ancianos. En tercer lugar, implica que, en general, las mujeres no han desarrollado el grado de madurez moral comparable con los varones. En cuarto lugar, la ética tradicional sobrevalora los rasgos culturalmente masculinos como independencia, autonomía, intelecto, voluntad, recato, jerarquía, dominación, cultura, trascendencia, producto, ascetismo, guerra y muerte, mientras que subestima rasgos culturalmente femeninos como interdependencia, cuidado, relación, afecto, emociones, reciprocidad. En quinto lugar, favorece los modos de razonamiento moral masculino que hacen hincapié en las reglas, los derechos, la universalidad, la libertad, y la imparcialidad

46. Amorós, ed., *Feminismo y filosofía,* 150.
47. Amorós, ed., *Feminismo y filosofía,* 154.
48. Stanford Encyclopedia of Philosophy. Accessed: September 4, 2017. https://plato.stanford.edu/entries/feminism-ethics/
49. Anna Gotlieb, *Feminist Ethics and Narrative Ethics.* Accessed: May 25, 2016. http://Www.Iep.Utm.Edu/Fem-E-N/
50. Alison Jaggar, "Feminst Ethics: Some Issues for the Nineties," *Journal of Social Philosophy* 30 (1989): 213-225.

por encima de las formas femeninas de razonamiento moral que enfatizan las relaciones, las responsabilidades, la particularidad y la parcialidad.

Las feministas han desarrollado una amplia variedad de enfoques éticos centrados en el género, cada uno de los cuales aborda una o más de las cinco formas en que la ética tradicional ha fracasado o descuidado a las mujeres. Algunas teóricas feministas enfatizan los temas relacionados con los rasgos y comportamientos de las mujeres, particularmente los que les dan cuidado. Por el contrario, otras éticas feministas enfatizan las causas y efectos políticos, legales, económicos y/o ideológicos de la condición de segundo sexo de las mujeres. Pero, si bien estos énfasis existen, todas las éticas feministas comparten el mismo objetivo: la creación de una ética de género que apunte a eliminar o al menos a mejorar la opresión de cualquier grupo de personas, pero, sobre todo, las mujeres.

Trataremos brevemente sobre el desarrollo histórico de la ética feminista, enumerando los enfoques prioritarios (del cuidado y del estatus) que desarrollaremos más tarde y mencionaremos las aproximaciones a la ética feminista desde el feminismo liberal, radical, socialista, multicultural, global o ecológico y desde los enfoques existencialistas, psicoanalíticos, postmodernos y de tercera ola.

3.2.1 *Ética feminista: rasgos históricos*

Los enfoques feministas de la ética, así como los debates sobre la naturaleza de género de la moralidad, se desarrollaron, como pudimos ver en el capítulo sobre la tradición moderna de la justicia, durante los siglos XVIII y XIX. Esta etapa está avalada por los pensadores como Mary Wollstonecraft,[51] el ya mencionado John Stuart Mill, Catherine Beecher[52] o citada también por Mary Daly, Elizabeth Cady Stanton, que abordaron los temas relacionados con la moralidad de las mujeres respondiendo a las preguntas sobre si:

- Los rasgos femeninos son el producto de la naturaleza o la biología o son el resultado del condicionamiento social.
- Las virtudes morales y los rasgos de género están relacionados con las capacidades afectivas y cognitivas o con la fisiología y la psicología.
- Se debe aceptar el hecho de que los hombres y las mujeres tienen diferentes virtudes morales, así como diferentes rasgos de género.
- Se puede hablar de una moralidad humana única.

51. Mary Wollstonecraft, *A Vindication of the Rights of Women* (London: Penguin, 1988), 105.

52. Catherine Beecher and Harriet Stowe, *The American Woman's Home: Principle of Domestic Science* (New York: Aeno Press and The New York Times, 1971).

Analizando los planteamientos mencionados arriba, Mary Wollstonecraft concluyó que la virtud moral no es binaria sino unitaria y que su práctica pertenece a las mujeres y los varones, es decir, es moralidad humana. Wollstonecraft negó que las mujeres estuvieran condenadas por la naturaleza a ser menos virtuosas que los hombres, pero reconoció que, privadas de suficientes oportunidades para desarrollar sus poderes racionales, las mujeres pueden terminar siendo personas excesivamente emocionales, hipersensibles, narcisistas e indulgentes.

Mary Wollstonecraft aboga por dar a las mujeres, igual que los hombres, el acceso a la educación para que puedan convertirse en seres moralmente maduros, identificando la razón más que la sensibilidad como la característica que distingue a los humanos de los animales no humanos. Acusaba a la sociedad patriarcal de que mientras que los padres enseñaban a los niños la moral, a las niñas las enseñaban los modales. En términos más generales, la sociedad en su conjunto alienta a las mujeres a cultivar rasgos psicológicos negativos que impiden su desarrollo moral torciendo lo que podrían ser las virtudes de la mujer en vicios.

Rechazada por los rasgos psicológicos negativos de sus contemporáneas, particularmente presentes en la clase media alta, Mary Wollstonecraft razonó que la mejor manera de que las mujeres se convirtieran en agentes morales de pleno derecho era que comenzaran a pensar y comportarse como varones, sin cuestionarse si la moralidad de los hombres era, de hecho, la moral humana. Parecía, que la moral de los varones era superior a la de las mujeres debido a la educación y, por lo tanto, era la moral verdaderamente humana.

El mito del eterno femenino del siglo XIX canoniza la moralidad de las mujeres como superior a la del varón, desvelando su propia paradoja, ya que, a la vez, se consideraba a las mujeres menos razonables (disociando el aspecto práctico de la moral del aspecto intelectivo). Esta visión preocupó al filósofo utilitarista John Stuart Mill.

Según él, la sociedad se equivoca al establecer un doble estándar ético, según el cual la moralidad de las mujeres debe ser evaluada de manera diferente a la moral de los varones. A las mujeres se les enseña a vivir para los demás, dar siempre y nunca tomar, someterse, ceder y obedecer. También se les enseña a resistir a los hombres, porque no son tan inteligentes y fuertes como los hombres. Siendo éste el caso, la virtud de las mujeres no es el producto de una elección autónoma. Más bien, es la consecuencia de la programación social.[53] En la raíz, sólo hay una virtud: la virtud

53. Alice Rossi, ed., *Essays on Sex Equality* (Chicago: University of Chicago Press, 1971), 123-242.

humana, y tanto las mujeres como los varones deben ser empujados a adherirse a sus normas.

En contraste con Mary Wollstonecraft y John Stuart Mill, otros pensadores del siglo XIX negaron que la virtud fuera o debiera ser la misma para ambos sexos. Unos proporcionaron una teoría de la virtud separada, pero igualitaria, según la cual las virtudes masculinas y femeninas son simplemente diferentes, y otros elaboraron una teoría de la virtud separada y desigual según la cual la virtud femenina es fundamentalmente mejor que la virtud masculina. Es importante destacar, que este grupo diverso de pensadores no estaba de acuerdo entre sí sobre cómo evaluar las características típicamente asociadas con las mujeres (nutrición, empatía, compasión, auto-sacrificio, bondad): si son virtudes morales auténticas que deben ser desarrolladas tanto por hombres como por mujeres, o rasgos psicológicos positivos que deben desarrollar las mujeres solas o rasgos psicológicos negativos que no deben ser desarrollados por nadie.

En este grupo encontramos a Catherine Beecher[54] que desarrolla el principio de la ciencia doméstica, o del trabajo entendido como la creación y el mantenimiento de familias fuertes en las que prospera la virtud moral, en cuanto esencial para el bienestar de la sociedad. En un esfuerzo por ayudar a la sociedad a estimar adecuadamente el trabajo doméstico de las mujeres, se hizo hincapié en que éste requiere mucha inteligencia, así como muchas habilidades organizativas y ocupacionales, por lo cual, puede ser igual de exigente administrar una gran familia de manera adecuada, como administrar una pequeña empresa.

Elizabeth Cady Stanton también vio diferencias entre la moral de las mujeres y la de los varones. A diferencia de Beecher, considera que la humanidad no puede permitirse el lujo de dejar a las mujeres, como lo haría Beecher en el mundo privado, ejerciendo su buena influencia allí y sólo allí.[55] Hizo una relectura de la Escritura, acorde a su procedencia cristiana y descubrió que los valores atribuidos a las mujeres como la generosidad, la disposición al cuidado y la entrega pueden estar contribuyendo al estatus de segunda clase de las mujeres.

Charlotte Perkins Gilman[56] amplió su reflexión sobre el ámbito de la presencia e influencia de las mujeres en lo económico, creando una utopía de la ciudad de las mujeres, donde ellas reciben el reconocimiento por cultivar tanto las mejores virtudes femeninas como las mejores virtudes

54. Beecher, *The American Woman's Home*, 121.

55. Mari Jo Buhle and Paul Buhle, *The Concise History of Women's Suffrage* (Urbana: University Of Illinois Press, 1978).

56. Charlotte Perkins Gilman, *Herland: A Lost Feminist Utopian Novel* (New York: Pantheon, 1979).

masculinas: las virtudes, por tanto, son coextensivas con la virtud humana. Así, si una sociedad en el mundo real quiere ser virtuosa, debería abrazar a *Herland (La ciudad de ella)* como su ideal. A la vez, mientras las mujeres dependan de los hombres para el apoyo económico, las mujeres serán conocidas por su servilismo y los hombres por su arrogancia. Las mujeres deben ser iguales económicamente a los hombres antes de que puedan desarrollar virtudes morales verdaderamente humanas.

3.2.2 *Enfoques feministas centrados en el cuidado*

Los pensadores feministas de los siglos XVIII y XIX como Catherine Beecher, Elisabeth Cady Stanton y Charlotte Perkins Gilman contribuyeron al desarrollo de una amplia gama de enfoques feministas de la ética que se centraban en las similitudes y diferencias entre la ética y la ética masculina y femenina (más que feminista).

En efecto, se abrió el cuestionamiento de las diferentes ontologías y epistemologías que sustentan estos tipos de ética, empezando por desafiar la presuposición ontológica de que cuanto más separado está el ser de los demás, más plenamente desarrollado es ese yo. También cuestionaron el presupuesto de que cuanto más universal, abstracto, imparcial y racional es el conocimiento, más de cerca refleja la realidad. En lugar de estos presupuestos, decididamente presentes en la mayoría de las éticas tradicionales, sugirieron la asunción ontológica de que cuanto más conectado está el ser con los demás, mejor es el yo. También ofrecieron la presuposición epistemológica de que cuanto más particular, concreto, parcial y emocional es el conocimiento, más probable es que represente la forma en que la gente realmente experimenta el mundo. De ahí, que tan importante se haya vuelto la categoría de la experiencia de las mujeres concretas en el discurso ético feminista.

La ética del cuidado, desarrollada ya en el siglo XX, también se basa en esta categoría de la experiencia, dando cuenta de la subordinación femenina y las tendencias de las sociedades patriarcales de no valorar adecuadamente las formas de pensar, escribir, trabajar y amar de las mujeres.

Entre las representantes más destacadas de la ética del cuidado feminista encontramos a Carol Gilligan y Nel Noddings, que subrayan que las teorías, principios, prácticas y políticas morales tradicionales son deficientes en la medida en que carecen, ignoran, trivializan o degradan valores y virtudes culturalmente asociados con las mujeres.

Aunque Carol Gilligan, como veremos más adelante, reconoce que la escala moral de Lawrence Kohlberg atrae a muchas personas educadas en la ética tradicional, señala que la amplia aceptación de una teoría del desarrollo moral no es necesariamente la medida de su verdad.

Sandra Lee Bartky[57] muestra sus reservas a la lectura de la ética del cuidado como experiencia de empoderamiento. Según esta autora, el cuidado de los hombres por la mujer puede equivaler, como dice en el libro citado, a "una genuflexión colectiva de las mujeres hacia los hombres, una afirmación de la importancia masculina que no se recicla."

Otra preocupación que Sandra Lee Bartky expresa sobre el cuidado de las mujeres por los hombres en particular, es que las mujeres pueden sacrificar su integridad moral en el proceso. La autora pone el ejemplo de Teresa Stangl, esposa de Fritz Stangl, un comandante de Treblinka. Aunque era consciente de que su esposo estaba enviando miles de judíos a morir en un campo de concentración, siguió atendiendo sus necesidades obedientemente, incluso con amor, haciéndose cómplice de su maldad. De ahí que las mujeres necesitan analizar las trampas y las tentaciones de cuidarse a sí mismas, antes de adoptar una ética de la atención de todo corazón.

Resumiendo, una mujer no está en posición de cuidar verdaderamente a alguien si ella está económica, social y/o psicológicamente forzada a hacerlo. Específicamente, el cuidado auténtico no puede producirse bajo condiciones de dominación masculina y subordinación femenina. Mientras las mujeres hagan más que su cuota justa de trabajo de cuidado, ambos sexos permanecerán moralmente privados. Sin embargo, preocuparse demasiado es arriesgarse a ser servil. Cuidar demasiado poco es arriesgarse a ser tan egoísta que el corazón se congela en el camino. Cuidar apropiadamente es cuidar reflexivamente y bien.

Sara Ruddick,[58] Virginia Held,[59] y Eva Kittay,[60] a pesar de su enfoque del cuidado a las relaciones morales paradigmáticas, tienen mucho en común con Carol Gilligan y Nel Noddings. La ética debe ser construida no sobre un modelo de dos personas de negocios durante una negociación de un contrato, sino sobre un modelo de interés mutuo que se adapte a la vida, tal como la mayoría de la gente lo experimenta a diario. Los conceptos, las metáforas y las imágenes de la ética actual se asocian a la práctica de la contratación, pero los símbolos que se refieren a la crianza de los hijos o la maternidad expresan mejor la dinámica de la vida moral. Los valores asociados a la práctica materna marcan los objetivos y metas éticos como la preservación, el crecimiento y la aceptabilidad de los hijos en cuanto vulnerables.

57. Sandra Lee Bartky, *Femininity and Domination* (New York: Routledge, 1990).

58. Sara Ruddick, "Maternal Thinking," in Joyce Trebilcot, *Mothering: Essays in Feminist Theory* (New Jersey: Rowman and Allanheld, 1983), 213-230.

59. Virginia Held, *Justice and Care: Essential Readings in Feminist Ethics* (Boulder: Westview Press, 1995).

60. Eva Kittay, *The Subject of Care: Feminist Perspectives on Dependency* (Lanham: Rowman and Littlefield, 2003).

Dado que la práctica materna no es fácil y debe contar con las condiciones de cuidadoras de los hijos, las madres necesitan cultivar virtudes como el escrutinio (la capacidad de ver las cosas en perspectiva), la humildad y la alegría.

El segundo aspecto de la práctica materna de Sara Ruddick es fomentar el crecimiento de los niños. Promover el crecimiento de un niño no significa imponer proyecciones o idealizarlo sino capacitarlo y empoderarlo para las relaciones y autonomía.

El tercer y último aspecto de la práctica materna de Sara Ruddick es el entrenamiento en la capacidad crítica. Por lo general, las madres trabajan diligentemente para socializar a sus hijos, para ayudarles a convertirse en ciudadanos respetuosos de la ley. Pero hay momentos en que las madres concienzudas se niegan a ajustarse a las necesidades o expectativas de la sociedad sólo para seguir su ritmo competitivo.

Virginia Held también encuentra en la relación entre la maternidad y el niño un excelente paradigma para las relaciones humanas en general. Se refiere a que la ética tradicional no sólo desaconseja la moral de las mujeres, sino que presenta lo que equivale a la moralidad de los hombres como moralidad neutral del género. Afirma que si la ética tradicional fuera realmente neutral al género no favorecería los paradigmas, por ejemplo, el modelo de contrato; estos se refieren mucho más a la experiencia de los varones que a la de las mujeres. Según ella, demasiados teóricos éticos tradicionales bendicen una relación humana como moral, en la medida en que sirve a los intereses separados de los contratistas racionales individuales. Sin embargo, la vida es más que un conflicto, una competencia una controversia, o el conseguir lo que uno quiere. Es, como lo saben las madres, la cooperación, el consenso y la comunidad para satisfacer las necesidades de otras personas.

Virginia Held insiste en que su defensa de la ética materna no indica un rechazo total de la ética tradicional. Cree que una ética feminista basada en el cuidado puede manejar los temas que exceden el "mínimo moral" de respetar los derechos de los individuos.

Al igual que otras feministas que se ocupan de la ética, la autora piensa que los valores centrales de la ética de la atención feminista deben estar tan presentes en el ámbito público como en el ámbito privado. Preguntada si es el cuidado o la justicia lo que considera el valor humano más fundamental, no duda en responder que es el cuidado. Según ella, el cuidado puede existir sin justicia, pero "no puede haber justicia sin cuidado (…), porque sin cuidado ningún niño sobreviviría y no habría personas que respetar."[61]

61. Virginia Held, *Justice and Care: Personal, Political, and Global* (Oxford: Oxford University Press, 2006), 57.

La aportación de Eva Kittay[62] consiste en evitar la carga del esencialismo femenino, dando por supuesto que siempre hay una relación de dependencia en las relaciones, pero el cuidado no obedecerá simplemente a los derechos de la persona dependiente como persona, sino a la relación que existe entre el necesitado y el que está situado para satisfacer la necesidad. La característica definitoria de esta relación, en gran medida socialmente construida, es que no suele escogerse, sino que ya se da: en los lazos de la familia, en la dinámica de la amistad o en los términos del empleo.

Es importante destacar, que Eva Kittay afirma que el paradigma de la relación de dependencia puede y debe guiar las políticas públicas sobre la igualdad humana. Desde su punto de vista, todos somos iguales, porque todos somos fruto del trabajo de las madres (o de las personas de las que dependemos). De esta manera, insiste en que, si la sociedad quiere mantener su cohesión, frente al individualismo segregador, el primer objetivo de la política pública debe ser el empoderar a los trabajadores frente a la dependencia de la sociedad.

3.2.3 *Enfoques feministas centrados en el estatus y en la justicia*

Los enfoques feministas orientados hacia el estatus tienden a hacer preguntas sobre el poder y los derechos, es decir, sobre la dominación y la subordinación, antes de pasar a las preguntas sobre las relaciones entre el bien y el mal, el cuidado y la justicia o el pensamiento materno y paterno. Aunque pueda haber feministas centradas en el cuidado y en la justicia o estatus, hay ciertas diferencias de enfoque que distinguen el énfasis de cada autora.

Las feministas liberales, radicales, marxistas o socialistas, multiculturales, globales y ecológicas han ofrecido cada una un conjunto diferente de explicaciones y soluciones para el estatus del segundo sexo de las mujeres. También lo han proporcionado las feministas existencialistas, psicoanalíticas, postmodernas y de la tercera ola.

Las defensoras de estas escuelas de pensamiento feminista sostienen la necesidad de una deconstrucción previa de los sistemas, las estructuras, las instituciones y las prácticas que crean o mantienen restricciones y privilegios de poder entre hombres y mujeres para plantearse la creación de la igualdad de género. En cierto sentido, parece que piensan que la justicia precede al cuidado.

62. Eva Kittay, *Love's Labor: Essays on Women, Equality, and Dependency* (New York: Routledge, 1999).

a) Propuestas liberales, radicales, socialistas, multiculturales, globales y ecológicas

Las feministas liberales tienen sus raíces históricas en los textos paradigmáticos de "La vindicación de los derechos de las mujeres" de Mary Wollstonecraft, *The Subjection Of Women* de John Stuart Mill y el movimiento de sufragio femenino del siglo XIX. Entre las organizaciones con las cuales las feministas liberales contemporáneas están más alineadas está la Organización Nacional de Mujeres (NOW). Las feministas liberales sostienen que la causa primaria de la subordinación de las mujeres a los hombres es un conjunto de normas sociales y leyes formales que hacen difícil que las mujeres tengan éxito en el mundo público. A menos que las mujeres tengan las mismas oportunidades que los hombres, las mujeres no podrán alcanzar su máximo potencial en la academia, el foro, el mercado o en el quirófano. A pesar de que muchos objetivos ya se han conseguido, los datos muestran que si el objetivo del feminismo liberal es empujar a las mujeres con fuerza en el mundo público y catapultar a las mujeres hacia sus órbitas superiores, entonces su trabajo está lejos de quedar concluido.[63]

Posteriormente, algunas feministas radicales comenzaron a tener dudas sobre las prescripciones liberales para las mujeres. Este grupo de feministas, algunas de las cuales se denominan feministas culturales, advirtieron que la heterosexualidad, vista como una institución, tiene como objetivo controlar y objetivar la sexualidad de las mujeres para la gratificación de los hombres.

Aunque hay problemas con las formas extremas del feminismo radical liberal, por un lado, y las formas extremas del feminismo cultural radical, por otro, el pensamiento feminista radical ha logrado generar un trabajo ético muy útil. La llamada ética lesbiana es una aportación particularmente rica, aunque controvertida, a la teoría ética feminista, por ejemplo. Su naturaleza controvertida se debe al hecho de que se ha desarrollado principalmente para atender a las mujeres y, en algunas versiones, sólo a las mujeres lesbianas. La representante más conocida será Sarah Lucia

63. Jaggar facilita los datos estadísticos revisados en 2009. Las solicitudes firmadas en la carta de derechos de la mujer proclamada por NOW en 1967 en los Estados Unidos, están lejos de ser plenamente implementadas. Los derechos reproductivos de las mujeres de los Estados Unidos todavía no están asegurados y la enmienda sobre la igualdad de derechos aún no ha sido aprobada. Además, a partir de 2009, una trabajadora estadounidense sigue ganando un 20% menos que el trabajador promedio, solamente 17 por ciento de los senadores de los estados son mujeres. En diciembre de 2008, sólo 13 directores ejecutivos de *Fortune* 500 son mujeres. Las mujeres tienden a hacer, sobre todo, el trabajo del cuidado y, en el mundo público, ese trabajo del cuidado es algo del menor estatus y peor pagado que la media.

Hoagland,[64] aunque también se verán rasgos de la ética lesbiana en los presupuestos de Daly que también es denominada feminista radical.

Las feministas marxistas o socialistas afirman que es difícil, tal vez incluso imposible, que las personas oprimidas (especialmente las mujeres) tengan éxito y puedan acoplarse en un sistema de clases. A lo largo de los años y en gran medida como resultado de la incorporación de muchas ideas feministas radicales en su propia teoría y práctica, estas feministas han llegado a la conclusión de que estas cuatro estructuras socioeconómicas determinan de antemano el estatus de las mujeres: el papel de la mujer en la producción, la reproducción, la sexualidad y la socialización de los niños. El papel de las mujeres en todas estas estructuras debe cambiar si se quiere conseguir la igualdad de oportunidades con respecto a los varones.

Las feministas multiculturales afirman que las feministas no deben centrarse exclusivamente en la opresión de las mujeres como mujeres o como trabajadoras o como miembros de un grupo racial o étnico desfavorecido. Más bien, deben entender que todo acerca de una mujer: el color de su piel, su cartera, la dirección de sus deseos sexuales, la edad, explica su estatus en la sociedad. Incluso si son separables en teoría, el racismo, el sexismo y el clasismo, no son separables en la práctica. Muchas mujeres son víctimas de un peligro múltiple y de sistemas de opresión entrelazados. La opresión múltiple establece un peaje espiritual/psicológico, así como un peaje material en las personas.

Aunque las feministas globales y las feministas poscoloniales elogian en gran medida el trabajo de las feministas multiculturales lo consideran una discusión algo incompleta de la opresión de las mujeres. Subrayan que las mujeres de los llamados países del Primer Mundo (ubicadas principalmente en el hemisferio norte) necesitan apreciar mejor el estatus y la situación de las mujeres en los llamados países del Tercer Mundo (localizados principalmente en el hemisferio sur).

Las ecofeministas están de acuerdo con las feministas globales y postcoloniales en que es importante que las mujeres entiendan cómo los intereses de las mujeres divergen y convergen. Sin embargo, muestran que la mayoría de las feministas no prestan atención a las responsabilidades de los seres humanos con los animales no humanos. Algunas ecofeministas, por ejemplo, han desarrollado la ética del cuidado de Carol Gilligan como base para la teoría de la defensa animal. Similar a la ética feminista, la teoría feminista del cuidado de los animales surgió como una respuesta crítica a la ética animal utilitarista y basada en los derechos. Otra preocupación con los

64. Sarah Hoagland and Marilyn Frye, *Lesbian Ethics* (Palo Alto: Institute of Lesbian Studies, 1988).

enfoques orientados a la justicia reside en su negación explícita o en la supresión del papel de las emociones en nuestras deliberaciones morales sobre el abuso de los animales no humanos.

b) Enfoques existencialistas, psicoanalíticos, posmodernos y de tercera ola

Partiendo de los modos de pensamiento feminista que enfatizan las consecuencias materiales del estatus de segundo sexo, las feministas existencialistas se enfocan en las consecuencias psicológicas. En "El Segundo Sexo," Simone de Beauvoir escribe que, desde el principio, el hombre ha sido nombrado el Ser y la mujer el Otro. Si el Otro es una amenaza para el Ser, entonces las mujeres son una amenaza para los hombres. Si los hombres desean permanecer libres, no sólo deben subordinar a las mujeres a sí mismos, sino también convencer a las mujeres de que no merecen un trato mejor. Así, para que las mujeres se conviertan en verdaderos *yos*, deben reconocerse como agentes autónomos que son libres para trazar el curso de su propio destino. Las mujeres deben negarse a definirse en términos de hombres y simplemente seguir su propio camino.

Al igual que las feministas existencialistas, las feministas psicoanalíticas buscan una explicación del estatus de las mujeres en los recovecos internos de la psique de las mujeres. A pesar de que los niños son criados casi exclusivamente por las mujeres, los niños y las niñas son psico-socializados de maneras muy diferentes.

Al tratar de liberar a las mujeres de un drama psicosexual que hace que tanto ellas como los hombres vean a las mujeres como seres de menor valor que los hombres, algunas feministas psicoanalíticas razonan que la fuente de esta visión equivocada de las mujeres está enraizada en la dependencia de las mujeres para cuidar y de los varones para construir el mundo. Las dos representantes más conocidas de esta corriente son Luce Irigaray y Julia Kristeva.

Para las feministas postmodernas y de tercera ola, todos los intentos de proporcionar una sola explicación para la opresión de las mujeres son defectuosos. No hay una sola entidad, la mujer, sobre la cual se pueda fijar una etiqueta. Las mujeres son individuos, cada una con una historia única que contar sobre su yo particular. Cualquier explicación única para el estatus del eterno femenino es simplemente otra instancia del pensamiento falocéntrico. Las mujeres deben, según estiman las feministas posmodernas y de tercera ola, revelar sus diferencias entre sí para resistir mejor la tendencia patriarcal a centrar y congelar el pensamiento en una verdad rígida de lo que siempre fue, es y será. Para llegar a ser ellas mismas, las mujeres deben abrazar el conflicto, incluso la auto-contradicción, no tienen que seguir ningún guión, a lo largo de sus vidas, tampoco el auto-impuesto.

3.2.4 *Conclusiones*

Los enfoques éticos feministas orientados el cuidado y estatus/justicia no imponen un estándar normativo único a las mujeres. Más bien, ofrecen a las mujeres múltiples formas de entender las maneras en que el género, la raza, la clase etc., afectan sus decisiones morales. Debido a que los enfoques éticos feministas tienden a ser ginocéntricas, así como sensibles al género, los críticos no feministas se han quejado de que estos enfoques son enfoques sesgados por las mujeres.

La ética, insisten estos críticos, no puede proceder desde un punto de vista específico —desde el punto de vista de las mujeres— y todavía ser considerada como ética. De hecho, la ética tradicional se ha basado en el supuesto de que sus valores y reglas se aplican igualmente a todas las personas racionales. Sin embargo, la mayoría de las teorías éticas tradicionales parecen estar basadas en la experiencia moral de los hombres, normalmente en situación de poder, en comparación con las mujeres.

La ética feminista sugiere que no basta con que la ética tradicional incorpore los intereses y asuntos de las mujeres y reconozca a las mujeres como agentes morales que deben ser tomados en serio. Por el contrario, insta a la ética tradicional a repensar los supuestos ontológicos y epistemológicos sobre los que se basa su pensamiento y a considerar la posibilidad de que, lejos de ser fuentes de liberación humana, sus principios, reglas, normas y criterios sirvan realmente para apoyar los patrones de dominación y subordinación que desmoralizan a todos.

A pesar de las diferentes interpretaciones de las éticas feministas en cuanto al contenido de la elección voluntaria e intencional, el ejercicio ilegítimo o legítimo de control y una relación sana o patológica, la comunidad intelectual y moral feminista muestra que la ética feminista no es una ideología monolítica que prescribe una y sólo una forma de ser y pensar de las mujeres y los hombres.

Esta perspectiva tan abierta es fruto de cierta debilidad, porque no existe una perspectiva feminista ética única. Es un reto feminista el conseguir una posición clara, convincente y unificada sobre las cuestiones morales claves. De lo contrario, en un entorno político, las perspectivas menos favorables para las mujeres pueden llenar el vacío.

El objetivo de la ética feminista actual es buscar consensos mientras se van consiguiendo políticamente los beneficios de cada vez mayor grupo de las mujeres, aunque no satisfagan las necesidades de todas ellas. Por esta razón, las teóricas éticas feministas deben escuchar los diferentes puntos de vista de las mujeres y después forjar una opinión de consenso a partir de ellos. No obstante, es incierto si es posible alcanzar este acuerdo.

Con respecto al diálogo de la ética feminista con las éticas tradicionales, las feministas siguen comprometidas con la tarea de conseguir la equidad de género con los varones. La globalización puede ser un factor de avance y de riesgo para su consecución.

3.3 Justicia de redistribución y reconocimiento: un binomio

En este apartado, una vez revisado el estado de cuestión sobre las corrientes principales de la ética feminista, nos centraremos en la representante que sigue la teoría moderna de la ética de la justicia y a la vez, la critica y mejora: Nancy Fraser.

Conocer su perspectiva permitirá ver los contrastes con las representantes de la ética del cuidado (sobre todo, Carol Gilligan), para después hacer una comparativa y valoración con respecto a Mary Daly.

Articular la justicia desde la perspectiva del género conecta dos ámbitos de esta virtud: la justicia redistributiva clásica (tratada ya de forma amplia en esta tesis) y la justicia de reconocimiento donde los mayores avances se han hecho, sobre todo, con los trabajos de Axel Honneth.[65]

Fraser apunta a una tercera categoría: la justicia de la representación,[66] para evitar caer en un dualismo sustancialista y en la generalización, en que caen, según ella, los mencionados tres autores. Nos centraremos en presentar la visión de Fraser antes de contrastarla con los representantes teóricos de la justicia del reconocimiento, ya que la autora articula en su reflexión las cuestiones del multiculturalismo y globalización conjugándolas con la cuestión del género. Necesitaremos esbozar su marco de comprensión de la justicia para poder entender el alcance de su propuesta, contrastarla con los demás teóricos y seguidamente con Mary Daly.

Dentro de este marco interpretativo es crucial plantear las siguientes categorías en un listado que aclare los posibles contrastes y sitúe el debate en su contexto:

Redistribución	reconocimiento
Igualdad	diferencia
Universal	particular
Democracia	mutliculturalismo
Clase	estatus
Economía	cultura
Lo material	lo simbólico

65. Axel Honneth, *The Struggle for Recognition: The Moral Grammar of Social Conflicts* (Cambridge: Cambridge University Press, 1995).

66. Amorós, ed., *Feminismo y filosofía,* 155.

Derechos	bien/moral/responsabilidad
Ontología	ética
Teoría	práctica
Nivel básico	nivel superior
Individual	comunitario (interacción)
Deontológico	teleológico
Justicia	cuidado
Otro genérico	Otro concreto

Se presentan varios pares de conceptos combinados y emparejados, colocados en columnas acorde a su relación y afinidad con la idea de la justicia de la redistribución y reconocimiento, al menos en su forma clásica. Hemos enumerado estos conceptos porque aparecerán en las reflexiones de los autores, y de esta forma, situaremos el posicionamiento y la visión de cada uno de manera conceptual más fácil.

Ahora bien, Nancy Fraser hace hincapié en que este dualismo corresponde a una polarización binaria esencialista. La autora contempla, desde su perspectiva, ambas dimensiones ya que éstas, lejos de estar separadas e indicar los polos opuestos del pensamiento ético, requieren una mutua imbricación y hasta integración, son como dos diferentes esferas de justicia.[67] Es más, considera que el dualismo sustancialista que separa las esferas no es un mero síntoma sino la raíz del problema de la teorización de la justicia.[68] Su interés se centra en teorizar la sociedad capitalista como una totalidad, conectando los niveles de filosofía moral (derecho-bien), teoría social (economía-cultura), análisis político (igualdad-diferencia, luchas económicas, política de identidad, democracia social y multiculturalismo).

La autora ha detectado que mientras la mayoría de los científicos separa estas dimensiones, asumiendo una división disciplinaria del trabajo y considerando independiente el análisis político del económico, de la teoría moral y de la teoría social, es crucial diagnosticar las tensiones entre estas áreas y contextualizarlas correctamente en su interconexión para poder lograr una comprensión estructural.[69] Así no se separan artificialmente los marcos donde éstas se entrelazan, evitándose que los dos tipos de justicia parezcan disociados, tanto práctica como intelectualmente,[70] lo que ha llevado a que la disociación se haya convertido en

67. Nancy Fraser, *Social Justice: Redistribution, Recognition and Participation* (California: Stanford University Press, 1996), 40.
68. Fraser, *Social Justice,* 41.
69. Fraser, *¿Redistribución o reconocimiento?,* 15.
70. *Fraser, ¿Redistribución o reconocimiento?,* 18.

polarización.[71] De esta forma, la justicia de redistribución y de reconocimiento han sido presentadas como mutuamente antitéticas en los debates políticos presentes. Fraser desentraña "la anatomía de una falsa antítesis,"[72] que arrastra a su vez una comprensión binaria y polarizada del resto de los conceptos afines.

La desintegración conceptual de ambos campos presenta, sobre todo, desde la perspectiva feminista varios problemas que se solucionarían a través de la integración de las esferas discursivas. Uno de los problemas que ilustra más claramente esta necesidad es el que aduce Nancy Fraser en su conferencia en Stanford en 1996 (de la cual más adelante, en 2003 y 2006 surgirán las obras más representativas que sistematizan la problemática: "Escalas de justicia" y "¿Redistribución o reconocimiento?"): el caso de género. Los universalistas pretenden abolir las demandas específicas de la sobrefeminización pidiendo el reconocimiento de las mujeres como personas; las políticas de la diferencia pretenden combatir la subfeminización por medio del reconocimiento de las mujeres en su condición específica. Tanto la sobrefeminización como la subfeminización causan serios impedimentos para la participación política de las mujeres, por lo cual se necesita tanto el reconocimiento de la igualdad como de la diferencia para asegurar las condiciones de paridad de género.[73]

Otro ejemplo, lo encontramos en el contexto estadounidense: en los países de bienestar se ha institucionalizado tanto la desventaja económica como las jerarquías de status. Los programas de asistencia pública para las madres solteras están separados de los programas de seguridad social que pertenecen a las trabajadoras, mostrando que la crianza y la educación de los hijos no es trabajo. De esta forma, se privilegia el bienestar de las mujeres trabajadoras, pero éstas mantienen con sus impuestos a las que están becadas por las ayudas públicas. En breve, como resume Fraser: "no hay reconocimiento sin redistribución."[74]

Su perspectiva dualista (no esencialista sino perspectivista) combina la redistribución con el reconocimiento para asegurar la paridad de participación. Se necesita asegurar la equidad económica por un lado y por otro, el respeto a las diferencias que organizan la sociedad.[75]

De esta forma, destacan las tres nociones fundamentales de la justicia de representación de Nancy Fraser que pretende combinar en el plano

71. Fraser, *¿Redistribución o reconocimiento?*, 19
72. Fraser, *¿Redistribución o reconocimiento?*, 21.
73. Fraser, *Social Justice*, 50.
74. Fraser, *Social Justice*, 49, 53, 57.
75. Fraser, *Social Justice*, 58.

teórico y en práctico rompiendo el dualismo entre la justicia de la redistribución y del reconocimiento:

- La paridad participativa.
- El dualismo perspectivista.
- La inter-compenetración entre la redistribución y el reconocimiento con sus correspondientes nociones conceptuales que tradicionalmente arrastran.[76]

A la vez, en su mención y ejemplo del estado de bienestar, se esboza un pequeño asomo hacia la ética del cuidado (que profundizaremos más adelante), cuando trata de los asuntos del trabajo y del cuidado de la prole (como no trabajo, en cuanto no remunerado[77]), lo que, a su vez, se ha convertido también en otra pareja de oposiciones binarias:

Trabajo	cuidado de la prole
Igualdad de derechos	diferencia sexual

Fraser, desde su dualismo perspectivista, como apuesta metodológica (no ontológica), desdoblará los conceptos de la igualdad y de la diferencia en sus aspectos de igualdad-justicia de redistribución y diferencia-justicia de reconocimiento.

Así tendremos que atender tanto al aspecto de la igualdad-redistribución como afirmativo y transformador, como, a su vez, al aspecto de la diferencia-reconocimiento como universalista y de la diferencia, con el fin de pensar de forma integral.

Al hablar de remedios afirmativos frente a la injusticia, se refiere a los medios que corrijan los resultados no ecuánimes de los arreglos sociales sin cuestionar los marcos en los que se apoyan. Al hablar de remedios transformadores, se refiere a los que corrijan la inequidad, reestructurando los marcos subyacentes. La redistribución afirmativa puede estigmatizar a quien está en desventaja mientras la redistribución transformadora promueve la solidaridad, evitando generar brotes de falta de reconocimiento. La cuestión de la justicia se situaría donde están el reconocimiento universalista y el cuidado, en el lado del reconocimiento de la diferencia.

Las ventajas de su procedimiento que aduce Fraser son múltiples:

- Atiende tanto los factores económicos como culturales.
- Incorpora las políticas transformadoras de redistribución (no sólo se centra en la redistribución de los bienes sino en el sistema orgánico de trabajo).
- Incorpora las políticas trasformadoras (deconstructivas) del reconocimiento para evitar el universalismo y el diferencialismo abstracto.

76. Fraser, *Social Justice,* 57.
77. Fraser, *Social Justice,* 64.

De esta manera, se expande el concepto de la igualdad bajo la presión de la experiencia, asumiendo un proceso de superación de los horizontes limitadores y de interpretación estrechos.[78] Se trata de los remedios a la injusticia de forma integral y así ambas facetas de la justicia pueden estar al servicio de la paridad participativa de justicia para todos.[79]

La propuesta de Nancy Fraser no es una propuesta fácil ni exenta de debates, por el hecho de haber examinado las categorías de la igualdad y diferencia que están en la raíz del debate sobre la justicia de redistribución y reconocimiento. Una vez vistas las objeciones a su propuesta, encontraremos las conexiones entre la justicia de la representación y la ética del cuidado.

3.3.1 *Justicia de representación de Nancy Fraser*

Según la pensadora, actualmente ya no es admisible una dicotomía entre los conceptos de la justicia distributiva y de reconocimiento. Es una comprensión clásica que supone ciertos marcos que ya no son válidos para teorizar sobre la justicia, empezando por el que la misma Mary Daly ponía en cuestión: la imagen que inspiraba la reflexión era una balanza que refería al equilibrio moral impartido por un juez imparcial.[80]

En el siglo XXI hay otros marcos, aparte del imaginario y de la representación, que no sólo difieren de la concepción clásica sino también de las teorías éticas modernas (Immanuel Kant, Georg Hegel, Jürgen Habermas). Entre ellos se enumerarían:

- El modelo de estado westfaliano que investía el Estado de una soberanía indivisa y exclusiva sobre su territorio[81] y que parte de la suposición idealizada (y falaz) de que la opinión pública debe ser normativamente legítima y políticamente eficaz.[82]
- El sujeto pertinente de la justicia era el ciudadano.

En este modelo se debatía el *qué* de la justicia (lo que se comprende de forma normativa, la sustancia-el contenido) y el *quién* de la justicia (el sujeto).

En el momento actual globalizado y multicultural, "el enfoque de las injusticias es inherente a la estructura social del capitalismo moderno,

78. Fraser, *¿Redistribución o reconocimiento?*, 195.
79. Fraser, *Social Justice*, 67.
80. Fraser, *Escalas de justicia*, 15.
81. Fraser, *Escalas de justicia*, 19.
82. Fraser, *Escalas de justicia*, 26.

incluida su fase globalizadora contemporánea,"[83] lo que supone, a diferencia del estado westfaliano:

- Falta de límites claros (antes no había grandes dificultades en establecer donde empezaba una cultura y terminaba otra).
- Orden institucionalizado diferenciado (antes había un orden de parentesco cuyo patrón daba coherencia y valor cultural).
- Sociedad plural (no monista).
- Entorno de controversias (antes, a falta de un horizonte de evaluación alternativo, no había posibilidad de crítica del orden cultural establecido).
- No hay una jerarquía socialmente legitimada (antes se carecía de argumentos para cuestionar la autoridad).[84]

Lo que Nancy Fraser cuestiona es la supuesta neutralidad del liberalismo y del Estado liberal, que no logra solucionar el problema de las diferencias ni consigue la separación entre el Estado y la cultura.[85] En aquel contexto, era fácil reivindicar la justicia de redistribución en cuanto dimensión económica igualitaria referida a la mayoría y la justicia del reconocimiento, en cuanto a las minorías o diferencias culturales y políticas. "En las condiciones actuales, las oportunidades de vivir una vida buena no dependen del todo de la constitución política interna del estado territorial en el que se reside."[86]

La filósofa pone de relieve la necesidad de un enmarque diferente que no de por supuesta ni la teoría ni la práctica de la justicia[87] en un mundo de instituciones cosmopolitas, donde la explotación y exención del control democrático de la economía se hace cada vez más patente, donde las economías se hacen trasnacionales y donde existen ejes entrecruzados de subordinación que no se suprimen ni con la justicia de redistribución ni de reconocimiento.[88] Así "el mapa de la imaginación feminista reconstruye esta historia para revelar los contornos de un imaginario postwestfaliano que integra la redistribución y el reconocimiento con la representación,"[89] que integra el orden social pluralista, los debates sobre patrones de valor y los cuestionamientos de los esquemas interpretativos.

Su propuesta de la justicia de representación es un enfoque global que ya no trata solamente el tema del contenido/sustancia de la justicia, ni tampoco solamente de los sujetos de derechos, sino que trata de la gramática

83. Fraser, *¿Redistribución o reconocimiento?*, 56
84. Fraser, *¿Redistribución o reconocimiento?*, 56.
85. Amorós, ed., *Feminismo y filosofía*, 139.
86. Fraser, *Escalas de justicia*, 56.
87. Fraser, *Escalas de justicia*, 21.
88. Fraser, *¿Redistribución o reconocimiento?*, 58.
89. Fraser, *Escalas de justicia*, 27.

de la justicia al preguntar por el conjunto de reglas, por el *cómo* de la justicia, al verse que "las reivindicaciones de redistribución rechazan cada vez más el supuesto de las economías nacionales"[90] y que la dimensión política de la justicia (representación) no es reducible a lo económico (redistribución) ni a lo cultural (reconocimiento).[91]

Se entiende la justicia como paridad participativa, una noción consecuencial que especifica un principio mediante el cual "podemos evaluar los acuerdos sociales: éstos son justos si y sólo si establecen que todos los actores sociales pertinentes pueden participar como pares en la vida social."[92] Así hace patente la complicación entre la democracia y la justicia. Si admitimos este principio, podemos ver que hay obstáculos políticos específicos a la paridad, no reductibles a la mala distribución o al reconocimiento fallido, aunque entretejidos con ambas situaciones.[93] Se trataría de la injusticia del tercer orden (del cómo), o de la representación fallida metapolítica[94] cuando los Estados y las élites transnacionales monopolizan la actividad de establecimiento del marco de la justicia negando la voz a quienes podrían resultar perjudicados en el proceso e impidiendo la creación de los foros democráticos donde se debaten sus reivindicaciones. Así se impide a la mayoría participar en los metadiscursos[95] que determinan la división oficial del espacio político. En efecto, junto al problema del marco (el qué) de la justicia actual, se divisa el problema del sujeto (quién) que debe ser tratado de forma democrática y no como un mero asunto técnico dejado en las manos de los expertos.

Estos dos problemas (contenido y sujeto de la justicia), en el contexto westfaliano (anterior a los 1960), se solucionaban con dos presupuestos, o como los llama Fraser: "dogmas del igualitarismo," a saber, que el contenido lo designaban las reglas políticas del estado territorial moderno y que el sujeto era el ciudadano.[96] El cambio en la gramática de las luchas por la justicia, producido en las últimas décadas, se podría resumir en estas cuestiones:

- De la *igualdad del contenido* (*qué*) referido a los derechos, bienes, oportunidades y libertades.[97]
- Del *reconocimiento del sujeto* (*quién*) referido a la identidad, reciprocidad cultural.

90. Fraser, *Escalas de justicia*, 35.
91. Fraser, *Escalas de justicia*, 43.
92. Fraser, *Escalas de justicia*, 63.
93. Fraser, *Escalas de justicia*, 43.
94. Fraser, *Escalas de justicia*, 60.
95. Fraser, *Escalas de justicia*, 60.
96. Fraser, *Escalas de justicia*, 67, 182.
97. Fraser, *Escalas de justicia*, 68.

- A la *igualdad entre quienes*[98] (el marco de referencia que puede excluir injustamente de su encuadre[99]).

Desde la caída del primer dogma, la cuestión se centra en el debate sobre el procedimiento pasando por alto el dato del pluralismo, es decir, se trata de un procedimiento insuficiente de decisión monológica, frente a la opción dialógica y democrática donde puede darse una insistencia abstracta sobre el procedimiento democrático que poco tenga que ver con la justicia práctica.[100]

El segundo dogma consiste en pretender, desde la ciencia, determinar el sujeto de la justicia. Aquí se deja de someter a la reflexión crítica este mismo procedimiento, es decir, se deja de preguntar metodológicamente y autoreflexivamente, cómo debería determinarse el marco pertinente de reflexión sobre la justicia.[101] Como consecuencia, se deja en las manos de los técnicos las decisiones que son de incumbencia democrática. Si no se cae en el primer dogmatismo, sí, a menudo en el segundo.

Avanzar más allá del segundo dogma será pasar del *cómo* de la ciencia al *cómo* crítico-democrático, al darse cuenta que la ciencia no puede aportar los criterios del *quién*, sino ratificar acríticamente una decisión sobre los marcos interpretativos, sin consideraciones epistemológicas previas.[102]

En cuanto a los problemas de aplicación de su propuesta, la autora misma reconoce que puede darse la regresión infinita en el metanivel de quién debe participar en el proceso democrático de la determinación del marco, lo que incurre en una especie de paradoja democrática.[103] También es posible una relación de circularidad entre la democracia y la justicia al conectar estos cuerpos de reflexión político-teórica, mientras no se admita la relación entre el igualitarismo y la tecnocracia y entre la democracia y el nacionalismo.[104] El enfoque que propone disminuye la distinción entre la moral y la política amenazando con moralizar la política y viceversa.[105]

98. Fraser, *Escalas de justicia*, 69.

99. "Si el espacio político se enmarca injustamente, el resultado es la denegación de participación política a aquellos que están fuera del universo de los que cuentan." Fraser, *Escalas de justicia*, 258-259.

100. Fraser, *¿Redistribución o reconocimiento?*, 69-70.

101. Fraser, *Escalas de justicia*, 78.

102. Fraser, *Escalas de justicia*, 85.

103. Fraser, *Escalas de justicia*, 91.

104. Fraser, *Escalas de justicia*, 95.

105. Fraser, *Escalas de justicia*, 94.

3.3.2 *Justicia "anormal" y "reflexiva": categoría de género*

Para entender su postura hay que entender que Fraser intuye la necesidad de hablar de una justicia "anormal"[106] y una justicia "reflexiva"[107] para explicar claramente su posición.

En analogía a la propuesta de la revolución científica de Kuhn,[108] cuando Fraser se remite a ciertas anomalías en el sistema de las éticas de justicia vigentes, considera que cuando éstas se convierten en la norma, dejan de ser anomalías y producen cambios en los paradigmas desde la crítica de las orientaciones de la atención y desde los hechos.[109] Entre los principales focos de anormalidad ética en el mundo globalizado destacan:

- La falta de visión compartida de la justicia y la falta de consenso sobre el *qué* de la justicia.
- Los supuestos socio-ontológicos plurales.
- La falta de consenso sobre *quién* pertenece al círculo de los que tienen derecho al trato igualitario.
- Falta de la comprensión del *cómo* de la justicia.

Esto parece indicar que "la anormalidad nos confronta a cada paso."[110] Otra vez, la cuestión será de procedimiento: cómo en un determinado caso se determina la gramática pertinente para reflexionar sobre la justicia, cómo hacer para que la reivindicación política no se centre sólo en aspecto del *qué*, del contenido de la justicia sino de las metacuestiones del marco interpretativo de la misma.[111]

Tradicionalmente, estos cuatro focos se adscribían a las políticas de redistribución y del reconocimiento de la forma que mostraré esquemáticamente.[112]

	REDISTRIBUCIÓN	RECONOCIMIENTO
Concepción de la justicia	Socioeconómica, marginación y privación	Patrones culturales de representaciones, interpretación y comunicación

106. Fraser, *Escalas de justicia,* 97.
107. Fraser, *Escalas de justicia,* 138-139.
108. Thomas Kuhn, *La estructura de las revoluciones científicas,* trans. Marjorie Gabain (México: FCE, 1971).
109. Amorós, ed., *Feminismo y filosofía,* 99.
110. Fraser, *Escalas de justicia,* 253.
111. Fraser, *Escalas de justicia,* 107.
112. Fraser, *¿Redistribución o reconocimiento?,* 28-59, Fraser, *Escalas de justicia,* 117-139.

Propuesta de solución de las injusticias	Redistribución de la riqueza, reorganización de la división de trabajo, democratización del procedimiento[113]	Cambio cultural, simbólico, valoración de la diversidad[114]
Concepción de las colectividades que sufren la injusticia	Política de clases explotadas; teleología (vida buena)[115]	Estatus weberiano; política de identidad: sexualidades despreciadas; códigos deontológicos[116]
Ideas sobre las diferencias de cada grupo implicado	Abolir diferencias del grupo (igualdad)[117]	Las diferencias adquieren valor (diferencia)

El concepto del género es problemático incluso dentro de la teoría feminista y es objeto de diferentes interpretaciones.[118] El peligro que entraña es polarizarlo dejando el género femenino como un producto intermedio entre el varón y todo lo que no cabe en el estereotipo. El sistema de género-sexo, según Levi Strauss, sería el conjunto de disposiciones por las que la sociedad transforma un hecho de la sexualidad biológica en producto de la actividad humana.[119]

Cuando la categoría de género se junta con la de la justicia, el problema radica en que la identidad construida patriarcalmente (sea en la versión cultural/liberal, sea en la versión marxista) está puesta al servicio de la opresión y la explotación.[120]

El cuerpo sería el nexo entre la cultura (contexto) y la existencia que asume las normas de género recibidas. Beauvoir dirá que, si el género es una forma de existir el propio cuerpo, éste es el campo de circunstancias recibidas e interpretadas, convirtiéndose así el género en una cuestión totalmente cultural. Sin embargo, si la identidad es también una elección (la mujer no nace sino se hace), el género se convierte en un proyecto. Entonces, surge la cuestión de cómo se articula su aspecto cultural con el de la elección.[121]

113. Fraser, *¿Redistribución o reconocimiento?*, 36-39.
114. Fraser, *¿Redistribución o reconocimiento?*, 50.
115. Fraser, *¿Redistribución o reconocimiento?*, 51.
116. Fraser, *Social Justice*, 13-14; Fraser, *¿Redistribución o reconocimiento?*, 53.
117. Fraser, *¿Redistribución o reconocimiento?*, 58-59.
118. Amorós, ed., *Feminismo y filosofía*, 73.
119. Amorós, ed., *Feminismo y filosofía*, 74.
120. Amorós, ed., *Feminismo y filosofía*, 149.
121. Amorós, ed., *Feminismo y filosofía*, 75.

El género sería el punto de referencia, junto a la categoría de la experiencia, para estudiar la filosofía y otras disciplinas; es decir, para someter sus contenidos y procedimientos al examen crítico: desde el sujeto que se pronunciaba, hasta los destinatarios a los que se dirigía el discurso. El género sería entonces la categoría analítica para estudiar las ciencias humanas, desvelando el subtexto de género implícito en el lenguaje y supuestos científicos, al distribuirse ciertas características y expectativas de cada sexo de forma esencial (lo femenino y lo masculino).[122]

Los estudios de género, que proliferaron, sobre todo, en los Estados Unidos en la década de los setenta, a medida en que se extienden, muestran su propia problemática al cuestionar la misma noción de género que se asumía previamente de manera unívoca, llegando a debatirse la misma oposición binaria sexo-género, en cuanto lo físico (natural)-lo cultural y de-construible, respectivamente. El argumento decisivo de la crítica ha sido que el género crease una ficción totalizadora desde los elementos heterogéneos.[123]

Los hitos más importantes en torno al concepto y estudio de género serían:[124]

- La actitud natural ante el género.
- El género como categoría analítica para de-construir la actitud natural.
- El género como sistema de organización social.
- El género como criterio de subjetivación e identidad.

La primera postura sigue un esquema dualista y binario macho-hembra, sexo-género, sin considerar legítimas las posibles desviaciones. Los estudios de género pretendían desvelar los interesas ideológicos y epistemológicos que guiaban la construcción de éste.

La procedencia del sustantivo "género" del latino "engendrar," que apunta también al sustantivo "raza," hace que se pueda entender en un sentido amplio como linaje, clase, especie y la mutua imbricación de los conceptos de reproducción y clase han dificultado la diferenciación entre las categorías del sexo y género en las disciplinas científicas. La dificultad se agrava desde la perspectiva lingüística, ya que el término "género" marca una subdivisión dentro de la clase gramatical. La presencia de tres géneros: femenino, masculino y neutro en la mayoría de los idiomas indoeuropeos, implica la versatilidad del género gramatical que ya no puede entenderse en simples oposiciones binarias (lo corporal/lo espiritual; lo masculino/lo femenino etc.).

122. Amorós, ed., *Feminismo y filosofía,* 256.
123. Fraser, *Social Justice,* 11-12; Fraser, *¿Redistribución o reconocimiento?,* 52.
124. Amorós, ed., *Feminismo y filosofía,* 258-283.

El estudio lingüístico también ha mostrado que a menudo las categorías de género no sólo funcionaban de forma descriptiva sino prescriptiva, en cuanto que apuntaban a los roles asignados a cada sexo. Resumiendo esta perspectiva: la relación sexo-cuerpo reflejaba un elemento a-histórico determinado, mientras el género se inscribe en el marco cultural.

Crítica

Existen voces en contra de la categoría del género, sobre todo, al ver la evolución del término: desde la noción analítica hasta un estatuto ontológico de identidad diferenciada. No quedaría claro ni uniforme lo que se dice al utilizar el concepto "género" y a veces se podrían ocultar las mediaciones de explotación y opresión como la raza, la clase o la etnia. La propuesta crítica sería acotar el ámbito de la categoría de género como una herramienta heurística.

La cuestión que se evidencia es también si la crítica se dirige contra el concepto de género (en general) o contra la comprensión del género en cuanto normativa de lo femenino y lo masculino, dentro de un sistema jerárquico y de privilegio masculino. Se apuntaría a que el género es una forma básica de significar las relaciones de poder. El problema surge cuando la reflexión se debe dar dentro del discurso hegemónico que impregna la vida social, el cual imposibilita un distanciamiento o un posicionamiento al margen de este.

La mediación del lenguaje es tan potente que algunas feministas están convencidas que no se trataría de descubrir las intenciones de los que hablan, sino las restricciones internas de la gramática que regula los discursos, las condiciones y sujetos que pueden tomar la palabra. Nancy Fraser lo englobará en la terminología del marco político-ético.

El desafío de la deconstrucción de la categoría de género implica la necesidad de su construcción para desplazar, sustituir y subvertir la jerarquía. El problema que se plantea es si existe un proyecto y un lenguaje que no esté muerto ni sea una parodia de lo existente. Judith Butler propone, frente a la exclusión patriarcal, un proyecto inclusivo que cuente con la multiplicidad de discursos posibles sobre el sexo y género.[125]

3.3.3 *Género y justicia*

La peculiaridad de las mujeres, a diferencia de los varones, consiste en que no han asumido la posición del sujeto desde la cual los varones serían los otros. Este supuesto marcará las concepciones de la justicia, de forma que

125. Judith Butler. *El género en disputa: el feminismo y la subversión de la identidad* (Madrid: Paidós, 2007), 114.

cuando los autores pretenden trascender las tres claves que definen la condición femenina en contraposición de la masculina, donde lo genéricamente humano se adscribe solamente a las características propias de los varones:

Alteridad	mismidad
Inmanencia	trascendencia
Inesencialidad	esencialidad,[126]

se encuentran con las aporías de sus propias teorías y se escudan en la neutralidad de la ciencia y en la tradición política y moral. Si siguen el esquema binario, las mujeres se ven obligadas a realizar existencialmente su condición, asumiendo los roles adscritos.

No obstante, no faltan voces que explican la categoría de género en clave de elección (como mencionábamos al tratar de la identidad), es decir, en un movimiento que permite re-proyectarse y tomar una distancia crítica frente a ella,[127] por la vía de la autonomía económica y social, y del protagonismo ético, en nombre "del hecho de que el ser humano es más importante que todas las singularidades que distinguen a los seres humanos, o de la igualdad en la diferencia,"[128] una propuesta no exenta de trampas y ambigüedades.

Lo curioso es que lo masculino parece estar bien como está. El problema radicaría entonces en que se disfraza de forma mistificadora en lo universal humano, contaminando y asimilando las identidades femeninas.

Cuando cruzamos estas concepciones de la política redistributiva y de reconocimiento con el concepto del género (como un concepto social bidimensional),[129] nos damos cuenta de que la injusticia no sólo atañe al cambio de las estructuras económicas sino también al reconocimiento del estatus en la sociedad capitalista.[130] Existen injusticias específicas por la razón del estatus de género, que resulta ser un modelo que conecta ambas políticas. El concepto del estatus y de la clase interactúan,[131] convirtiéndose en anormales.

El paradigma de la redistribución trata las diferencias como diferencias de injusticia y lucha para abolirlas (ejemplos de desigualdad del patriarcado y andocentrismo).[132]

126. Amorós, ed., *Feminismo y filosofía,* 76.
127. Amorós, ed., *Feminismo y filosofía,* 78.
128. Amorós, ed., *Feminismo y filosofía,* 79.
129. Fraser, *¿Redistribución o reconocimiento?,* 28.
130. Fraser, *Social Justice,* 17.
131. Fraser, *Social Justice,* 19.
132. Fraser, *¿Redistribución o reconocimiento?,* 29.

El paradigma del reconocimiento requiere una revaluación de los rasgos devaluados (Mary Daly diría: trasvaluación de los valores), celebrando las diferencias entre los colectivos, sin eliminarlas (ejemplos de la subordinación del estatus: representaciones estereotipadas trivializadoras, cosificadoras y despectivas).

Así Nancy Fraser deja patente la brecha que hace estallar los modelos bien delimitados y pone de manifiesto la debilidad de las políticas y las teorías de justicia que separan ambos campos. Las consecuencias de una cultura organizada en torno a un modelo binario y jerárquico basado en el género, o de la cultura del patriarcado en la que ser hombre significa no ser mujer, ni nada parecido, además de encontrarse en la cumbre, son:

- La incapacidad de preocuparse por los otros en los varones.
- La incompatibilidad de la democracia con el patriarcado.[133]
- La confusión del patriarcado con la naturaleza por medio de la naturalización del modelo binario y jerárquico del género.[134]

Su propuesta de integración consiste en idear una concepción que pueda acoger las reivindicaciones defendibles tanto de la igualdad social como del reconocimiento de la diferencia.[135]

También a nivel de principios éticos se plantea el debate de si el reconocimiento es cuestión de justicia o de la vida buena/realización personal (Axel Honneth[136]). El enfoque teleológico propuesto por los autores no cuadra con el marco deontológico ofrecido por Nancy Fraser. El *Sittlichkeit* o *ethos,* al que se refiere Fraser,[137] remite más bien a Georg Hegel en su "Fenomenología del Espíritu" presentando el principio femenino de la moral en Antígona, en el sentido de los usos y costumbres de un pueblo en su inmediatez, mientras que Lawrence Kohlberg y Jürgen Habermas, por el contrario, remiten a la moralidad individual reflexiva postconvencional, a lo universal y al derecho (siguiendo presuntamente a Emmanuel Kant).[138]

Fraser, considera que este punto de incoherencia permite superar la presunción de la incompatibilidad y de la separación del entorno de la redistribución y del reconocimiento junto al resto de las categorías propias:

> en cuanto categorías filosóficas, la redistribución y el reconocimiento tienen orígenes muy diversos (...) la distribución proviene de la tradición liberal anglonorteamericana y se asocia con la *Moralität* kantiana. El reconocimiento,

133. Gilligan, "La ética del cuidado," 19-20.
134. Gilligan, "La ética del cuidado," 30.
135. Fraser, *¿Redistribución o reconocimiento?,* 34.
136. Fraser, *¿Redistribución o reconocimiento?,* 35.
137. Fraser, *¿Redistribución o reconocimiento?,* 35.
138. Amorós, ed., *Feminismo y filosofía,* 47.

> en cambio, procede de la tradición fenomenológica y suele asociarse con la *Sittlichkeit* hegeliana (...) de forma que se sostenga que ambas categorías son incompatibles. Sin embargo, el modelo del estatus [propuesto por Fraser] supera la presunción de incompatibilidad. El considerar la redistribución y el reconocimiento como cuestiones de justicia, hace posible situar ambos términos en un único marco normativo de referencia. En efecto, mantiene la posibilidad de acoger las reivindicaciones de ambos tipos sin sucumbir a la esquizofrenia filosófica.[139]

Como ejemplo de lo que entiende en el plano deontológico, pone las reivindicaciones de los homosexuales, que no recurren a la evaluación ética, ni asumen si las relaciones homosexuales sean éticamente valiosas o no. Por el contrario, el enfoque de la realización personal (la moral teleológica de Axel Honneth) no puede evitar la presuposición de este juicio siendo así vulnerable a los juicios contrarios.[140]

Resumiendo, el reconocimiento se debería tratar como una cuestión de justicia (y no de autorrealización psicologista) y se debería adoptar una concepción bidimensional de la justicia rechazando la disyuntiva entre los paradigmas de redistribución y reconocimiento.[141]

Precisamente desde la perspectiva de género se ve la necesidad de vigilancia continua y de no caer en separaciones binarias, para evitar perder energías en los debates y discusiones que debilitan el entendimiento. El ejemplo que ofrece Nancy Fraser es muy claro. La segunda ola del feminismo, posterior a la Segunda Guerra Mundial, en el panorama del crecimiento económico, reforzó e institucionalizó las redes de solidaridad entre las colectividades, los Estados y las clases, dentro de su perspectiva crítica del economismo. Esta postura se mostró en el compromiso de erradicar las exclusiones étnico-raciales y de género. Se cuestionaron el paternalismo y la familia burguesa, politizando lo personal, expandiendo la protesta más allá de la redistribución socioeconómica, para incluir las tareas domésticas, la sexualidad y la reproducción.[142]

Esta primera fase del feminismo de postguerra pretendía generalizar y universalizar el imaginario social, pero también se vio, sobre todo, a partir del 1989, cuando se puso en cuestión el mismo marco estatal, que no se podía sostener la socialdemocracia como fundamento del radicalismo igualitario, necesitando nuevas gramáticas de construcción de las reivindicaciones acordes con el espíritu postsocialista. En ese momento, se puso de relieve la necesidad de valorar la diferencia y la gramática del reconocimiento.

139. Fraser, *¿Redistribución o reconocimiento?*, 39.
140. Fraser, *¿Redistribución o reconocimiento?*, 45.
141. Fraser, *¿Redistribución o reconocimiento?*, 51.
142. Fraser, *Escalas de justicia*, 190.

Ante la incapacidad de avanzar contra las injusticias de la economía política, se optó por las reivindicaciones contra los daños causados por los patrones androcéntricos del valor cultural o del estatus.[143]

El peso del feminismo se ha desplazado desde el ideal de la igualdad social hacia el cambio cultural. La trampa consistía en que, en el contexto del nuevo siglo, el reconocimiento ha casado demasiado fácilmente con el neoliberalismo hegemónico[144] que pretendía reprimir el recuerdo de la igualdad social. Como consecuencia, se ha producido una paradoja: las luchas por la justicia igualitaria se han apagado por el culturalismo igualmente truncado. Mientras el feminismo debatía sobre las diferencias, lo que hacía falta era volver a reivindicar las políticas de redistribución ante el panorama del fundamentalismo del libre mercado hegemónico.[145]

En este sentido, Fraser apela a la necesidad de dos estrategias que remedien la injusticia trascendiendo la división entre redistribución y reconocimiento: la afirmación y la trasformación.[146] La estrategia afirmativa, dentro del marco del multiculturalismo dominante, sería revaluar las identidades de grupos devaluados, mientras que la estrategia transformadora (deconstructiva) se enfocaría a la deconstrucción de las oposiciones simbólicas que subyacen en los patrones de valor cultural.[147]

La cultura, la producción de conocimiento o el sistema educativo, en cuanto legitimadores de lo que cuenta como cultura y como conocimiento, no son procesos o instituciones desinteresados, sino parciales, sometidos a negociación y discusión como medios de significación y legitimación. La inclusión de las voces no incluidas en el canon da lugar a los códigos de lo "políticamente correcto" desde el punto de vista de la cultura hegemónica o dominante.[148] En este sentido, coincide plenamente con el planteamiento de Mary Daly, como veremos más adelante.

Los remedios deconstructivos son, en principio, descosificadores ante el peligro de que los remedios afirmativos generalicen y reifiquen las identidades colectivas negando la singularidad de las vidas y las influencias cruzadas entre las diversas afiliaciones de las personas.

143. Fraser, *Escalas de justicia*, 193.

144. Que pretende que los interlocutores de la esfera pública actúen como si fueran pares poniendo entre paréntesis las diferencias de clase y estatus, que para Fraser, resulta inconvincente a falta de una igualdad social como condición necesaria de la democracia política, tanto más que el punto de vista liberal burgués tiene un claro sesgo masculino respaldando el interés público para redibujar los límites de lo público y lo privado. Fraser, *¿Redistribución o reconocimiento?*, 85.

145. Fraser, *Escalas de justicia*, 195.

146. Fraser, *¿Redistribución o reconocimiento?*, 72.

147. Fraser, *¿Redistribución o reconocimiento?*, 73.

148. Amorós, ed., *Feminismo y filosofía*,139.

Por lo tanto, serían preferibles las estrategias transformadoras, aunque tampoco estén exentas de dificultades, como, por ejemplo, que las pretensiones de la transformación económica estén alejadas de la experiencia de la mayoría de los sujetos que padecen la mala distribución,[149] por lo que las cuestiones distributivas deben ocupar un lugar central en todas las deliberaciones sobre la institucionalización de la justicia.[150] La distinción entre la afirmación y la transformación no es absoluta sino contextual. Los cambios afirmativos en abstracto pueden tener efectos transformadores en algunos contextos, siempre que se pongan en práctica de forma consistente.[151]

3.3.4 *Estrategias de teorización*

Dados los focos de la anormalidad al tratar la justicia y, más aún, cuando se reflexiona sobre ella desde la perspectiva del género, Fraser propone tres herramientas o criterios de reflexión feminista:

- Sobre el objeto (*qué*) de la justicia: se trataría de establecer el criterio de la *paridad participativa* que conjugue la ontología social multidimensional con el monismo normativo. De esta forma, se puede remediar la injusticia asociada a la mala distribución (sustancia de la justicia), al reconocimiento fallido (multiculturalismo) y a la representación fallida o carencia de participación política.[152]
- Ya que por sí misma la ontología social multidimensional no es la solución, se necesitaría adoptar las reglas de decisión democrática que aseguren la igualdad de voz y voto de *todos los afectados;* se trata de establecer un principio de humanismo transnacional basado en la interdependencia, de ciudadanía compartida; en este sentido, la reflexión sobre el sujeto (*quién*) necesitaría ser reflexiva y determinativa.[153]
- El *cómo*: la metademocracia requeriría una teorización dialógica e institucional, con el fin de evitar caer en la presunción cientificista, y que esté comprometida con el cuestionamiento, sin negar, la importancia del conocimiento social.

Resumiendo: estas tres características deberían estar presentes en la reflexión feminista sobre la justicia atendiendo a la categoría del género. Se debe tener en cuenta una interpretación del contenido (objeto) de la justicia como multidimensional en la ontología social y monista, en el

149. Fraser, *¿Redistribución o reconocimiento?,* 75-76.
150. Fraser, *¿Redistribución o reconocimiento?,* 83.
151. Fraser, *¿Redistribución o reconocimiento?,* 76.
152. Fraser, *Escalas de justicia,* 114.
153. Fraser, *Escalas de justicia,* 128-129.

plano normativo, para que pueda abarcar las reivindicaciones de redistribución, reconocimiento y representación desde el principio de la paridad participativa. A la vez, la reflexión debe sea capaz de cuestionar el enmarque y enfocar de distintas maneras al sujeto de la justicia, desde el principio de todos los afectados. "Una teoría de la justicia en tiempos anormales"[154] debería comprender la perspectiva del método desde las instituciones transnacionales que puedan estar sometidas a procedimientos de decisión democráticos.

Estas teorías no deben olvidarse de contar con la tensión entre la singularidad y la solidaridad, que se salva combinando los rasgos sobre la justicia del discurso normal y anormal. Así, en la gramática de la justicia se llegaría a conclusiones, según las exigencias de un debate político, pero a la vez, estas conclusiones se mantendrían en la provisionalidad, abiertas a los posibles cuestionamientos, suspensiones o al reenfoque. La justicia reflexiva sería entonces un tercer discurso, en cuanto que daría un sentido a la lectura global que no se encerrase en la anormalidad para instalar una nueva normalidad. La justicia reflexiva designa el compromiso que funciona a nivel teórico en una doble dimensión: la atención a las reivindicaciones urgentes de los grupos desfavorecidos y el análisis de los metadesacuerdos que se entrelazan con estas reivindicaciones.[155]

Tras un exhaustivo análisis del feminismo en Estados Unidos, a nivel práctico, en Europa, Fraser aconseja tener presentes, de acuerdo con su propuesta teórica, los tres frentes a la vez:

- Trabajar por las prestaciones sociales igualitarias sensibles a género (junto a las fuerzas progresistas).
- Buscar aliados para insertar las políticas de redistribución en las políticas igualitarias de reconocimiento que tengan en cuenta la heterogeneidad cultural europea.
- Evitar endurecer las fronteras para no reproducir injusticias de des-enmarque a escala más allá de Europa.[156]

3.3.5 *Conclusiones*

Aunque sea cierto que ciertos representantes de las políticas de la igualdad apoyarían las estrategias de afirmación contando con los efectos transformadores que deberían producirse más adelante, Fraser considera que la verosimilitud del cumplimiento de tales previsiones dependerá de los

154. Fraser, *Escalas de justicia,* 135.
155. Fraser, *Escalas de justicia,* 139.
156. Fraser, *Escalas de justicia,* 207.

factores propios del contexto y de la existencia de influencias capaces de contrarrestar el peligro de cosificación inherente a estas políticas.[157]

La cultura neotradicional, como la llama, que considera como natural la diferencia de género, propicia que el feminismo cultural sucumba a la reificación; mientras que la cultura postmoderna, con su carácter cuestionador y provisional con respecto a las clasificaciones e identificaciones, puede ayudar a promover la transformación.[158]

Dada la coexistencia de ambos marcos culturales, Nancy Fraser ve más futuro en las estrategias transformadoras que eviten el esencialismo. Con todo, el objetivo del cambio social no puede ser la deconstrucción, de ahí, la necesidad de tomar una postura que integre los enfoques con el fin de conseguir "la reparación trasversal."[159]

Los problemas que se deben superar, los enumera Nancy Fraser de la siguiente manera:

- La reificación, fruto de una aplicación de la política del reconocimiento simplista que a nivel institucional no resiste las tensiones de la complejidad de la realidad transcultural; de esta forma, las luchas por el reconocimiento no promueven auténticamente una interacción respetuosa sino que fomentan el separatismo, la intolerancia, el patriarcalismo o el autoritarismo.
- El desplazamiento, fruto del paso de la redistribución al reconocimiento acompasado por la globalización económica que propicia una expansión agresiva del capitalismo y afianza la desigualdad económica eclipsando, marginando y desplazando las luchas por la redistribución, en lugar de promoverlas.
- El desencuadre, es decir, la asunción de un marco de referencia inadecuado para debatir sobre la justicia. Si se parte de los presupuestos del estado westfaliano, el intento de asegurar las diferencias étnicas resulta algo meramente utópico, mientras siga la tendencia de la migración y la mezcla. Siguiendo la misma argumentación, los defensores de la redistribución se convierten en proteccionistas, justo cuando las reglas económicas actuales hacen imposible el mantenimiento de tales políticas.[160]

En la medida en que la política del reconocimiento cosifique identidades colectivas, se corre el riesgo de sancionar violaciones de derechos humanos y congelar los antagonismos entre los que pretende mediar. En la medida en que se desplaza la política de la redistribución, se puede estar

157. Fraser, *¿Redistribución o reconocimiento?*, 78.
158. Fraser, *¿Redistribución o reconocimiento?*, 79.
159. Fraser, *¿Redistribución o reconocimiento?*, 80.
160. Fraser, *¿Redistribución o reconocimiento?*, 87.

promoviendo la desigualdad económica. Por último, en la medida en que las luchas de cualquier tipo descuadren los procesos transnacionales, se corre el riesgo de truncar el alcance de la justicia y excluir los actores relevantes.[161]

La solución que propone Fraser pasa por tres procesos:

- Reemplazar el modelo del reconocimiento de identidad por el modelo de estatus, evitando la cosificación de los grupos.
- Reflexionar sobre la interconexión entre la clase y el estatus que evita el desplazamiento de la redistribución.
- Considerar la paridad participativa como el principio de las gramáticas de la justicia para que arbitre sobre las interpretaciones y propuestas de aplicación, siendo un recurso contra el desencuadre (la exclusión de los afectados).[162]

3.4 Justicia y la ética del cuidado

Un paso más en la reflexión feminista sobre la ética lo dan las filósofas Carol Gilligan,[163] Alison Jaggar, Nel Noddings y Marta Nussbaum estableciendo las relaciones entre la justicia y el cuidado. Si pretendiéramos situar su concepto en el cuadro inicial de los posibles binomios, establecido en la reflexión sobre la justicia de redistribución y reconocimiento, aquel que Fraser pretende superar con su propuesta de la representación, la justicia corresponderá a la categoría de la igualdad en cuanto "otro genérico" y el cuidado a la categoría de la diferencia en cuanto "otro concreto."[164]

Gilligan es la precursora de esta ética que pretende conectar ambas experiencias en un cuadro normativo y corregir las teorías tradicionales que sitúan el cuidado en el rango de lo privado (afecto/amor), separado de lo normativo (igualdad) y del éxito (lo público). Sus propuestas relacionan la justicia, un tema muy bien trabajado por Fraser, con la reflexión sobre el desarrollo moral, permitiendo una aproximación no sólo teórica sino también práctica y subrayando la pretensión, tanto de Honneth como de Fraser, de conectar la teoría con la praxis, la clave para el cambio y la transformación.

La aportación más interesante de la ética del cuidado será proponerla no como una ética feminista sino como una ética humanista y humanizante

161. Fraser, *¿Redistribución o reconocimiento?*, 87-88.

162. Fraser, *¿Redistribución o reconocimiento?*, 88.

163. Carol Gilligan, *La moral y la teoría: Psicología del desarrollo femenino* (México: FCE, 1985).

164. Ana Fascioli, "Ética del cuidado y ética de la justicia en la teoría moral de Carol Gilligan," *Revista Actio* 12 (2010): 51.

que atañe no sólo a las mujeres sino a toda la humanidad y representa los intereses de todos.[165]

Aunque hemos mencionado a varias autoras en este ámbito, nos centraremos en el trabajo de Gilligan como precursora de esta perspectiva ética feminista desde la posición crítica de la teoría del desarrollo moral de Lawrence Kohlberg. Al ser asistente de Kohlberg conocía perfectamente sus presupuestos, la metodología y colaboró en las investigaciones del profesor de Harvard sobre las etapas en el proceso de maduración ética.

Al final del capítulo, haremos unas breves menciones esquemáticas a otras propuestas de los estadios morales, capacidades o actitudes que proponen Alison Jaggar, Nel Noddings y Martha Nussbaum, para poder tener una visión más global y comparar de forma más eficaz el conjunto de la concepción de la justicia del cuidado con la justicia de Mary Daly.

3.4.1 In a Different Voice *de Carol Gilligan*

Carol Gilligan, en su aclamado y controvertido trabajo de 1982,[166] afirma que los estereotipos que disocian teóricamente la esfera del trabajo (éxito) y la del amor/afecto, desembocan en el desdoblamiento y en una diferente concepción de la moral que ha estado tradicionalmente marcada por las pautas de la autonomía, toma de decisión y acción responsable.

Sin centrarse en la crítica del estereotipo (ya muy bien desarrollada por el trabajo de Nancy Fraser, Mary Daly y otras), parte de esta base en un análisis empírico de las mujeres y sus experiencias morales, cuestionando el motivo por el que, en la escala del desarrollo moral de Lawrence Kohlberg, en la mayoría de los casos las mujeres no llegaban más allá del nivel convencional del desarrollo moral. La autora lo denomina la paradoja convencionalista del autor.[167]

Tampoco se centra en desmontar ni cuestionar esta teoría (la labor que emprenderán con todo rigor sus discípulas[168]), y puesto que los estereotipos que influyen en la autorreflexión y la valoración moral de las mismas mujeres sobre sus propios actos son funcionales, quiere determinar cuáles son los principios morales utilizados por las mujeres y compararlos con la teoría hegemónica de Lawrence Kohlberg.[169]

165. Gilligan, "La ética del cuidado," 49.

166. Gilligan, *In a Different Voice*, 56.

167. Gilligan, *In a Different Voice*, 4. En concreto, Lawrence Kohlberg había concluido que las mujeres alcanzaban un grado de desarrollo moral inferior a los varones, no superando el tercer estadio. Fascioli, "Ética del cuidado y ética de la justicia," 43.

168. Fascioli, "Ética del cuidado y ética de la justicia," 43; Medina, "La ética del cuidado y Carol Gilligan," 88.

169. Gilligan, *In a Different Voice*, 4-8.

A partir de ahí, planteará un intercambio de la perspectiva y de los roles asignados tradicionalmente a lo masculino: el ámbito público, y a lo femenino: el ámbito privado, donde se ve que las reglas ya no están tan claramente delimitadas. Pone en cuestión el sistema de los estratos (etapas del desarrollo moral de la teoría de Lawrence Kohlberg) y su problema de los límites y, sobre todo, la presunción de que, una vez alcanzado un estadio superior, ya no existe la forma de bajar a uno inferior. Se cuestiona también la posición de inferioridad y superioridad que marca el paso de un estadio al siguiente.[170]

Los principios que ha detectado Carol Gilligan son:

- Pensar en el otro como igual (no tanto como ser individual y autónomo).
- Considerar la responsabilidad como obligación y sacrificio por encima de la igualdad.
- No hacer daño como norma para resolver conflictos.
- Evitar hacer juicios (por inseguridad de su interpretación o atendiendo al precio que se tendrá que pagar por pronunciarlos).[171]

En este sentido, la esencia de la decisión moral como ejercicio de elegir y ser responsable de la decisión choca con la realidad de muchas mujeres, conscientes de no poder tomar ciertas decisiones, evitando así la responsabilidad, pero haciéndose vulnerables y dependientes, con miedo a ser abandonadas. Desean complacer, pero a cambio reclaman bondad y respeto; por seguir las reglas esperan ser cuidadas y amadas.[172] Además, Carol Gilligan descubre que se mantiene la clara confrontación del espacio público (asignado a lo masculino) y lo privado (doméstico) asignado a lo femenino, siendo el especio masculino superior al femenino y necesitando su superación para avanzar.[173]

Seguidamente, la pensadora resume brevemente la historia de la teoría sobre el desarrollo moral, recordando las primeras obras críticas que ponen en evidencia el sesgo machista del trabajo de Lawrence Kohlberg.[174] Detectan la situación de las mujeres en estadios inferiores (convencionales), pero sus resultados tendrían que ver más con los estándares de la investigación que con el nivel del desarrollo moral de las mujeres, puesto que se interpretaba que las divergencias con las normas masculinas mostraban la falta del desarrollo moral en las mujeres.[175]

170. Gilligan, *In a Different Voice*, 8-9.
171. Gilligan, *In a Different Voice*, 6.
172. Gilligan, *In a Different Voice*, 7.
173. Gilligan, *In a Different Voice*, 8.
174. Gilligan, *In a Different Voice*, 8.
175. Gilligan, *In a Different Voice*, 9.

El estudio que lleva a cabo Carol Gilligan tiene lugar al acompañar a veintinueve mujeres, que una vez legalizado en Estados Unidos, se plantean dilemas sobre el aborto. El mayor conflicto con que se encuentran es entre "una misma" y el "otro," lo que, a la vez, conlleva las tensiones entre los conceptos siguientes:

Compasión	autonomía
Virtud	fuerza
Autoestima	el principio de que nadie sufra

Es crucial que la comprensión del término "cuidado" implique el cumplimiento de la responsabilidad moral, "hacer daño" significará egoísmo e irresponsabilidad moral; "la bondad" es igual a cuidar de los demás. La responsabilidad se entiende como la base del equilibrio entre uno mismo y otro. El principio moral genérico será el de la no-violencia.[176]

En el manejo de estos principios (y bajo la influencia de los estereotipos y las circunstancias particulares) es cuando mejor se muestra la paradoja de los presupuestos de Lawrence Kohlberg y lo que Carol Gilligan llama la crisis de la conexión, por la que los hombres (varones) serían vistos como justos y las mujeres como bondadosas.[177] Resulta que, siguiendo los principios de la moral autónoma e individual, lo que está bien se presenta para las chicas en la adolescencia como una encrucijada donde su brújula interior apunta a una dirección y la autopista señala la opuesta. La encrucijada se caracteriza por la confusión ya que el buen camino para las chicas no es el buen camino según los principios hegemónicos, lo que a menudo desemboca en el silenciamiento de la voz interior de las mujeres al sentir presiones entre lo que sienten y piensan y la consecuencia de la falta de relaciones que podría ser el precio a pagar por ello.[178]

En nombre de la bondad, prosigue la filósofa, las mujeres silencian su propia voz, pierden la memoria de ésta, fruto de la opresión que llegó a confundir el patriarcado con la naturaleza mediante la naturalización de su modelo de género binario y jerárquico. Por lo tanto, esta bondad femenina tradicional y aclamada, en realidad, resulta moralmente problemática al implicar la renuncia a la voz y la evasión de las responsabilidades y las relaciones. Además, relegar a las mujeres a la esfera privada, donde corren el riesgo de no respetarse la igualdad ni los derechos, significa ignorar la realidad de que "precisamente en la esfera privada es donde las mujeres corren mayor riesgo."[179]

176. Gilligan, *In a Different Voice*, 11.
177. Gilligan, "La ética del cuidado," 44.
178. Gilligan, "La ética del cuidado," 17-18.
179. Gilligan, "La ética del cuidado," 30.

Los niveles que sintetiza, tras su estudio Carol Gilligan, se colocarán en la tabla del lado izquierdo y a su derecha figurarán los correspondientes de Lawrence Kohlberg, de forma que fácilmente se vea la diferencia de aproximación y planteamiento de los niveles del desarrollo moral.

NIVELES	CAROL GILLIGAN[180]	LAWRENCE KOHLBERG[181]
Primer nivel	"CUIDADO DE SI" Orientación a la supervivencia individual. "Yo podría" equivale a "yo debería." La decisión propia está constreñida por falta de poder.	"MORALIDAD HETERÓNOMA" (estadio preconvencional) Orientación al castigo y la obediencia; miedo al castigo y evitación del daño físico.
Primera transición	Del egoísmo a la responsabilidad. "Yo podría" no equivale a "yo debería." La decisión es oportunidad para tomar decisiones responsablemente; no huye del conflicto afectivo con otros; se puede ser infiel a una misma.	Orientación al individualismo con los fines instrumental y relativistas, reconocimiento de sus propias necesidades y actuación para cumplir sus propios intereses.
Segundo nivel	"CUIDADO DE OTROS" Bondad como autosacrificio; el cuestionamiento de la prioridad del orden de importancia; reconocer la situación de dependencia y carencia de poder (pasividad).	"EXPECTATIVAS Y CONFORMIDAD SOCIAL" (estadio convencional) Se basa en la actuación conforme le traten a uno con referencia sólo a los círculos del interés.
Segunda transición	De la bondad a la verdad; revisión del concepto de la responsabilidad y del egoísmo (lo que uno quiere frente a los que los demás esperan de uno[182]). La crisis consiste en cuestionar los juicios de valor que antes se consideraban absolutos.	Orientación a la ley y el orden en un sistema social y de consciencia que verifica que ninguna ley entra en contradicción con las reglas sociales.

180. Gilligan, *In a Different Voice*, 12-26.
181. Medina, "La ética del cuidado y Carol Gilligan," 86.
182. Gilligan, "La ética del cuidado," 50.

Tercer nivel	"CUIDADO DE SÍ COMO OTRO" Moral de la no-violencia. Rechazo a las convenciones de la abnegación femenina y la moral del autosacrificio como malos. El cuidado se convierte en el deber universal, la ética elegida del juicio postconvencional reconstruye el dilema de asumir la responsabilidad por la elección.	"CONTRATO SOCIAL" o utilidad y derechos individuales que se orientan a los intereses relativos y no relativos, independientes de las circunstancias o grupos concretos.
Sexto estadio	Aparece la necesidad de equiparar el valor de una misma con el valor del otro y la obligación de no hacer daño. El cuidado es elevado a la guía y la pauta universal de la elección y del juicio moral.	Estadio postconvencional. Se centra en la noción de los principios éticos universales y respeta las leyes en cuanto no entren en conflicto con sus propios valores.

Las principales diferencias consisten en:

- El imperativo moral: las mujeres se inclinan por el principio del cuidado para discernir y aliviar los problemas reales del mundo, mientras los varones subrayan más el respeto por los derechos de los demás y por protegerse de las interferencias hacia el derecho de la autorrealización y del abuso de sus derechos.
- El cuidado es para las mujeres una cuestión de autocrítica más que de proteccionismo; mientras que los varones consideran las obligaciones con respecto a los demás en términos de no-interferencia.

Los criterios de Lawrence Kohlberg privilegian los supuestos metaéticos de derechos y responsabilidades y su concepción se apoya sobre el dominio moral y la fuerte diferenciación entre la justicia y la vida buena, coincidiendo con las teorías liberales. Lamentablemente, éstas no se pueden garantizar, como denunciaba Fraser, incluso directamente se oponen a que las bases sociales de la cooperación y los derechos individuales sean respetadas, de forma el que el sujeto no podría definir lo que entiende por vida buena según su conciencia.[183] El filósofo mantendría una postura desnaturalizada, supuestamente objetiva y de corte deontológico de un monismo moral que supone que existe solamente un modelo de maduración moral

183. Fascioli, "Ética del cuidado y ética de la justicia," 46.

correcta, frente a la noción feminista del otro particular propuesto por Carol Gilligan como plural. Dicha propuesta se mantiene sobre el sistema sexo-género que define la forma de percibir el mundo desde la posición de dominación masculina.[184]

Así se cae otra vez en el binomio entre el ámbito privado (parentesco, amistad y amor) y el público quedando atrapada la identidad simbólica de las mujeres en las negaciones y carencias: no independiente, no competitiva y no pública.[185] Eric Erickson, ya en 1969, hablaba de ciertas preguntas equivocadas en el análisis de Lawrence Kohlberg (y sus ejemplos) que obedecen a los marcos del desarrollo moral solamente masculinos[186] y que representa una ética abstraída de la vida real. Los juicios morales planteados de esta manera son hipotéticos y chocan con los problemas reales. Extendiendo las variables de las respuestas singulares de los adolescentes varones a estos dilemas hipotéticos (sin tener en cuenta los factores del sexo, cultura, procedencia[187]) a la secuencia universal (universalismo sustitucionalista en palabras de Sheila Benhabib[188]), la teoría de Kohlberg requiere claramente un tratamiento crítico en los futuros estudios y es discutible.[189]

La propuesta de un desarrollo moral compartido y enriquecedor, según Carol Gilligan, se podría resumir en tres puntos:

- El desarrollo moral para ambos sexos supondría la integración de ambas visiones en un todo recíproco.
- Los varones necesitan reconocer el cuidado a través de la experiencia y toma de responsabilidad por el cuidado frente a la potencial indiferencia para con las necesidades de los demás.
- Las mujeres necesitarían reconocer la violencia generada por las relaciones no equitativas, mientras los varones deberían tomar consciencia de las limitaciones de la concepción de justicia ciega a las inequidades de la vida real.

La conclusión a la que llega es que: la ética del cuidado no es una ética femenina sino feminista, y el feminismo, guiado por la ética del cuidado, podría considerarse el movimiento de liberación más radical —en el sentido de que llega a la raíz— de la historia de la humanidad. Al desprenderse

184. Medina, "La ética del cuidado y Carol Gilligan," 91.
185. Fascioli, "Ética del cuidado y ética de la justicia," 47.
186. Gilligan, *In a Different Voice*, 32-33.
187. Medina, "La ética del cuidado y Carol Gilligan," 90.
188. Fascioli, "Ética del cuidado y ética de la justicia," 43.
189. Gilligan, *In a Different Voice*, 32-34. "Ética del cuidado y ética de la justicia," 50; Medina, "La ética del cuidado y Carol Gilligan," 91.

del modelo binario y jerárquico del género, el feminismo no es un asunto de mujeres, ni una batalla entre mujeres y hombres, sino el movimiento que liberará a la democracia del patriarcado.[190]

De forma que, en un contexto patriarcal, el cuidado es una ética feminista, pero en un contexto democrático, el cuidado es una ética humana; cuidar es lo que hacen los seres humanos. Cuidar de uno mismo y de los demás es una capacidad humana natural. "La diferencia no estaba entre el cuidado y la justicia, entre las mujeres y los hombres, sino entre la democracia y el patriarcado."[191] En la voz femenina, la moral se definiría en términos interpersonales y no tanto de reglas o principios abstractos.[192]

3.4.2 *Crítica*

El modelo de la ética del cuidado de Carol Gilligan se ha encontrado con al menos tres tipos de crítica: relegación a la esfera del desinterés científico, el intento de complementar con la teoría del desarrollo moral de Kohlberg, y una muy interesante, que sitúa la ética del cuidado en el diálogo con la ética del reconocimiento planteando el tema de la relación justicia-cuidado (parecido a Fraser), pero dentro del marco del reconocimiento.

Jürgen Habermas hace una crítica reduccionista muy sensible a la aproximación del cuidado: "el tipo de problemas que Carol Gilligan pone de relieve pertenecen a la periferia de la teoría moral y son anomalías o problemas subsidiarios de un paradigma científico que es, por lo demás, adecuado."[193] Su opinión sería discutible, pero pone de relieve el acierto de la intuición de Mary Daly sobre la *metodolatría* y la de Nancy Fraser sobre la ciencia "normal" y "anormal" y su respectivo concepto de justicia. Parece como si el tema del cuidado precisamente estuviera al margen de la humanidad y la perspectiva que puedan aportar las mujeres desde una experiencia integradora de la humanidad fuera un asunto periférico. Así se confunden los planos del ámbito privado o el mundo de la vida (temas personales y no morales), que por lo mismo no se refieren a la justicia, sino que son cuestiones sobre la vida buena que recaen en el criterio evaluativo de cada persona. "Gilligan estaría confundiendo los temas de justicia con los de la vida buena."[194]

Tomando esta objeción seriamente, la pensadora ha publicado varios estudios acerca de la experiencia moral de los varones. Su objetivo central

190. Gilligan, "La ética del cuidado," 31.
191. Gilligan, "La ética del cuidado," 50.
192. Medina, "La ética del cuidado y Carol Gilligan," 97.
193. Medina, "La ética del cuidado y Carol Gilligan," 93.
194. Medina, "La ética del cuidado y Carol Gilligan," 94.

es explorar las maneras en que la sociedad de los Estados Unidos, por ejemplo, puede amordazar la sensibilidad moral de los niños y los hombres con el fin de conseguir el éxito en un mundo público altamente competitivo. Se subraya que, a diferencia de las mujeres de hoy que pueden hablar el lenguaje moral de la justicia y los derechos casi tan fluidamente como el lenguaje moral de la atención y las responsabilidades, los niños y los hombres de hoy todavía encuentran muy difícil articular sus preocupaciones morales en cualquier otra cosa que el lenguaje moral de justicia y derechos. El objetivo principal de sus nuevos estudios es demostrar que el pensamiento del nivel tres es, después de todo, el tipo de pensamiento que debe guiar la deliberación moral.

Otros críticos insisten en que, incluso si el cuidado se considera una virtud moral de buena fe, es una virtud moral menos esencial que la justicia. Estos críticos suelen afirmar que es mejor actuar desde un principio moral general como, por ejemplo, la ayuda a los necesitados y no desde un sentimiento de cuidado particular por una persona específica. También afirman que cuando la justicia y el cuidado entran en conflicto, las consideraciones de imparcialidad deben superar las consideraciones de parcialidad.

Aunque Carol Gilligan reconoce que la escala moral de Lawrence Kohlberg atrae a muchas personas formadas en la ética tradicional, señala que la aceptación amplia de una teoría del desarrollo moral no es necesariamente la medida de su verdad. La autora cree que la metodología de Kohlberg es masculina. Sus oídos están ajustados a voces morales masculinas, no femeninas. Ella habla de un lenguaje del cuidado que enfatiza las relaciones y las responsabilidades. Aparentemente, este lenguaje es en gran medida ininteligible para los investigadores kohlbergianos que utilizan el lenguaje moral dominante de la ética tradicional, a saber, un lenguaje de justicia que hace hincapié en los derechos y las reglas.[195]

Se intenta conectar las perspectivas de ambos autores en ocho posiciones básicas que establecen una interrelación entre la moralidad de la imparcialidad y del cuidado, de forma que el cuidado y la responsabilidad descansan en el mismo rango que la imparcialidad y universalidad y el estadio mayor de madurez (la posición 8) integra las dos perspectivas, de la justicia y la del cuidado, en un principio moral único[196]. En este punto, habría que revisar la imagen que se utiliza de la justicia para señalar la

195. Jaggar, *Feminist Politics,* 128.
196. Fascioli, "Ética del cuidado y ética de la justicia," 45-46.

imparcialidad que, de hecho, corresponde a la representación tradicional de *temis* (mencionada, curiosamente, también por Carol Gilligan[197]).

Según Lawrence Kohlberg, la reciprocidad moral conlleva la capacidad de ponerse en la piel del otro, aunque en condiciones de ignorancia veladora, el otro, como diferente del yo, desaparece. Pero la identidad no se refiere sólo a la posibilidad de elegir, sino a la capacidad de configurar las circunstancias propias dentro de los marcos de la familia, lengua, lugar de nacimiento, cultura, género, en una narrativa coherente que se proyecte como historia de la vida. Si el otro desparece de este panorama, el que supuestamente se coloca a sí mismo en el lugar del otro es un yo aislado. Pero bajo esta "ceguera epistemológica hacia el otro concreto, no hay universabilidad coherente ni información suficiente para poder valorar moralmente una situación."[198]

El problema no es la distinción metodológica entre dos modelos diferentes de desarrollo de identidad, como lo explica Carol Gilligan, sino que es la identificación de los sentimientos con el cuidado en oposición al pensamiento-justicia que devalúa el cuidado como valor pasivo, confinado a la esfera privada y de mujeres.

Ambas éticas no serían reconciliables si se organizaran de forma que tanto los sentimientos como el pensamiento "empoderaran al sujeto para tomar diferentes tipos de acciones, tanto en la vida pública como privada."[199] Al proyectar la justicia y el cuidado como esferas del reconocimiento, se podría desdoblar esta perspectiva e integrarla en los contextos del otro universal (generalizado) y del otro concreto (singular). Mientras la ética de la justicia enfatiza la imparcialidad y la universalidad (también la igualdad) eliminando las diferencias, la ética del cuidado salvaguarda la diversidad y busca la satisfacción de las necesidades particulares. Comprender la manera en que la tensión entre la responsabilidad y los derechos sostiene el desarrollo humano es ver, de forma integral, dos modos de experiencia conectados, lo que podría llamarse un universalismo interactivo.[200]

Así, el primer tipo de reconocimiento (correspondiente a la esfera del amor de Axel Honneth) sería la reciprocidad de la necesidad mutua, presuponiendo la singularidad corporal y los sentimientos de la simpatía. El segundo tipo (intercambio contractual en igualdad), tendría un carácter más cognitivo que emocional, reconoce al otro como un fin en sí mismo,

197. Gilligan, "La ética del cuidado," 18.
198. Fascioli, "Ética del cuidado y ética de la justicia," 50.
199. Fascioli, "Ética del cuidado y ética de la justicia," 50.
200. Fascioli, "Ética del cuidado y ética de la justicia," 51-52; Medina, "La ética del cuidado y Carol Gilligan," 92.

que debe compartir con los demás. El tercer tipo sería el reconocimiento cualitativo, que diferencia a las personas y su particular forma de autorrealización. Este modelo de reconocimiento recíproco, al incluir lo afectivo y lo cognitivo, proporciona una base en la cual las relaciones contractuales (igualitarias) no excluyen a nadie, de forma que los individuos singulares puedan encontrarse en el marco global.[201]

3.4.3 *Las diez capacidades de Martha Nussbaum*

Martha Nussbaum, en su libro "Las fronteras de la Justicia"[202] expone el enfoque ético de las capacidades donde la noción de justicia (entendida de forma tradicional) tiene unos límites o fronteras que hay que superar. Así como Fraser hablaba de los marcos adecuados de la justicia, esta autora considera la idea de la justicia social como imperativa y cuestiona la canonizada ética de la justicia, porque no logra responder a los retos que se muestran en ciertas condiciones de desigualdad.[203]

La filósofa pretende ofrecer un fundamento filosófico para el respeto de la dignidad humana desde los parámetros de lo que las personas son capaces de hacer y ser. Es importante señalar que en el título de su libro se hace explícito el lugar de las mujeres dentro del ámbito de la dignidad humana: "Las mujeres y el desarrollo humano."[204] Enumera diez capacidades centrales del funcionamiento humano:

- Ser capaz de vivir y no morir prematuramente.
- Ser capaz de una buena salud, un techo, una buena alimentación.
- Ser capaz de moverse.
- Ser capaz de crear e imaginar con la mente sin restricciones para buscar el sentido de la vida.
- Ser capaz de relacionarse con los demás y desarrollarse emocionalmente.
- Ser capaz de ser crítico moralmente.
- Ser capaz de la justicia y la amistad.
- Ser capaz de cuidar de los animales, las plantas y del mundo de la naturaleza.

201. Medina, "La ética del cuidado y Carol Gilligan," 93.

202. Nussbaum, *Las fronteras de la justicia*, 36.

203. En concreto se trata de estos tres problemas: la exclusión del contrato de las personas con discapacidades o deficiencias, el hecho de que el lugar de nacimiento o la nacionalidad de una persona influya en un alto grado en las oportunidades vitales que ésta tendrá, y la necesaria extensión del concepto de justicia a las criaturas no humanas. Anabella Di Tullio, "¿Hacia una justicia sin fronteras? El enfoque de las capacidades de Martha Nussbaum y los límites de la justicia," *Daimon Revista Internacional De Filosofía* 58 (2013): 51-68.

204. Martha Nussbaum, *Las mujeres y el desarrollo humano. El enfoque de las capacidades*, trans. Roberto Bernet (Barcelona: Herder, 2012), 414.

- Ser capaz de reír, jugar y entretenerse.
- Ser capaz de participar en la vida política, en las elecciones y de tener propiedades.
- Se trata de relacionar el sujeto *por quién* y el sujeto *para quién* proponiendo: una teoría en la cual muchos seres vivos, tanto humanos como no humanos, sean sujetos primarios de la justicia, aunque no tengan capacidad para participar en el procedimiento por el cual se escogen los principios políticos.[205]

El enfoque propuesto toma a cada persona como portadora de valor y como un fin en sí misma, reformulando la máxima kantiana de que los seres humanos deben ser tratados siempre como fines y nunca como medios y articulándola como un principio de la capacidad de cada persona: las capacidades se buscan para todas y cada una de las personas, no en primera instancia para grupos o familias o estados u otros cuerpos corporativos.[206]

Su propuesta de la justicia feminista es universalista, pero no imperialista y atenta a las diferencias. La meta de las capacidades es el desarrollo de las potencialidades humanas y el respeto de las diferencias. El enfoque propuesto permitiría, como sostiene Nussbaum, un universalismo que lejos de tomar posturas occidentalizadoras o colonizadoras, se muestra sensible al pluralismo y a la diferencia cultural.[207]

3.4.4 *Reciprocidad y necesidad ontológica del cuidado: Nel Noddings*[208]

Nel Noddings ha desarrollado una ética que valora las virtudes y los valores tradicionalmente vinculados a las mujeres, en parte como crítica a la ética feminista del cuidado. Para esta pensadora, la ética se refiere a las relaciones particulares entre dos partes.

La ética del cuidado se define desde la necesidad ontológica de cuidar y ser cuidado (no se justifica con la aplicación de ciertos principios prescriptivos) y, como respuesta a las necesidades del otro, surge el cuidado.

El verdadero cuidado no consiste en proclamar el amor universal de toda la humanidad. Tampoco consiste en enviar ayuda a las víctimas

205. Nussbaum, *Las fronteras de la justicia,* 36.

206. Nussbaum, *Las mujeres y el desarrollo humano,* 115.

207. Anabella Di Tullio, "¿Hacia una justicia sin fronteras? El enfoque de las capacidodes de Martha Nussbaum y los límite de la justicia", *Daimon. Revista Internacional de Filosofía* 58 (2013): 51-68.

208. Victoria Vázquez, *La educación y la ética del cuidado en el pensamiento de Nel Noddings* (Valencia: Universidad de Valencia, 2011). Accessed: June 14, 2016. http://hdl.handle.net/10550/15711

de la guerra, del hambre o de los desastres naturales. Como ejemplo de su discurso considera que, realmente, una madre en los Estados Unidos no puede preocuparse por los niños en Sudán como cuida de sus propios hijos. El cuidado real requiere encuentros reales con individuos específicos; no puede producirse desde lejos a los individuos en general.

Nel Noddings afirma que las personas parten de un cuidado natural que motiva a ayudar a otros simplemente por la voluntad de ayudarlos. Más tarde, se considera que el escaso tiempo para el cuidado debe estar compensado con los principios normativos de la ética del cuidado que refuerza la espontaneidad del cuidado natural. El cuidado natural es la condición de posibilidad del cuidado ético. Los sociópatas no pueden cuidar éticamente, porque no pueden cuidar naturalmente. Presumiblemente, nacen en el mundo sin el programa para desarrollar el comportamiento del cuidado.

Aunque la pensadora insiste en que los varones pueden y deben ser cuidadores, utiliza a menudo a las mujeres en sus ejemplos de cuidadoras, de forma que la ética del cuidado valora los aspectos femeninos (sin cuestionar si estos aspectos son innatos, socialmente condicionados, genéticos o educativos), pero sin descuidar la necesidad del cuidado de sí mismo.

Las relaciones del cuidado requieren reciprocidad y emociones que vinculen a las personas afectivamente. De ahí la importancia de preservar las relaciones, en la medida de lo posible. Romper una relación sin buscar seriamente soluciones, es una causa de preocupación para ella. Nel Noddings sugiere que cuando una persona rompe una relación, particularmente una cercana, corre el riesgo de ser "disminuida éticamente."[209]

En *Starting at Home: Caring and Social Policy* (2002),[210] la pensadora extiende los principios de su ética de la atención feminista a la arena de la política pública. En respuesta a quienes han criticado la ética del cuidado feminista como una teoría doméstica, incapaz de abordar las complejidades morales de las cuestiones y políticas sociales más amplias, Nel Noddings insiste en que el tener un sólido sentido de justicia social se basa en las lecciones aprendidas en la esfera privada.

209. Noddings, *Caring,* 59.

210. Nel Noddings, *Starting at Home: Caring and Social Policy* (Berkeley: University of California Press, 2002).

3.4.5 *Alison Jaggar*[211]

Esta filósofa y profesora en la Universidad de Colorado en Boulder propone una ética funcional que busca:

- Articular críticas morales de acciones y prácticas que perpetúan la subordinación de las mujeres.
- Prescribir maneras moralmente justificables de resistir a tales acciones y prácticas.
- Prever alternativas moralmente deseables para tales acciones y prácticas.
- Tomar en serio la experiencia moral de las mujeres, aunque no de manera acrítica.

Las pensadoras éticas feministas deben aspirar a mejorar la condición general de las mujeres en particular, y también de otras personas vulnerables como los niños, las personas mayores, los enfermos, los discapacitados y las minorías desfavorecidas y propone unas condiciones mínimas de adecuación para generar representatividad de la ética feminista.

En primer lugar, la ética feminista nunca puede presuponer que las mujeres y los hombres están situados social y políticamente en la misma posición, aunque puede darse que algunas mujeres estén situadas en una posición similar a algunos hombres en determinados contextos.

En segundo lugar, para desarrollar pautas de acción que tiendan a subvertir en lugar de reforzar la subordinación sistemática de las mujeres, los enfoques feministas de la ética deben entender las acciones individuales en el contexto de unas prácticas sociales más amplias, evaluando también las implicaciones simbólicas y acumulativas de la acción individual como sus consecuencias inmediatamente observables.

Dado que la mayor parte de la vida de las mujeres ha sido excluida de ese dominio conceptualizado como público, un tercer requisito para los enfoques feministas de la ética es que deben fijarse en las cuestiones de la vida privada, como las relaciones íntimas y la crianza de los hijos. Por lo tanto, deben articular las dimensiones morales de cuestiones que hasta ahora no se han reconocido como morales.

Por último, la ética feminista debe tomar en serio la experiencia moral de todas las mujeres, pero, desde luego, no sin crítica. Aunque lo que es feminista a menudo resultará ser muy diferente de lo que es femenino, es necesario un respeto básico por la experiencia moral de las mujeres para poder reconocer sus capacidades como sujetos morales y para contrarrestar los estereotipos tradicionales de las mujeres como agentes morales.

211. Jaggar, *Feminist Politics,* 58.

3.4.6 *Conclusiones*

Para aclarar su postura frente a los intentos de invisibilización o conciliación de otras perspectivas con la propuesta de la ética del cuidado y evitar las valoraciones, a la luz de sus posteriores obras, podría intuirse que Carol Gilligan apunta más allá de una simple ampliación de la teoría moral e interconexión entre el cuidado y la justicia cuando afirma:

"Si separamos la mente del cuerpo y el pensamiento de las emociones, podemos razonar de forma deductiva y resolver problemas lógicos, pero perdemos la habilidad de darnos cuenta de nuestra experiencia y de movernos por la esfera social del ser humano."[212]

La filósofa detecta los silencios que había en las teorías del desarrollo al rechazar los fundamentos emocionales y afectivos de las bases de la ética. La voz diferente de las mujeres conectaba la razón con la emoción, de forma que en su narrativa las vidas de las gentes eran interdependientes y la responsabilidad se salía de los meros marcos de los derechos. "Desde esta perspectiva, lo contrario de la dependencia era el aislamiento."[213]

Contra esta disociación o crisis de la conexión, las mujeres, conscientes de las presiones del entorno, como medida adaptativa, se resisten a ajustarse a las maneras de ver y hablar que exigen descartar sus propias percepciones y desconfiar de su propia experiencia. Pero ahí encuentran el privilegio, la figura y el cuerpo patriarcal.[214]

Está convencida de que lo que se consideraba déficit o carencia en el desarrollo moral de las mujeres (la preocupación por los sentimientos y las relaciones, la inteligencia emocional junto a la racional), son ventajas humanas porque agudizan la capacidad humana de cuidar de los demás, presente tanto en las niñas como en los niños, mejoran la capacidad de empatía y atemperan la sensibilidad hacia el clima emocional del entorno (antes de que se inserten en el marco binario y jerárquico de los ritos de paso al patriarcado).[215]

Refrendada por las investigaciones desde las áreas de la psicología y la neurociencia, afirma que, en ausencia de trauma o lesión cerebral, los sistemas nerviosos conectan las emociones con el pensamiento (no las disocian), de forma que la facultad de comprensión mutua (empatía, cooperación, telepatía) es parte de la historia evolutiva de la humanidad y es "fundamental para la supervivencia de la especie."[216]

212. Gilligan, "*La ética del cuidado*," 13.
213. Gilligan, "*La ética del cuidado*," 42.
214. Gilligan, "*La ética del cuidado*," 46.
215. Gilligan, "*La ética del cuidado*," 20, 23, 25.
216. Gilligan, "*La ética del cuidado*," 48.

El patriarcado, que excluye el amor entre iguales, y una apuesta metodológica por la abstracción, neutralidad y universalidad que rompa la conexión emoción-pensamiento, puede ser científica, pero no aportará nada a la praxis y la transformación social. La iniciación al patriarcado (descrita como romper con la comprensión mutua o relegarla a la periferia) instala en la psique elementos ajenos que, en lugar de desarrollar, agotan los recursos humanos, generando distorsión entre la realidad de las cosas y el nombre que recibían.[217] Es más, se han cuestionado las teorías del desarrollo moral que privilegiaron los marcadores habituales del desarrollo: la inteligencia, la educación y la clase social. Después de la Segunda Guerra Mundial y en el contexto de la globalización capitalista feroz, ni estos marcadores ni las teorías resultan eficaces contra las atrocidades.

En su investigación, parece sugerir que la cooperación está programada en nuestros sistemas nerviosos. "Los hallazgos empíricos en los distintos campos de las ciencias humanas convergen en un mismo punto convincente: somos por naturaleza *homo emphaticus* en vez de *homo lupus*."[218] El patriarcado deforma la naturaleza tanto de los varones como de las mujeres, aunque de distintas maneras. Los avances de la neurobiología y la antropología evolutiva no plantean la pregunta sobre cómo se adquiere la capacidad de cuidar sino cómo recuperar la humanidad. "¿Cómo perdemos la humanidad?"[219]

Su propuesta, para desmarcarse de las posibles confusiones, consiste en que:

- En lugar de ponernos en la piel del otro, convendría ponernos a menudo en nuestro propio lugar y dirigirnos al otro para que nos enseñe el suyo.[220]
- La necesidad de sustituir la ética actual del beneficio propio por una ética del cuidado y de la responsabilidad colectiva.[221]

217. Gilligan, "*La ética del cuidado*," 50-52.
218. Gilligan, "*La ética del cuidado*," 64-65.
219. Gilligan, "*La ética del cuidado*," 65.
220. Gilligan, "*La ética del cuidado*," 34.
221. Gilligan, "*La ética del cuidado*," 47.

CAPÍTULO IV

NÉMESIS, JUSTICIA, REPRESENTACIÓN Y CUIDADO

4.1 Mary Daly y la justicia

A lo largo de su obra, la teóloga parte de una moral procedente del existencialismo beauvoiriano que conecta la ética y la ontología hasta tal punto que podría denominarse moral ontológica.[1] Su moral tiene un desarrollo sistémico basado en los presupuestos ontológicos de "El ser y la nada" de Jean-Paul Satre (novio de Simone de Beauvoir), que después se verá afectado por la versión ontológica del ser-verbo de Martín Heidegger en su obra "El ser y el tiempo."[2] No es casual, probablemente, la similitud de los títulos, como no lo fue el de "Más allá de la verdad" de Friedrich Nietzsche y "Más allá del Dios Padre" de Mary Daly, donde se recurre a un cierto simbolismo para ofrecer su propia visión antropológico-teológica.

La propuesta más novedosa de la autora dentro de su esquema ético es el desarrollo de la categoría de la justicia. Esta noción ha sido objeto de interés por parte de muchas feministas que la siguieron, así como por filósofos y políticos.

Actualmente, el debate sobre la justicia se lleva a cabo en el contexto político, multicultural, de diversidad social, pero no parece que los pensadores estén de acuerdo en cuanto a los mínimos, y la amplitud histórica del significado del concepto dificulta aún más la reflexión. Parece que la investigación sobre la justicia se ha convertido en algo tan amplio que no se pueden sacar conclusiones y orientaciones prácticas válidas y normativas a nivel social y político. Los esfuerzos de las feministas por clarificar el término y reivindicar las acciones políticas se encuentran con la incomprensión de los pensadores que siguen la tradición clásica y/o moderna de la justicia de redistribución o reconocimiento, pero no contemplan, o admiten solamente de forma marginal, que la propuesta feminista de la justicia podría ser una vía interesante de conectar los polos opuestos en los debates y vincular directamente la ética con la humanidad (Nancy Fraser/Carol Gilligan).

1. Amorós, ed., *Feminismo y filosofía*, 193.
2. Martín Heidegger, *El ser y el tiempo*, trans. José Gaos (Madrid: Tecnos, 2009).

Daly parece adelantarse a este aparente callejón sin salida metodológico-conceptual actual a través de su dinámica de reflexión que, por un lado, deconstruye el problema generado por la ambigüedad hermenéutica del mismo concepto: "justicia" (abandona este término) y, por otro lado, articula muy hábilmente los elementos valiosos de varias tendencias, tanto filosóficas como de reflexión práctica feminista.

En efecto, obtiene, como mínimo, dos ventajas:

1) El lastre de la comprensión tradicional de la justicia no cierra los horizontes semánticos que conlleva la reflexión ética en torno a sus contenidos, marcos y sujeto, aportando una nueva imagen (Némesis) y representación de los elementos fundamentales del tratado sobre la justicia.
2) No rechaza, sino que incorpora a su pensamiento las intuiciones que pueden llevar a una nueva y más amplia comprensión y práctica de la categoría de la justicia atendiendo a la multiplicidad de los contextos sociales, los problemas ecológicos, políticos, culturales, la diversidad sociológica, la innovación tecnológica en todos los campos.

De esta manera, su esquema no es cerrado y casi resulta demasiado generalista; no se podría encerrar en ninguna corriente, pero quizás si acusarlo de sincrético, ya que abarca la dimensión teológica, ontológica (filosófica), semántica (lingüística), humanista (relatos míticos y culturales), político-histórica (sobre todo, cuando revisa la opresión de las mujeres en los ritos de diferentes culturas y tiempos), ecológica y utópica (proyecto de la Era Biofílica en el continente Perdido y Hallado en 2048[3]).

No es fácil atender a todas estas dimensiones de su proyecto holístico ético-ontológico y estructurarlo de forma sistemática, ya que las diferentes facetas se cruzan y complementan. Lo que trataremos de explorar es la diferencia que ofrece Mary Daly con respecto a la propuesta de Nancy Fraser y Carol Gilligan (y sus respectivos debates).

Con este fin, en primer lugar, expondremos algunos fragmentos de las obras principales de Mary Daly donde aparece la mención o la referencia a la justicia, con el fin de determinar el hilo conductor o estructura interna de su obra en relación con ese concepto de justicia. Así podremos ver también la forma en la que ha evolucionado su pensamiento y la circunstancia en la que Mary Daly abandona la reflexión sobre la justicia propiamente dicha y prefiere hablar en clave de Némesis.

3. Mary Daly, *Amazon Grace. Re-Calling the Courage to Sin Big* (New York: Palgrave Macmillan, 2006), 4.

Seguidamente, elaboraremos un marco comparativo entre las tres autoras enumerando las claves de confrontación. Como resumen, sacaremos las conclusiones, los puntos convergentes y las divergencias valorando su aportación y la utilidad de la propuesta de Daly en el contexto actual del debate sobre la justicia.

Finalmente, presentaremos brevemente los puntos críticos de la propuesta de Mary Daly y las perspectivas del desarrollo de su pensamiento desde diferentes líneas de investigación.

4.2 Referencias a la "justicia" en el conjunto de la obra de Mary Daly y su contexto

La recopilación de las referencias bibliográficas se efectúa para sistematizar las diferentes facetas de la reflexión ética de Mary Daly sobre la justicia. Se enumerarán primero sus obras mayores y en segundo lugar, se organizarán acorde a la dimensión de la reflexión a la que se refieren (teológica, ontológica, semántica, humanista, político-histórica, ecológica, utópica). Así podremos, de forma más clara, hacer posteriormente la comparación con el planteamiento de Nancy Fraser y Carol Gilligan.

4.2.1 *Orden cronológico de la reflexión sobre la justicia*

Tras analizar detenidamente la presencia de Némesis en los escritos de Mary Daly, podemos afirmar que es el hilo conductor de su obra. Aunque no se halla la mención de Némesis en las dos primeras obras, en las posteriores se equiparan ciertos pasajes al sentido que conllevan para desembocar en la conceptualización de una serie de realidades y actitudes en una sola categoría: Némesis, tal como vimos en el análisis de esta figura desde el punto de vista mitológico y literario.

Al articular la presencia de Némesis (el ser de la diosa) con las ideas que trasmite, Daly consigue conectar las magnitudes que tradicionalmente estaban separadas en la teología: la verdad, el ser, la bondad y la ética. A través de la representación y la presencia simbólica de Némesis (*pulchrum*), Daly tiende puentes entre la teoría y la praxis, el *verum* y el *bonum*, lo abstracto—lo absoluto—y la experiencia, lo subjetivo. Esta construcción elaborada y madurada con el tiempo y la investigación, le permite reconfigurar el conocimiento académico tradicional (la academencia) y, en definitiva, subrayar la necesidad de una ciencia ligada a la ontología, a la realidad y a la verdad, como la ética está ligada a la experiencia.

Las oposiciones binarias polarizantes o dualismos cultura-naturaleza, justicia-buena vida, socialismo-capitalismo han generado una imagen de la realidad en tensión y continua lucha que, por un lado, agota la posibilidad de aportar creatividad y novedad a las relaciones humanas y, por otro, enquista las estructuras que generan opresión y dolor, y no solamente a las mujeres.

Némesis, por el contrario, no es solamente un contenido de valores y actitudes por seguir (un código moral), sino una presencia que se acuerda de la humanidad infravalorada, no representada, donde sigue vivo el amor que no conlleva el autosacrificio, donde la esperanza no es ingenua ni la fe es ciega.

Némesis como diosa, como Ser, acompaña el sufrimiento, alienta, anima, se indigna, va más allá de la redistribución de los bienes, sin olvidarse de la necesidad de satisfacer el hambre y la sed, que no es otra preocupación que la de la naturaleza (en el sentido ecológico y biofílico). Está atenta a la realidad, es capaz de ser crítica y constructiva, de cambiar las formas y recordar las fuentes y las tradiciones que aportan criterios de valor y juicio para la humanidad.

La trayectoria cronológica nos muestra como Mary Daly pasa del concepto de la justicia, como remedio a la desigualdad de relaciones, a la reflexión sobre la imagen de Némesis y a su interpretación. Al encontrarse con la conclusión de que la praxis no ha cambiado, a pesar de los avances tecnológicos, filosóficos e interpretativos, hace una apuesta exigente por una nueva imagen.

El reto que enfrenta la pensadora es efectuar una deconstrucción de la categoría tradicional de la justicia, ofreciendo una propuesta creativa de la misma que no rompa todos los vínculos con la tradición, para hacerse legible, contando a la vez otra historia y praxis posibles de la justicia-Némesis.

4.2.2 *Orden temático de la reflexión sobre la justicia*

Recopiladas brevemente las menciones de Némesis de forma diacrónica (cronológica) tal como aparecen en las principales obras, haremos una breve mención sobre la reflexión en torno a la justicia desde las distintas áreas a las que se refiere, con el fin de agruparla y ver en qué aspecto incide en mayor medida. Consideraremos las dimensiones: teológica, ontológica, semántica, humanista, político-histórica, ecológica y utópica.

En cada apartado formularemos un resumen previo, analizaremos la terminología utilizada por la autora que explica cada dimensión y su proporción en el texto. Concluiremos con las referencias a la justicia/Némesis de cada dimensión.

4.2.2.1 Dimensión teológica de la justicia

La teología de Mary Daly, tal y como la resume en *Amazon Grace*, partiría de "La desesperada esperanza de dar el salto radical" (el título del capítulo primero), "Más allá de la desesperanza de la trivialidad" (el capítulo segundo) y hacia "La primera causa y causa final": la que atrae (el capítulo tercero).

Después del esbozo histórico y ontológico, viene la ética, "ejerciendo la valentía de escuchar, nombrar y crear Némesis" (capítulo cuarto), el planteamiento cosmológico a través de la reubicación del espacio y la continuidad del tiempo (capítulos quinto-noveno), y la hermenéutica y la retórica: "la reinterpretación de las mentiras patriarcales para dar la vuelta a la interpretación inversa de la realidad" (capítulo décimo).

La dimensión de la experiencia es tan amplia que la cuestión ética no se puede separar de la realidad, de la ontología y Némesis se convierte en el eje conductor de la misma. En primer lugar, se cuestiona el modelo de la justicia como derecho en conflicto, tan característico del desarrollo masculino occidental, por funcionar desde una lógica que pone el énfasis en los derechos, las normas y en el respeto, pero sólo aplicados a los seres humanos y de forma selectiva. Aboga por el modelo ético de responsabilidad y cuidado (propuesto por Carol Gilligan)[4] según los principios mutualistas, ecológicos y evolutivos. Lo justo será aceptar la responsabilidad de alimentar, amar y amparar al mundo y sus componentes, lo injusto será negar a darse cuenta de la radical interdependencia de uno mismo con todo lo que vive.

Utiliza los vocablos teológicos: pecado, juicio, condena para describir la responsabilidad moral de la distribución equitativa de los recursos que aseguren la vida en sus múltiples formas.[5] A la vez, insiste en que la obra de la salvación significa trabajar junto al poder que está a favor de la vida, un trabajo que sea profano y ordinario, orientado a sanar las divisiones del mundo y a liberar a los oprimidos. El cuerpo ético de su libro está indisolublemente unido a la temática de la salvación, pero aporta una nueva terminología y se desmarca metodológicamente de la terminología tradicional y de la referencia explícita a los presupuestos soteriológicos.

Abandona cualquier planteamiento de la nueva justicia cuando llega a la conclusión de que, en la praxis social gobernada por el principio patriarcal, a las mujeres no se las ha considerado ni tratado como plenamente humanas y responsables, por lo que la categoría de la justicia no es inspiradora sino que ha agotado su sentido y pertenece a una tradición sesgada.

4. McFague, *Modelos*, 36-49.

5. McFague, *Modelos*, 193, 224, 242. En este sentido, maneja la terminología que para Daly tiene totalmente otro significado.

Daly reflexiona sobre la pertinencia del uso o abuso del término "justicia" en la práctica, y pretende hacer ver la conexión indispensable entre la imagen y la representación de Dios y la acción moral. Su preocupación por el problema ecológico, "la pobreza y su remedio tienen rostro ecológico"[6], promueve una fe profética y cuestionadora que cuide, proteja y sane el mundo natural de los intereses económicos, privados y políticos.

4.2.2.2 Dimensión ontológica de la justicia

El aspecto ontológico de la justica, es decir, la interdependencia entre el ser y el actuar responsable, se trató con detenimiento en el capítulo sobre la ética de Némesis (capitulo 2.3). Desde la ontología del Ser-verbo, la imagen o la representación influye en el saberse del uno[7] y en su comportamiento hacia los demás.

La filósofa describe los métodos científicos y médicos del siglo XX que instrumentalizan a las mujeres y las cosifican rompiendo la unidad ontológico-ética de la humanidad. Entiende que, mientras por motivos académicos y sistemáticos las dimensiones metafísica y moral se han separado en la tradición científica, "en la tradición filosófica clásica, la filosofía del ser es *la filosofía primera*, es decir, la ontología."[8] Considera que tal separación se ha llevado al ámbito existencial y sirve de privilegio para mantener el patriarcado; ha sido "tradicionalmente usada para tratar con las cuestiones primeras y primordiales, pero estas cuestiones han sido enmarcadas/confinadas a parámetros que no aciertan en expresar las intuiciones biofílicas."[9] La autora reflexiona sobre la amplitud del alcance práctico de la ontología y su complejidad.[10]

De esta forma, los términos "ser" y "ente," separados de su realidad existencial, práctica y ética, pierden su realidad, su esencia, y designan la nada. El descubrimiento de la inversión lingüística del "ser" en la "nada," acorde a la cita de Paul Tillich en *Pure Lust*:

- la cuestión ontológica, la cuestión del ser produce una especie del choque ontológico, porque podría sugerir un posible no-ser. Este choque se expresa en la reflexión sobre el motivo por el cual más bien *es* que *no es,*[11]

6. Elizabeth Johnson, *La búsqueda del Dios vivo. Trazar las fronteras de la teología de Dios,* trans. Milagros Amado Mier (Santander: Sal Terrae, 2008), 241.

7. José Luis Martín, *Puedo ser otro y feliz* (Salamanca: Sígueme, 1999), 36.

8. Daly, *Pure Lust*, 28.

9. Daly, *Pure Lust*, 29.

10. Daly, *Pure Lust*, 28. "Since that first philosophy is about elemental be-ing, it is radically metaphysical, concerned with ontological potency, knowledge, passion, virtue, creation, transformation. Given this complexity, our thinking must be not only imaginatively intense and concrete, but also intellectually extensive and abstract."

11. Daly, *Pure Lust*, 29.

bajo el amparo del patriarcado capitalista, conlleva las consecuencias ulteriores para el pensamiento filosófico clásico.

La tesis de *Pure Lust* se podría reducir a una especie de silogismo hipotético: si el ser es lo contrario a la nada, y lo bueno es lo contrario a lo malo, entonces el ser se corresponderá a lo bueno y la nada a lo malo. Suponiendo que el ser femenino se ha identificado a la nada a expensas del ser masculino (representación del bien), lo realmente bueno para las mujeres corresponderá a lo malo predicado por los varones sobre las mujeres.

Más que una inversión, Mary Daly llama a esta herramienta lógica la reversión o el reverso,[12] como método de mistificación de la ontología patriarcal en búsqueda de una metafilosofía y una metaética capaz de incluir la variante del género en la reflexión y en la praxis, con el fin de encontrar la coherencia, clásica y tomista, entre el pensar, el hablar y el actuar, es decir, la verdad en unión radical con la bondad y la belleza (categoría estética de representación y de imagen).

A su vez, lleva hasta las últimas consecuencias lo que sería el reverso de la reversión patriarcal, valorando las posturas consideradas como reprobables y discriminatorias para las mujeres en base a los siete pecados capitales e invitando a las mujeres a "pecar a lo grande"[13] contra las mentalidades que constriñen su autonomía y su responsabilidad al acotar el campo de su experiencia y libertad bajo el pretexto de obrar no-virtuosamente.

En *Pure Lust* la mención sobre el Ser-verbo es constante en el libro desde la página dos, y su relación con la noción de la justicia y Némesis está muy clara. *Outercourse*, en cuanto la reflexión *a posteriori* sobre la propia obra, ofrece una panorámica que fundamenta la articulación entre el Ser, justicia-Némesis, moral y el lenguaje (metáforas y etimologías). En el *Wickedario* tanto el término del Ser-Verbo, como el de Némesis y los poderes del Ser aparecen en la primera red que trata las nociones elementales.

No obstante, en su penúltima obra, *Quintessence* la reflexión sobre *Be-ing*, Némesis-justicia y actos está intercalada hasta en un mismo capítulo, apareciendo en un único bloque discursivo, mostrando su compenetración total, incluso a nivel de estructura del texto, lo que muestra una clara imbricación de los términos y su importancia fundamental para la consistencia del sistema filosófico-ético de Mary Daly.[14]

12. Daly, *Pure Lust*, 28.
13. Daly, *Pure Lust*, 275.
14. En el apéndice se presenta la tabla que muestra las menciones sobre *be-ing*, némesis-justicia, ética-moral, obras, lenguaje/metáforas y sus coincidencias se subrayan.

4.2.2.3 Dimensión semántica de la justicia

En este punto, nos aproximamos a la cuestión metodológica de la filósofa. Nos referimos a los aspectos del significado, sentido o interpretación de signos lingüísticos como símbolos, palabras, expresiones o representaciones formales.[15] En principio, las expresiones del lenguaje formal o de una lengua admiten algún tipo de correspondencia con situaciones o conjuntos de cosas que se encuentran en el mundo físico o abstracto que puede ser descrito por dicho medio de expresión.

La semántica desarrollada por Mary Daly corresponde a la división en:

- Semántica lingüística, que trata de la codificación y decodificación de los contenidos semánticos en las estructuras lingüísticas. Investiga la estructura de las formas léxicas, la estructura de las expresiones y su relación con sus referentes, así como los mecanismos mentales, por los cuales los individuos atribuyen significados a las expresiones lingüísticas.
- Semántica lógica, que desarrolla una serie de problemas lógicos de significación, estudia la relación entre el signo lingüístico y la realidad, las condiciones necesarias para que un signo pueda aplicarse a un objeto, y las reglas que aseguran una significación exacta.
- Semántica cognitiva, que explica por qué nos comunicamos, y cuál es el mecanismo psíquico que se establece entre el hablante y el oyente durante este proceso.

Es una parte importante de la obra de Mary Daly, no solamente por el aspecto deconstructivo de la lengua que realiza, sino también desde el punto constructivo de un nuevo metarelato que permite descubrir la historia oculta (*Prehistory*[16]) de las mujeres y basar en ella una nueva identidad y un nuevo punto de partida para nuevas prácticas sociales y marcos teóricos.

Analizando el contenido de las obras y la proporción de los neologismos utilizados en ellas, podríamos concluir que, en las de juventud, Daly efectúa principalmente la semántica lingüística. Descodifica los símbolos, los signos y los ritos en busca de su sentido y cuestiona su uso patriarcal. La culminación de tal análisis es la segunda parte de *Gyn/Ecology* donde trata del síndrome sado-ritual de la recreación del asesinato de la diosa con sus cinco ejemplos repartidos por los cinco continentes (*sati* hindú, el atar los pies a las mujeres en Japón, la ablación africana, la caza de brujas en Europa, la ginecología y la medicina estética americana).

15. John Lyons, *Linguistic Semantics: An Introduction* (Cambridge: Cambridge University Press, 1995), 56.

16. Mary Daly, *Gyn/Ecology. The Metaethics of Radical Feminism* (London: The Women's Press, 1984), 24.

La mayor tarea desde la semántica lógica la efectúa en la mencionada obra de *Pure Lust* donde remueve las bases filosóficas y de pensamiento que expresan las carencias de la interpretación holística de los términos a través del doble procedimiento *il-lógico* y academente: extender la separación puramente teórica y académica entre ser y hacer a la dimensión existencial y excluir la experiencia de las mujeres del establecimiento de la norma.

La conclusión a la que llega la teóloga, tanto con el término de la justicia y su uso como con varios más, es que los entramados del significado están tan arraigados en la mentalidad y en la praxis académica, social, política y en las relaciones humanas, que son infranqueables. Los nudos entre el código, el receptor, el significado, las presiones interpretativas y la tradición hermenéutica son tan estrechos y tan fuertes que no se pueden deshacer o, como mucho, esta labor conduce a una deconstrucción total del lenguaje, de la cultura y, en el último término, al sinsentido. Su objetivo, por el contrario, es que su labor fuera transformativa y constructiva para la realidad social y académica.

Wickedary es la única obra de Mary Daly que incorpora imágenes (dibujos confeccionados por Sudie Rakusin) que ayudan a entender la realidad. Son una especie de jeroglíficos que, a menudo, representan lo que Daly llama el *foreground*, lo superficial, lo visto a primer golpe de vista (patriarcal) y en el fondo de la imagen está oculto por desvelar, el *background*, el sentido profundo, original y arcaico de las palabras.

La semántica o la construcción del significado, siguiendo a *Wickedary* se efectúa en tres fases y por medio de tres o cuatro redes. La primera fase es formal: explica la historia del diccionario, esclarece la morfología (*spelling*) y su relación con la etimología de la palabra "*spell*" —conjurar según *Webster's Dictionary.*[17] Cada palabra tiene poder y capacidad de inspirar; lanza a la práctica.

Curiosamente, la noción de "gramática," definida en el contexto patriarcal como normas aburridas, tiene una raíz etimológica compartida con la palabra "*glamour*," próxima a brillo, encanto mágico. Según Mary Daly, este sentido de la gramática ha sido eclipsado y reducido a las revistas de glamour.[18] Los ejemplos son múltiples. Con la misma palabra *Be-ing*, haciendo la separación del sustantivo con un guión, la autora consigue establecer la

17. *Merriam-Webster's Dictionary* es el diccionario más prestigioso y antiguo de la lengua inglesa, cuyos orígenes se datan en 1828 (coincidiendo con la promulgación de la constitución americana siendo el excelente referente de la literatura clásica, estudios bíblicos, documentos históricos que contiene la explicación razonada de numerosos documentos políticos y trasmitiendo los valores en muchas definiciones del ámbito familiar, legal y religioso. Accessed: August 15, 2017. http://Webstersdictionary1828.Com/

18. Daly, *Wickedary*, 23.

diferencia entre el uso tradicional de la palabra que significaría "ente" y "Ser-verbo" como se ha explicado anteriormente. Con un simple guion muestra un matiz denunciante de la palabra *manipulated* (manipulado), *man-ipulated*, señala el sujeto de la manipulación.[19]

La segunda fase define y conecta los términos nucleares en las tres redes: las nociones fundamentales genéricas, los habitantes originales del *Background* (siguiendo la metáfora de las telarañas), sus actividades y características. Y, por último, su contrapartida con los habitantes de la superficie (*foreground* en minúscula en contraste con su antónimo). Es la fase más amplia y ocupa más de la mitad del libro.

La tercera fase, compuesta de cuatro redes de apoyo, expone lo siguiente:

- Los términos elementales utilizados en las estrategias de la semántica tergiversada.
- La estrategia de *Be-laughing*, es decir, como burlar tal semántica.
- Cómo saltarse el espacio y el tiempo actual con el fin de recuperar el sentido de la orientación y alcanzar un nuevo tiempo.

Respecto al tema de la justicia, donde más claramente y sistemáticamente se trata esta cuestión semántica, funcional y metodológica es en el *Wickedary* por dos motivos:

- La misma semántica y metodología necesitan hacer justicia a las mujeres y actualmente son herramientas de su opresión.
- Porque con todo rigor la autora plantea los valores éticos, de justicia y moral/ Némesis propios de su propuesta ontológica.

Ya en las obras anteriores descubrimos la trasvaluación del lenguaje tradicional y hasta su abandono. Pero además al analizar los índices de los términos, que prepara la propia autora para el beneficio del lector, y que se localizan en el escrito, la autora elige los términos y las nociones más importantes y cruciales para la comprensión y el sentido de la obra y los enumera en los índices de cada libro (en la parte final).

Conforme avanza en sus escritos, descubrimos que los neologismos son cada vez más visibles y ocupan un mayor espacio, llegando a ser, desde el "Wickedario," términos y palabras habituales en su discurso. En la tabla mostraremos el contador de los neologismos utilizados por la autora en cada libro y así se verá claro que, desde la obra del 1994, su uso se dispara. Subrayaremos la cantidad de los neologismos con relación a la ética, las virtudes, la justicia y en particular, a Némesis, una noción que no siendo

19. Daly, *Gyn/Ecology*, 24.

una mera sustituta del término "justicia" también se podría catalogar como un neologismo en cuanto que es donante de nuevos sentidos.

Daly define 965 palabras en la segunda fase, 230 en la primera red, 405 en la segunda y 330 en la tercera. Cada palabra está asignada en función de la procedencia de sus cuatro libros anteriores.

Aproximadamente un tercio de las palabras son neologismos o compuestos con sentidos dirigidos. La mayoría de los neologismos referidos al ámbito moral se encuentran en la primera red que explica los fundamentos ontológicos. Esto subraya la importancia del tema y el hecho de no poder usar las palabras tradicionalmente utilizadas. En cuanto al resto de las palabras, Mary Daly encuentra sentidos originales que desvelan los significados etimológicos profundos y permiten expresar mejor la amplitud de su referencia a la realidad y su evolución/deformación a través de la historia.

Su aportación innegable consiste en el desarrollo de unas nuevas bases semánticas, por medio de un doble procedimiento:

1) Recuperación de palabras arcaicas con sus correspondientes etimologías para desarrollar metáforas y mitos nuevos, que guarden a su vez relación original con su sentido primario (abandonado u olvidado a menudo) y, siendo legibles impacten en la realidad y fundamenten unos nuevos meta-relatos más incluyentes y justos.
2) Creación del nuevo vocablo para poner de manifiesto la metodología de la "reversión" patriarcal y separar las palabras manipuladas de las existentes que confunden las palabras originales, "vírgenes," en el sentido del *Wickedary*: "salvajes, no-domesticadas, no-subyugadas, ni sujetas a las uniones indeseadas."[20]

De esta forma, Wickedary se convierte en la obra probablemente más original y única en cuanto a extensión donde se hace un ensayo feminista de nuevos cauces lingüísticos, metafóricos y semánticos. Así define las "Nuevas Palabras":

> palabras Escuchadas en el contexto semántico nuevo que brotan de una experiencia cualitativamente Diferente; palabras de comunicación Ginocéntrica, de las cuales muchas no son *nuevas* en el antiguo sentido material, sino Nuevas en el Nuevo sentido, teniendo así un significado diferente al ser pronunciadas y Escuchadas de forma Nueva.[21]

20. Daly, *Wickedary*, 177.
21. Daly, *Wickedary*, 86.

4.2.2.4 Dimensión humanista de la justicia

Lo que pretendemos investigar es si las principales obras de Mary Daly tienen una dimensión humanista, es decir, si su método y sus ideas son aplicables para todos, no solamente para las mujeres. En los índices de los libros, la palabra "ser humano" (*human/man*) o "humanismo" desaparece después de *Beyond God the Father* (1986); aparece en 1993 (*Outercourse*) y vuelve a mencionarse en la penúltima obra, *Quintessence* (1998).

Exploraremos en qué sentido trata los conceptos del ser humano y el humanismo/la humanidad; veremos si existen motivos para abandonar el uso de éstos, si se sustituyen por alguna noción diferente y qué relación tendrían con la justicia. En definitiva, expondremos si es pertinente hablar de la dimensión humanista de la justicia en las obras de Daly.

Las menciones expresas a los términos "ser humano," "humanismo," "humanidad" son bastante escasas, pero podemos encontrar las referencias exactas y citarlas para sacar las conclusiones posteriormente.

En la tercera edición (1985) de su primer libro (1968), la pensadora anexa una amplia introducción donde debate consigo misma y discute su contenido desde la perspectiva de casi dos décadas que han pasado. En la introducción feminista hace un breve repaso al estado de la cuestión y a los presupuestos de los que partía y pretendía desmontar con su libro. Uno de ellos era la supuesta naturaleza deficiente de las mujeres difundida por una antropología poco científica, pero ampliamente reconocida en los círculos teológicos incluso en el siglo XX.

La dura conclusión que saca tras la lectura de su propio libro es que es difícil que el cambio sea animado y promovido por los varones. La tarea de retirar los obstáculos y forjar un nuevo clima recae exclusivamente en las mujeres. Daly tiene claro, desde la perspectiva de los 17 años que separan el libro de su reedición, que las mujeres necesitan recuperar su energía y sus propias vidas. Quién iba a hacerlo por ellas,[22] si la Iglesia ha descargado su responsabilidad por desarraigar el prejuicio sexista de su propia estructura, convirtiéndose en "el enemigo inevitable del progreso humano (*human*)."[23]

En la obra *Beyond God the Father* encontramos la mención sobre el ser humano (*man* en su versión *male*) y en referencia a la liberación del hombre. Según los estudios llevados a cabo por los activistas a favor de tal liberación,[24] parecía claro que había consenso en torno a las consecuencias negativas de los estereotipos sexuales que privaban a los varones del poder de mostrar los sentimientos, de emocionarse, y en cambio promovían la agresividad y la

22. Daly, *The Church*, 36.
23. Daly, *The Church*, 19.
24. Daly, *Beyond God The Father*, 170.

actividad externa. Lo que provocaba consternación era la vista corta de tales activistas cuando se referían a los beneficios propios de los roles sexuales, donde no veían ningún problema en que se mantuvieran intactos.

La adecuada *cosmosis* requiere la superación de las *psyches* masculina y femenina (…), si los varones, a pesar de que esto implique la pérdida del privilegio o prestigio inmerecido y signifique embarcarse a un incierto viaje al terreno inexplorado, no sucumben, quizás lleguen a ser humanos.[25]

Desde entonces Mary Daly trabajará en el campo filosófico, más que práctico, precisamente para fundamentar unas bases feministas existenciales. Abandona el término "el hombre," "el ser humano" hasta volver a reflexionar sobre el mismo tema siete años después, una vez completada su obra sobre metaética y metafilosófía.

Outercourse, siendo una reflexión a posteriori sobre el pensamiento de la misma autora, nos proporciona una valiosa autoevaluación de Daly con respecto al uso del término "ser humano." Daly sospecha que la palabra ha caído presa de la fijación del lenguaje sexista y que la palabra tiene un carácter pseudogenérico que permite su uso engañoso.[26]

Conforme se da cuenta del uso político del lenguaje, reconoce que a muchas palabras, incluyendo "el ser humano", se las ha conferido un sentido mistificador. Así puede ser fácilmente usado para distraer la atención del hecho de que en este momento de la historia es inviable que las mujeres y los varones "se junten y lo solucionen"[27] debido a las profundas diferencias en la socialización y dentro del sistema sexual vigente. A menudo, la expresión "la liberación del ser humano" funcionará como un espejismo de la trascendencia, ocultando el contenido específico de la opresión de las mujeres, mientras que el "Feminismo Radical no trata de liberar a las mujeres de los hombres. Trata de la liberación de las mujeres, allí donde todas ellas se encuentran sujetas al sistema patriarcal."[28]

Quintessence muestra que la tecnocracia o necrotecnología marcan el futuro y acaban con las mujeres, creando, como cita Mary Daly, al responsable del proyecto "Grial: una especie del segundo Adán descodificado en su esencia y revelado en el siglo XXI."[29]

Este compuesto de persona que es una mezcla multirracial y multinacional probablemente, es decir, ni blanco, ni negro, ni amarillo, quizás sea hasta demasiado blanco o tenga una sombra neutral, apuntando al final

25. Daly, *Beyond*, 172.
26. Daly, *Outercourse*, 163.
27. Daly, *Outercourse*, 204.
28. Daly, *Outercourse*, 204. "Tampoco trata el feminismo radical de la liberación de los hombres de las mujeres," añade inmediatamente la autora.
29. Daly, *Amazon Grace*, 215.

de la diversidad étnica. No obstante, la cuestión del sexo ya es otra cosa, ya que en todo caso se trata de un varón.[30]

La autora muestra la preocupación compartida por muchas feministas por los avances de la medicina genética y su rápido y revolucionario desarrollo. Ante la inestabilidad y la volatilidad del cromosoma Y (masculino) y la necesidad de remediar esta deficiencia, la filósofa concluye que sigue habiendo una conspiración y un pacto de silencio que refuerza la superioridad de los varones.[31]

Resumiendo: Mary Daly se da cuenta de la ambigüedad de los términos "humano," "ser humano," "humanidad," "humanismo" al descubrir el mecanismo de la "reversión" que tergiversa y abusa del significado de estas palabras y excluye, a menudo, a las mujeres de su contenido. Esto acontece, más o menos, en el mismo período en el que empieza a prescindir de la terminología clásica de la justicia y pasa a describir los seres en cuanto Seres-Actuantes (*Be-ing*) y responsables, desde el punto de vista ontológico.

Abandona el análisis existencial para fundamentar una filosofía, un cuerpo coherente y menos provisional o más estable que las propuestas de otras feministas, tanto más cuanto que la aproximación ontológica todavía estaba por acometer en el campo feminista. No menciona los términos genéricos como *human* o *man*, sino que utiliza la noción de *Be-ing*, pero también menciona *male*, en cuanto varón sexuado ("macho," en la traducción literal) con las implicaciones patriarcales y para evitar ambigüedades de cara al uso excluyente del término "mujer" ("hembra" desde la perspectiva del macho).

Vuelve a recuperar la mención sobre el ser humano y el hombre en relación al proyecto del genoma humano (1998), ante la realidad de una potente ola antifeminista de los finales del noventa y principio del siglo XXI (descrita con detalle por Fraser) que no sólo amenaza a las mujeres sino a todo el género humano. El poder de moldear al ser humano a imagen y semejanza de un ingeniero o técnico es un claro síntoma de que el patriarcado sigue siendo normativo e impregna las ciencias, supuestamente, más avanzadas y objetivas.

Su referencia a las mujeres tampoco se limita a describir a un contrario al hombre ni designa una plenitud del ser humano yendo al extremo opuesto del machismo. De hecho, la mención de las mujeres, aunque es mucho más frecuente que la mención de los varones no pretende describir un colectivo generalizado y uniforme. A la mayoría de las mujeres se

30. Daly, *Amazon Grace*, 216.
31. Daly, *Amazon Grace*, 218.

les llama por su nombre (incluyendo a Anónima de *Amazon Grace*) y la ontología no trata del Ser-verbo (femenino) sino del Ser-verbo indiscriminado en cuanto al género. Se trata de una ontología del justo medio, capaz de ser universal y suficientemente abstracta para poder contener variantes múltiples y condiciones de posibilidad plurales, pero que atiende e incluye en su justa medida la experiencia y las experiencias de las mujeres a lo largo de los siglos.

La *her-story* que representa las experiencias de las mujeres a lo largo de los siglos y en diferentes culturas, bajo distintos ritos y mitos opresivos, sirve para iluminar la historia común y cambiar su destino que, de seguir la senda patriarcal y capitalista trazada, está condenada a la autodestrucción del planeta y necesita recuperar su justo medio desde el procedimiento de la "cosmosis: la mezcla de las ideas originadas por el descubrimiento de la participación de las mujeres en los ritmos del cosmos."[32]

La elección de Némesis como modelo de justicia inclusiva se da, porque cumple las condiciones científicas de universalidad y abstracción: es fruto de la cultura (mito), representa una serie de valores universales (parecidos al concepto de la justicia), pero tiene la ventaja de haber sido personalizada y haber tenido su historia. Así ejemplifica las experiencias personales y el contexto de cada persona, sin perderse en el absoluto manipulable.

Némesis no representa solamente a las mujeres, es una propuesta de articulación ética para la humanidad que respeta las intuiciones aristotélicas y tomistas, pero también amplía su espectro interpretativo incorporando las experiencias singulares y la responsabilidad (evitando el androcentrismo) y al referirse a las fuerzas de la naturaleza, es de una reflexión global, cósmica, que evita caer en el antropologismo.

4.2.2.5 Dimensión político—histórica de la justicia

La perspectiva político-histórica impregna la reflexión de Mary Daly, pero a diferencia de otras autoras, como veremos más adelante, habría que matizar claramente el presupuesto que madura la filósofa desde los principios de su obra: "Debo recalcar que la terapia (lingüística) nunca será suficientemente radical si el capitalismo se percibe como una obscenidad mayor que el sexismo."[33] Considera que la visión ética feminista debe centrarse en el aspecto del género. La opresión de las mujeres no es fruto del capitalismo, ni su solución está en el socialismo; éstos son los síntomas del problema radical (nuclear): el sexismo y el patriarcado.

32. Daly, *Wickedary,* 114.
33. Daly, *Beyond,* 175.

Su visión de la historia, sin perder de vista los factores como la raza, clase, estatus, procedencia, religión y origen, se centra en el foco del problema: el género. A partir de esta clasificación de los seres (no solamente humanos) se da cualquier otra diferenciación de especie y grupo social. Algunos factores (clase, estatus) pueden atenuar la diferencia previa (de género) como, por ejemplo, una mujer rica puede tener más poder que un varón negro pobre, pero en la jerarquía ordinaria de los seres (ontológica), los factores colindantes agravarán la condición femenina (ser una niña negra pobre designa una condición peor de esta mujer en cuanto tal, en comparación con una niña blanca occidental).

La pensadora realiza también en el segundo libro un debate dogmático: los hechos históricos son reflejo de los prejuicios propios de varios sistemas que funcionan de forma inconsciente dentro de una época[34]. Constata Daly que en *Outercourse* "*Beyond God the Father* investiga la historia del problema de las mujeres en la Iglesia."[35]

Es importante recalcar que en el índice de los términos utilizados no menciona "historia" ni "política," pero recupera el término *Prehistory* que expresa la importancia prioritaria de los hitos significativos e interconectados en las vidas y las muertes de las mujeres.

Pure Lust contiene varios cuestionamientos basados en los hechos contemporáneos de que la primera bomba atómica fuera llamada "Trinidad" o el primer submarino atómico *Corpus Cristi.*[36] A pesar de ser más un cuestionamiento simbólico o hermenéutico, más que político histórico, es el único texto donde encontramos la conexión explícita entre la política y la justicia:

> la situación de las mujeres —tanto su opresión como sus auténticas inspiraciones— se encuentra inefablemente fuera de las disputas, como se refleja en sus tristes dicotomías semánticas (…) y ha llevado a las mujeres a utilizar las mismas armas que los varones, sean de derechas, sean de izquierdas. Las mujeres de izquierdas buscaban la Justicia a través de los métodos aprobados por el Club de Grandes Chicos: la revolución; las mujeres de derechas buscaban la justicia (sin atreverse a pronunciar este nombre) entre lágrimas, autodesprecio, antifeminismo y la vida de sacrificio en espera de la recompensa de ultratumba.[37]

Este texto se encuentra en pleno corazón del discurso sobre Némesis. Otras referencias a la política van vinculadas al concepto del genocidio, de la violencia entre iguales, a la crítica del libro titulado: "Políticas de la

34. Daly, *Beyond*, 1.
35. Daly, *Outercourse*, 134.
36. Daly, *Pure Lust*, 47.
37. Daly, *Pure Lust*, 275.

Espiritualidad Femenina,"[38] y todas las muestras de las injusticias cometidas sobre las mujeres.

Quintessence es el último libro antes del final del siglo XX y, en él, Mary Daly da fe de la necesidad de estar al corriente de las manipulaciones políticas que alcanzan la velocidad y repercusión mucho más rápida que en toda la historia que pudo analizar. Son constantes las menciones, las censuras y los análisis críticos a los temas más candentes: el aborto, el negocio agrícola, la anorexia, la bomba atómica, las atrocidades médicas contra la naturaleza, la biotecnología, las muñecas Barbie, el movimiento Chipko, el cáncer, los trasplantes cerebrales, la clonación, el ADN, las enfermedades, los terremotos, la ingeniería genética, el holocausto, el genocidio, el incesto, la infertilidad, la violación en masa, la misoginia, la pornografía, la prostitución, la lucha por el petróleo en los países árabes etc.

El libro, fruto de las clases feministas de la profesora del *Boston College*, aporta criterios de análisis de la actualidad político-histórica del país y del mundo, desde los valores y la ética feminista. Menciona también su empeño en proteger la autonomía intelectual académica contra la tiranía de lo que es considerado "lo políticamente correcto."[39]

Con un mayor énfasis, si cabe, en *Amazon Grace*, Mary Daly insiste en la necesidad de cambiar la estrategia feminista. Basándose en el ejemplo de las sufragistas, afirma que "ser sufragista es más que una sufragista. Las antiguas prendas no sirven ya y se necesita una nueva forma (...) La emancipación, tan lenta y constante como era, ahora sólo es posible por la liberación mental y espiritual."[40]

Pregunta por el sentido de votar (una de las metas más emblemáticas de las sufragistas), si las energías femeninas están liquidadas por un lavado del cerebro. Denuncia la reacción contra los avances conseguidos por los movimientos feministas: la sociedad fragmentada atenta contra la integridad de las personas, en concreto de las mujeres. Más que nunca se necesita a Némesis, precisamente para recuperar el sentido: evitar los extremos de un liderazgo agresivo de estilo machista o de una resignación de las funciones de las mujeres acomodadas y frustradas, sorprendidas por el regreso patriarcal potenciado por la política de los liberales y los conservadores, la retórica electoral subversiva de Bush, de Gore, las guerras por el petróleo y el fundamentalismo religioso, promovido por los medios de comunicación social masiva.

38. Daly, *Pure Lust*, 333.
39. Daly, *Quintessence*, 195.
40. Daly, *Amazon Grace*, 171.

En sus últimas obras, la pensadora se ve consternada y preocupada por este golpe reaccionario del patriarcado capitalista, que resulta ser más duro que otros. Al destruir la historia como relato, las enseñanzas y las soluciones son consideradas como provisionales y parciales, pero llegan a muchos a través de las comunicaciones globalizadas.

Se demuestra la imposibilidad de reaccionar sobre cada manipulación o posible reversión interpretativa. No se discierne la verdad y la propuesta ontológica no es insuficiente, sino también inapropiada, incluso desde la perspectiva del feminismo postmoderno. De ahí, el tono menos académico de estas obras. No obstante, a través de sus presupuestos filosóficos, Mary Daly pretende trazar un mapa de comprensión de la realidad desde los valores (Némesis) feministas para permitir forjar un espacio y un futuro donde habrá que recordar los principios y soñar una realidad biofílica.

Para finalizar, consideramos importante recordar la mención del término *her-story* acuñado por Robin Morgan. Ella prefiere hablar de *Prehistory,* como indica con claridad en *Gyn/Ecology*, con el fin de evitar generar una historia paralela a las conquistas de la historia de los varones. Mary Daly considera incorrecto, el empleo de tal registro no solamente desde el punto de vista etimológico, ya que *herstory* es un juego de palabras que cambia el pronombre *his* (posesivo masculino) por *her* (posesivo femenino). Este cambio pone énfasis en el género de la perspectiva de la historia documentada. La palabra historia viene de la palabra griego *ἱστορία* que significa entender. El pronombre *his* se encuentra en la palabra por pura coincidencia. La palabra no tiene conexión con el pronombre posesivo *his*.

Daly no cree que sus neologismos sean comparables con otras construcciones, porque, en cierto sentido, también son incorrectos, aunque consiguen señalizar los objetos correctos.[41] Sin embargo, en este sentido cabe añadir el uso que hace en *Pure Lust* del compuesto *Her-ethical* que significa "en armonía con los estándares gyn/ecológicos de conducta", o *Her-etical:* "rara sobremanera,"[42] cuyos sonidos y morfología son semejantes al constructo *her-story*, con la diferencia de que vienen de una palabra existente, "herético", y con el guión se pone de relieve la hermenéutica reversa respecto a una ética biofílica.

4.2.2.6 Dimensión utópica de la justicia

El aspecto utópico de la justicia se trata en *Wickedary, Quintessence* y *Amazon Grace*. Es la parte más complicada de la obra de la escritora,

41. Daly, *Gyn/Ecology*, 24.
42. Daly, *Wickedary*, 139.

porque no es comparable con otras obras feministas ni tampoco correspondería hacer aquí una analogía con una especie del tratado de la escatología.

Sin embargo, hay ciertas pautas planteadas por Mary Daly que apuntan a la recapitulación del todo conectado en la causa final, es decir, en "La que atrae," siendo la última realidad el Verbo de los verbos que se desvelan constantemente, la Bondad que se comunica, el Verbo en que todos existimos, somos y nos movemos,[43] la quintaesencia, es decir, el Espíritu que llena el Universo y le confiere vida y vitalidad. Esta quintaesencia, o el quinto elemento conecta con la naturaleza de los demás elementos integrando la Presencia viva, siendo la fuente del poder de la realización del auténtico Futuro y del Pasado Arcaico.[44]

Con este lenguaje ontológico/"tealógico" (sic),[45] la escritora explica su visión del futuro, donde se da una alteración del tiempo/espacio. Éstos ya no corresponderían a las doce horas del sistema solar ni a la realidad tridimensional,[46] sino se produciría lo que ella llama el "pliegue del tiempo"[47] que conecta el Futuro con el Pasado. La rotura de los patrones espacio/temporales en su última narrativa tiene por objetivo volver a las experiencias de las que tiene intuición, instinto y pasión, cuestionar sus ideas de cuando era niña y recuperar los indicios de la Memoria ancestral.[48] El presente pertenece a las innumerables criaturas que han sobrevivido al patriarcado y el Pasado Profundo permite descubrir las raíces del Futuro, más allá de los límites patriarcales del tiempo lineal. Realizar el Futuro Arcaico no significa solamente despertarse y ver, significa actuar para abrir las vías de la conexión trans-temporal, trans-espacial e inter-especial (entre las especies).[49]

Es desde la perspectiva del pasado-presente-futuro donde mejor se entiende la definición de "*Crone-ography*" y "*Crone-ology*" proporcionada en *Wickedary:*

- *Crone-ography*: el trabajo que registra la historia de las mujeres desde la perspectiva identificada con las *Cronas* (brujas); las crónicas de las vidas y los hechos de las grandes *Brujas,* Antepasadas de las presentes y futuras; el estudio que desenmascara los engaños de la historia patriarcal, borrando los huecos de las vidas de las mujeres. Como ejemplo se pone

43. Hch 17,18.
44. Daly, *Quintessence*, 11.
45. Daly, *Amazon Grace*, 20.
46. Daly, *Quintessence*, 23.
47. Daly, *Amazon Grace*, 9: "Time Wrinckle."
48. Daly, *Quintessence*, 13.
49. Daly, *Quintessence*, Xi, 3, 6.

Woman, Church and State de Matilda Joslyn Gage,[50] obra ya mencionada como emblemática en *Amazon Grace.*

- *Crone-ology:* cronología del Feminismo Radical, expresión oral o escrita de las conexiones entendidas *Crone*-ológicamente entre los hitos borrados de la cronología/historia patriarcal. El ejemplo de la misma es la obra de Susan Griffin *Woman And Nature. The Roaring Inside Her.*[51]

Es fácil descubrir el juego de palabras entre la cronología (perteneciente a la historia de la superficie) y la *Crone*-ología, el tiempo de las Cronas (las Brujas) que consiguen integrar la experiencia del pasado, descifrar los entresijos del presente a través de una lectura analítica de la retórica y semántica patriarcal, para proyectar un futuro biofílico.

La estructura del *Quintessence* es un fiel reflejo de la visión espacio-temporal de la autora. El libro escrito y publicado entre 1998 y 1999 se proyecta hacia el 2048 de la Era Biofílica, un futuro desde el que Daly habla con la Anónima (*Annee*) que nace en 2018. La joven recuerda a su madre, su genealogía mientras Daly hace una reflexión sobre el presente del cambio de milenio desde una perspectiva futura. Las voces del pasado, de las célebres escritoras feministas, resuenan en el transcurso del debate, consiguiendo una composición multifocal pero coherente.

Las intersecciones de los recuerdos, las opiniones y los análisis hacen que la sensación del tiempo alterado se refuerce en el marco de un espacio del continente "perdido y hallado," donde toca expandirse en búsqueda de la libertad, a pesar de los golpes contra los avances feministas: desde las violaciones en masa y rituales de las musulmanas serbias en Bosnia-Herzegovina en los noventa, hasta el estado de terror que promociona la diáspora y división entre las mujeres mismas.[52]

Némesis servirá, en estas circunstancias, como modelo que infunde el coraje para crear unas condiciones de subversión y disolución del sistema patriarcal, permitirá vislumbrar los mitos reencarnados en el siglo XXI que legitiman y santifican la violencia contra las mujeres. Némesis, como la Esfinge, será el principio de unidad, integridad y armonía de toda la Creación. La llamada a lo Salvaje, Original, hacia la Quinta Dimensión conllevará el alcance de la Gracia Natural, que no puede cerrar los ojos al mal, y capacita para entender las atrocidades y ver sus interconexiones. Esta Gracia también permite Realizar Actos Biofílicos, todos ellos de gran

50. Matilda Joslyn, *Women, Church and State: A Historical Account of the Status of Women through the Christian Ages: With Reminiscences of the Matriarchate* (Chicago: Charles Kerr and Company, 1893).

51. Susan Griffin, *Woman and Nature: The Roaring Inside Her* (New York: Harper and Row, 1978).

52. Daly, *Quintessence*, 19.

importancia ya que participan de la Creación esencial. La decisión ética de actuar hoy tiene sus consecuencias en el futuro.

Mary Daly describe el reto de *Amazon Grace* de esta manera:

> es la invitación para no rendirse ante los muros construidos que nos separan de Nosotras mismas, de los Otros y del mundo natural. Las mujeres pueden soportar la terrible diáspora y división como una magnífica Oportunidad de comunicarse creativamente y transformar la realidad.[53]

Se ve una continuación con la obra anterior, en cuanto que la primera es más teórica y la segunda más práctica y tiene un talante claramente optimista. Han pasado ocho años de la publicación de *Quintessence*, nos situamos en el año 2056 de la Era Biofílica, los marcos temporales y espaciales alterados se mantienen, pero están más estructurados. Hay un capítulo dedicado al tiempo y la naturalidad con la que se intercambia la información en un pasado-presente-futuro y hay otro capítulo dedicado explícitamente al espacio, en cuanto espacio de las mujeres, de las Amazonas cuyo poder emerge en la medida en la que el patriarcado cae por el propio peso hacia su autodestrucción.[54]

Amazon Grace sería la propuesta del cumplimiento del reto, la respuesta a la cuestión de cómo afrontar y hacer realidad la oportunidad de integración e integridad biofílica. Uniendo los títulos de los veintidós capítulos del libro, encontraríamos una especie de pautas para seguir: dar un salto de esperanza (cap. 1), más allá de la desesperación (cap. 2), hacia Ser-La que Atrae (cap. 3). Realizando el coraje de escuchar, nombrar (hablar) y crear Némesis (cap. 4), dando saltos hacia atrás y adelante en el tiempo y en el espacio (cap. 7-8), afrontar la autodestrucción del patriarcado (cap. 9) y la extinción en masa (cap. 13). Dar la vuelta a las mentiras falocráticas (cap. 10), despertando las fuerzas femeninas junto a los animales presentes y arcaicos (cap. 11-12), para reclamar la biofilia de la inclusiva trascendencia (cap. 14) que recapitula el pasado (cap. 15), se centra en el presente (cap. 16), mantiene a la raya el infierno (cap. 16-20) y conduce al mundo (cap. 21) en el que se puede decir: "El patriarcado no existe Aquí, Ahora."[55]

Los verbos que encabezan los títulos de los capítulos muestran los principios éticos de la transición y de varias épocas como la que vive Daly y de la que da testimonio. Los avances del feminismo de la segunda ola (los setenta y ochenta del siglo XX) se han visto arrasados por las ambiguas

53. Daly, *Amazon Grace*, 1.
54. Daly, *Amazon Grace*, Cap. 7 y 8.
55. Daly, *Amazon Grace*, 231.

políticas y el capitalismo feroz, y muchas mujeres se experimentan como en una encrucijada, sin fuerzas, decepcionadas.

El mensaje "*We can stop it now*"[56] es de empoderamiento para las mujeres y la esperanza que infunde Daly se fundamenta en las experiencias de otras generaciones de las mujeres que ya han pasado por ello, así como en los fundamentos que permiten a las mujeres repensar su condición, no solamente desde los presupuestos androcéntricos. La triple mención de Némesis/justicia en el trascurso del libro al principio (cap. 3), en medio (cap. 14) y al final (cap. 22) y su respectiva conexión con el ámbito onto-teológico (La que atrae tiene "muchos nombres, su nombre más fiero es Némesis"[57]), el espacio-tiempo nuevo ("Némesis designa un salto más allá del limitador discurso sobre la justicia, siendo diosa de la divina retribución"[58]) y la resistencia al mañana necrofílico reclamando el futuro biofílico ("el conjuro de las redes de Némesis"[59]) extiende la presencia de su modelo ético a todos los tiempos, espacios, ontologías y destinos posibles, nunca exento de la consciencia crítica de la realidad, pero sí orientado hacia lo esperanzador y positivo.

4.2.3 *Conclusiones*

En los dos últimos apartados, se ha procedido a la recopilación y el análisis sistemático de la obra de Mary Daly con el fin de ver, por un lado, la magnitud de la presencia de Némesis y de la reflexión sobre la justicia, y por otro, conectar los principales ejes temáticos de las obras con el aspecto ético.

En primer lugar, se ha hecho una lectura cronológica de las obras, aproximándonos a su contexto y viendo los cambios producidos en la concepción de la justicia a lo largo de la trayectoria intelectual de la autora, tal como se refleja en sus obras principales, incluyendo la autobiografía intelectual y el diccionario.

En segundo lugar, se ha analizado los principales núcleos temáticos de estas obras para ver si la dimensión de la justicia/Némesis está presente como el eje central y trasversal en todos los aspectos tratados: teológico, ontológico, semántico, humanista, político-histórico, ecológico y utópico.

Fruto de la lectura cronológica de sus libros, podríamos concluir que la noción de la justicia está presente desde las primeras obras y que evoluciona hacia el término Némesis conforme la filósofa profundiza en la

56. Daly, *Amazon Grace*, 231.
57. Daly, *Amazon Grace*, 20-29.
58. Daly, *Amazon Grace*, 149.
59. Daly, *Amazon Grace*, 213.

semántica falocrática y en el método de reversión utilizado en el discurso patriarcal. La preocupación por la integridad entre el pensar-decir y obrar, tan propia de los clásicos griegos y de Tomás, lo aplica en su discurso contra el dualismo esencialista y a favor de la responsabilidad personal, matizando los contextos de la opresión de las mujeres. Desvela también la inconsistencia que existe entre la privación de la libertad y la responsabilidad y la culpabilización de las mujeres (por motivos naturales o contractuales, en función de la época) por los males de la humanidad, elementos que conferirían el poder a los varones.

Némesis coexistirá como modelo personificado de lo que es correcto desde el punto de vista planetario (teniendo en cuenta los elementos y los seres humanos), capaz de valorar la experiencia singular como la norma general, sin caer en el antropocentrismo ni en el androcentrismo y como un compendio de valores. Estos valores abstractos, según los presupuestos ontológicos, permitirán marcar los criterios universalmente válidos que garanticen el respeto tanto a la singualaridad como al conjunto.

Desde la lectura diacrónica de la obra de la pensadora, descubrimos que entre los conceptos más importantes acuñados por ella se encuentran, por orden cronológico, *Be-ing*, *Némesis* y *Biofilia*, que en las últimas obras se entrelazan. Esto muestra la mutua imbricación de las dimensiones ontológica-práctica/ética y ecológica en la obra de Mary Daly.

Podríamos resumir que, para la escritora estos aspectos están estrechamente unidos y requieren ser tratados en globalidad. Las obras correspondientes a los tiempos de juventud de la autora subrayan los aspectos teológicos, mientras las principales obras (*Gyn/Ecology* y *Pure Lust* que coinciden con la segunda ola del feminismo), buscan fundamentar un sistema filosófico-ético que permita dar respuestas a las necesidades históricas y políticas actuales tras una amplia reflexión sobre el pasado y las experiencias de las mujeres bajo la semántica y la retórica patriarcales. Las últimas obras se centran precisamente en situar las propuestas teóricas en condiciones de presentarles como una reacción antifeminista del final del siglo XX, poner a prueba los presupuestos analíticos del sistema filosófico actual y proyectar un futuro forjado por los seres biofílicos (incluyendo al mundo natural y sin excluir, por supuesto, a los varones) que no estén ciegos a la degradación y la extinción de la vida en el planeta, pero que tampoco sucumban al pesimismo o a la desesperanza, precisamente, porque Némesis empodera a las mujeres a seguir dando vida.

La justicia es tratada desde varios ámbitos. Los ámbitos ontológico, semántico y ecológico están muy desarrollados, mientras los aspectos humanistas, político-histórico y utópico de la justicia, aunque tienen una incidencia de capital importancia en la obra, no parecen, al menos a nuestro juicio, articulados con la misma claridad, lo que genera una cierta ambigüedad y dificulta el tratamiento analítico global.

No obstante, podemos descubrir la presencia de todos estos bloques temáticos en la gran mayoría del conjunto narrativo de Mary Daly y en su incidencia en la cuestión de la justicia. En cierta manera, se nos presentan desde estos ámbitos los diferentes reclamos o rostros de Némesis/justicia: metodológico-simbólico, semántico-lingüístico, religioso-ritual, teológico-filosófico, político-histórico, humanitario-ecológico y con clara proyección al futuro de vida y de una "vida en abundancia" (Jn 10,10) en el sentido evangélico.

Detectar una relación mutua entre el concepto de la justicia y estos aspectos, arroja luz sobre los campos donde las mujeres perciben las injusticias y donde las experimentan: en los ámbitos de estudio e investigación, en el lenguaje utilizado y en la mentalidad de las personas con las que se relacionan a diario, en los espacios sagrados y en los momentos existenciales cruciales, en la concepción de Dios y del mundo, en los ambientes de presencia pública, del trabajo y de relevancia en la toma de decisiones y del ejercicio del poder, en la autoestima y en la maternidad, en cuanto su singularidad como hembra de la especie humana. La pregunta que se impone tras este análisis es en qué ambientes las mujeres no perciben o no experimentan la imposición y la injusticia.

Todas las oportunidades del cambio parecen abiertas y la autora se da cuenta perfectamente de la magnitud del trabajo, de la concienciación necesaria, del tiempo y de los errores que se cometerán. Sin embargo, no admite que el patriarcado haya sido eterno ni que sea inamovible; tiene claro que hace falta un trabajo de base y fundamento para ir remediando poco a poco las injusticias, ir curando lentamente las heridas e ir diseñando las estrategias progresivas de cambio en todas estas áreas.

De ahí, el recurso a Némesis. Las mujeres no podrían acometer todo el trabajo del cambio inspiradas en el concepto "justicia." De hecho, muchos de los intentos se han visto frustrados, porque han sucumbido a la retórica tergiversada en la que se ve sumergido este término a lo largo de la tradición filosófica y su praxis. Némesis es un cuerpo de sabiduría, pero, sobre todo, está personificada en un cuerpo, en un mito, en una historia, un relato con el que uno se puede comparar, medir, entablar el diálogo. Némesis comparte rasgos de la justicia del cuidado, de la representación, ecofeminista, pero no se reduce al mero concepto de la justicia, desencarnado y blindado, ciego a la experiencia, manipulado y dirigido. Ésta es la principal ventaja de la presencia de Némesis en todas las dimensiones de las injusticias denunciadas y vividas por las mujeres.

4.3 Claves de comparación de Mary Daly con Nancy Fraser y Carol Gilligan

La ética feminista de la justicia se ha desarrollado, como hemos podido ver desde la perspectiva de género y de la ética del cuidado.

En primer lugar, hemos tratado el tema de la justicia en el ámbito teórico actual. Seguidamente, hemos ampliado el campo con la reflexión sobre la ética del cuidado. Finalmente, analizamos de forma diacrónica y sincrónica las obras de Daly para encontrar las principales características de su propuesta ética, con el fin de compararla con las tres perspectivas (justicia de la representación y del cuidado) valorando sus convergencias, divergencias y su utilidad.

La comparación tiene los siguientes objetivos: mostrar la innovación que aporta Daly en el campo de la ética de la justicia, ponderar su viabilidad y actualidad, investigar si comparte rasgos con otras propuestas sobre la justicia de los principales ámbitos de la ética feminista y plantear preguntas oportunas sobre sus divergencias, sobre sus carencias o puntos débiles, generando el debate sobre su posible desarrollo futuro.

La comparativa se hará en tres momentos. Partiremos de las dimensiones analizadas de forma sincrónica y diacrónica en la obra de Mary Daly en referencia a la justicia como pautas de comparación con las demás autoras, en base al material investigado y expuesto en los capítulos anteriores. Estos núcleos temáticos son: teológico, ontológico, semántico, humanista, político-histórico, ecológico y utópico, y se aplicarán por dos razones:

- Son constantes en su obra y muestran una imbricación intrínseca con la cuestión de la justicia y designan los ámbitos prácticos donde se detecta y experimenta la injusticia: metodológico-simbólico, semántico-lingüístico, religioso-ritual, teológico-filosófico, político-histórico, humanitario-ecológico y la amenaza del futuro incierto, de forma que conectan lo teórico con lo práctico.
- Muestran un área suficientemente amplia para poder efectuar una comparación no sesgada como se ve tras el estudio de las autoras: Nancy Fraser y Carol Gilligan.

Estos núcleos temáticos, dada su extensión y número, a su vez, se podrán agrupar en tres puntos para acotar el debate: aspectos metodológicos, existenciales y el alcance. Dentro de los aspectos metodológicos se reflexionará sobre el concepto de la justicia, los aspectos formales de las obras y sus contextos, el lenguaje y la metodología empelada por las autoras. Entre los aspectos existenciales se enumerarán las convergencias y las divergencias entre la percepción y la pertenencia de sus ideas de la justicia en el contexto político-histórico, psicológico, ecológico concreto. Respecto al alcance, se tratarán las perspectivas del desarrollo, de aplicación, de repercusión y de relevancia a diferentes niveles.

Presuponemos una base filosófica de las autoras, que probablemente marque sus máximas distancias, junto al aspecto teológico que diferencia a Mary Daly de todas ellas.

4.3.1 *Aspectos compartidos entre las autoras*

A pesar de las enormes distancias entre los presupuestos iniciales de las autoras a nivel filosófico, la ausencia de la referencia teológica, excepto en Mary Daly, y la diferente aproximación al concepto de la justicia, existen numerosas coincidencias entre Nancy Fraser, Carol Gilligan y Mary Daly en cuestión de la justicia.

Comenzaremos por las cuestiones metodológicas ya que son el eje trasversal en la obra de las autoras. Y después destacaremos las convergencias de las mismas desde la clave existencial.

4.3.1.1 Cuestiones metodológicas

La aproximación metodológica marca los profundos contrastes entre las autoras dentro de los campos temáticos y ámbitos prácticos y teóricos dada su complejidad y su mutua imbricación. Las tres pensadoras, no obstante, coinciden en la mayoría de lo que hemos designado las cuestiones metodológicas, que podríamos enumerar de la siguiente manera:

- La aproximación interdisciplinaria y holística.
- La reflexión desde la perspectiva de género.
- El uso de la herramienta de la deconstrucción.

Las tres autoras coinciden en la necesidad de una visión global de la moral, que no trate tan sólo sobre el acto, o el contenido de la justicia, o el sujeto en cuanto ser racional; es decir, que no trate en exclusiva su aspecto intelectual.

Las pensadoras afrontan la complejidad del ser humano en sus dimensiones psicológica, afectiva y como producto de la socialización, para describir los múltiples factores que se articulan de cara a un juicio moral y la valoración de la justicia que a veces amplía o limita la responsabilidad.

También tienen en cuenta la complejidad de las relaciones humanas en las dimensiones contextual, histórica y política de las circunstancias personales. Una época de cambios constantes y de falta de referencias, donde prima la subjetividad, las propuestas no son simples, sino que deben englobar más variantes, incluso las económicas para evitar caer en el relativismo postmoderno.

La perspectiva de género acompaña a las tres autoras a lo largo de su trabajo. Las autoras difieren cuando esta reflexión acompaña sus planteamientos teóricos, pero la reivindicación de las voces femeninas en los ámbitos académicos, científicos y educativos es el medio principal del cambio social y de relaciones.

El silenciamiento y el ocultamiento de la aportación de las mujeres en estos ámbitos es denunciado y la reflexión feminista sobre la justicia empieza a formar parte de los contenidos de la reflexión académica sobre la moral, como muestran los recientes trabajos citados, como el de Víctor Gozálvez, ed., "Articulación de la justicia,"[60] obra del año 2016, de investigadores de Valencia y Madrid (varones) que pretenden compaginar la tradición de la justicia clásica y moderna con las preocupaciones por el aspecto afectivo de la justicia del cuidado y su integración mutua.

El debate sobre el género dentro del ámbito feminista y entre las pensadoras de distintas corrientes feministas, puede debilitar la fuerza del discurso común, como teme Mary Daly, pero también, a la larga, puede facilitar la construcción de una teoría de la justicia plural a partir de las diferentes experiencias y las prácticas feministas o incluso indicará la necesidad de una profundización en los modelos ontológicos y personalistas, como la que propone la autora, que ilumine y oriente las conclusiones morales.

Las tres utilizan las metodologías feministas, como la hermenéutica de la sospecha y el método crítico, con el objetivo de cuestionar el *status quo* patriarcal en los campos teórico-práctico de la justicia. La deconstrucción (siguiendo el método de Rudolf Bultmann), en caso de Nancy Fraser y Mary Daly, se efectúa sobre el concepto de la justicia clásica, sus sujetos y su procedimiento de implementación. En el caso de Carol Gilligan y Mary Daly, la deconstrucción se da en los campos metodológico y académico siguiendo los estándares de la investigación.

Las tres autoras no se conforman solamente con el aspecto negativo o deconstructivo, sino que someten las teorías éticas y de justicia modernas y clásicas a un análisis creativo. Daly va aún más lejos, ya que no solamente se basa en los presupuestos modernos, sino que retrocede a los conceptos de la justicia clásica y a los relatos fundantes de las culturas donde el patriarcado afecta a las praxis y las teorías éticas.

En último término, las pensadoras coinciden en realizar una labor de reconstrucción de una teoría de la justicia que responda a las preocupaciones

60. Víctor Gozálvez, "Articulación de la justicia," *Educación XXI* 19, no. 1 (2016): 316.

feministas, donde quepa la mediación de la tradición, pero con un horizonte amplio tanto de distancia temporal como de los marcos de interpretación de la realidad para que sea inclusiva con respecto a las experiencias de las mujeres y de los grupos o movimientos no reconocidos, o a aspectos a los que no se haya prestado suficiente atención en la teoría clásica: la afectividad, la maternidad/paternidad y el cuidado.

El aspecto constructivo, en el caso de Mary Daly, es aparentemente el más visible, empezando por el lenguaje nuevo, los relatos utópicos de aplicación práctica, la incidencia ecológica de la praxis de la justicia. Sin embargo, Carol Gilligan y Nancy Fraser no pretenden un cambio de esquema académico ni filosófico. Parten de los avances alcanzados y consideran que su aportación constructiva debe ser una actitud de incorporación de los aspectos anormales a las teorías normales (patriarcales, diría Mary Daly) científicas y políticas, para conseguir las brechas suficientes y que el sistema se verifique como falsificado,[61] cayendo por su propio peso y siendo sustituido por una teoría que explique mejor la realidad moral.

4.3.1.2 Clave existencial

El grueso de las coincidencias entre las autoras se encuentran desde una amplia clave existencial. Ésta contiene los siguientes campos temáticos: la justicia en el contexto político-histórico, psicológico y ecológico; campos que se debaten en el ámbito teórico-humanista y tienen una gran incidencia a nivel práctico.

El peso del ámbito práctico es significativo (a diferencia de los aspectos metodológicos, donde el interés se centra en los ámbitos teóricos) y abarca las mentalidades, las relaciones, los espacios sagrados, lo privado y lo público, el trabajo, la responsabilidad en la toma de decisiones, el ejercicio de poder, la autoestima, la maternidad. Las cuestiones más interesantes que tratar serían:

- La atención al concepto de la experiencia.
- La incidencia de la teoría y de la praxis.
- La importancia de los ritos y los símbolos.

a) Concepto de la experiencia

La experiencia de las mujeres atraviesa las reflexiones de las tres autoras. En el caso de Nancy Fraser se ve claramente también que se trata de las

61. Karl Popper, "Los dos significados de falsabilidad," trans. Andrés Rivadulla, *Revista De Filosofía* IV (1991): 3-11.

experiencias de los grupos marginados o los grupos que no tienen cabida en el marco de relaciones igualitarias (incluso dentro del estado de derecho), porque sufren un reconocimiento deficiente de sus diferencias o, como sugiere Martha Nussbaum, por no poder mantener relaciones de pleno derecho debido a condiciones de enfermedad etc.

El concepto de la experiencia, como hemos podido ver al tratar del estado de cuestión de las éticas feministas, atiende lo particular, multiplicado en muchas personas, pretendiendo formular la situación existencial y la realidad de los diferentes colectivos, no en plan prescriptivo sino descriptivo y sin pretensiones de absolutización o universalidad propias de la metodología científica y comprendiendo las experiencias del varón blanco europeo como normativas y paradigmáticas para toda la humanidad.

Estas autoras, además, prestan atención a las experiencias de las mujeres en diferentes contextos: Mary Daly en los cinco continentes, Carol Gilligan, desde los diferentes estatus sociales; Nancy Fraser, en función de otras referencias cruzadas como país, etnia, origen, tratando de descubrir los aspectos comunes de su condición socio-política, psicológica e histórica como subordinadas y oprimidas, y empoderar a las mujeres con herramientas que les permitan tomar conciencia de la opresión, sin caer en el victimismo y plantear los objetivos del cambio. La ética pretende trazar un camino justo, progresivo y directo para que tal reivindicación o sueño se haga realidad en diferentes ámbitos de la vida.

Paul Ricoeur[62] descubre la naturaleza originariamente lingüística de la experiencia humana: la experiencia humana es una experiencia narrada, contada, interpretada. Expresamos no tanto los pensamientos sino lo que somos, como pensamos, percibimos. Hablar es ser y ser es actuar. Lo teórico y pensante, llega a ser ético, efectivo, actuante. Por lo tanto, la actividad de comunicarse es de gran ayuda para saberse, moldea y modula la propia realidad, supone una apertura a lo otro y diferente, pero también denunciaría que lo que no se cuenta, no existe, lo que no se recuerda está muerto.

Ivone Gebara[63] habla de las experiencias femeninas del mal en los ámbitos de:

- No tener.
- No poder.

62. Paul Ricoeur, *Tiempo y narración III: El tiempo narrado*, trans. Manuel Maceiras (México: Siglo XXI, 2006), 98.

63. Ivone Gebara, *El rostro oculto del mal: Una teología desde la experiencia de las mujeres* (Madrid: Trotta, 2002).

- No saber.
- No valer.
- La maldición del color de la piel.

Estos ámbitos corresponden a la invisibilización de las mujeres en el mundo científico y dan pie a que la ciencia sea masculina y margine a las mujeres y su acceso a la sabiduría y la realidad. A nivel teológico, que se use sólo el lenguaje masculino sobre Dios hace que se identifique de forma falaz a dios con el varón, rico, blanco, joven, guerrero, de la élite etc. y reduce la teología a una disciplina con las mismas características y carencias. Lo parecido se experimenta en el mundo político, económico y laboral.

Desde estas experiencias compartidas por las mujeres las autoras plantean la cuestión de si hay sitio y dónde para los y las que no cumplen con los rasgos hegemónicos y cómo identificarse con la realidad y con la divinidad exclusivista y con la alteridad falseada.

Estas experiencias no pueden quedar infecundas y la moral feminista considerará justo lo que corrobore un cambio de paradigma mental que se despreocupe de buscar una verdad aséptica, neutral, auténtica (objetiva) y se centre en tender puentes entre las personas con sus lenguajes-maneras de ser singulares, propios y acercando sus realidades.

La experiencia de la justicia y del cuidado, desde la perspectiva feminista de las tres autoras, tiene su propia gramática inclusiva que conjuga los aspectos de derecho y garantiza un reparto equitativo de los bienes a todos; pero no se reduce a marcar los límites inferiores del bien sino que considera lo justo como lo que redunda en el crecimiento y la comunicación hacia exigencias de máximos: la sobreabundancia del afecto, la búsqueda y la anticipación del bien mayor, un cuidado como los progenitores que aman y cuidan a sus retoños.

El sentido de la frase citada en *Amazon Grace* de Matilda Joslyn Gage en su obra *Women, Church And State* y escogida por Mary Daly sobre la necesidad de cuidar de una misma y ser plenamente persona[64] (sin quedarse en la edad de la minoría de edad y de responsabilidad) coincidiría con el planteamiento de Carol Gilligan y su noción del desarrollo moral.

Las mujeres se experimentarían como cuidadoras porque son cuidadas, y cuidan de los otros en la medida que cuiden de ellas mismas. Esta misma mención, resulta ser de crucial importancia, ya que conecta la cronología de las tres autoras y la tradición feminista de la justicia. En 1893, Matilda Joslyn Gage ya habla del estatus de las mujeres en el

64. Daly, *Amazon Grace*, 150.

mundo y en la historia, la categoría que aparece en Nancy Fraser y que Mary Daly recoge para comentar la violencia ejercida contra las mujeres, de diferentes formas, pero con ciertos patrones opresivos parecidos a los paradigmas del "racismo y clasismo"[65], como afirma en *Wickedary* y reafirma en *Amazon Grace*. Así hace referencia a los clásicos socialistas y a Karl Marx, en particular, unas categorías que también utiliza Nancy Fraser, ya discutidas.

b) Sobre la incidencia de la teoría y de la praxis

En el apartado sobre la estética que irrumpe en la ética y sobre la ética y la estética feministas se puso de manifiesto el dualismo de las oposiciones binarias que critican las autoras tanto en la metodología científica como en el planteamiento de las relaciones y las praxis sociales patriarcales.

Se detectó tanto en la teología como en las diferentes disciplinas, que se ha dado una importancia excesiva a la razón, a lo intelectual (en cuanto lo distintivo humano), en detrimento de la voluntad que engloba el aspecto afectivo (asignando de forma confusa el afecto y las emociones a los instintos animales).

Como fruto de tal distancia y disociación entre la teoría y la praxis surgen:

- Unas praxis demasiado racionalistas, objetivadoras y absolutas.
- Unas teorías de poder autoritario, dominador y totalizador.

Esta disociación es paradójica y, a la vez, funcional, porque no impide que la teoría se convierta en praxis cuando se trata de las relaciones binarias y de dominación.

De ahí, la necesidad de recurrir atentamente al rol de la mediación, del tercer trascendental: *pulchrum*, junto a del *verum* y *bonum*, que señala la posibilidad de un mayor equilibrio entre lo intelectual y lo volitivo/afectivo y permite tomar conciencia de la representación y las imágenes que alimentan los dualismos y los posicionamientos binarios.

Estas presuposiciones binarias, en cuanto a las relaciones de género, atribuyen ciertos rasgos intelectuales (por naturaleza o contrato) como superiores a los varones y otros rasgos afectivos (más que volitivos) como inferiores a las mujeres. Así se construye una realidad polarizada donde el *otro* es un desconocido, extraño y cuanto más se pretenda conocerlo, más se le trata como objeto o instrumento, se despersonaliza y se distancia o se acerca para dominarlo.

65. Daly, *Amazon Grace*, 75.

En caso de las mujeres, la representación del eterno femenino funciona como una mediación ambigua:

- Se ha situado como el *otro* del varón.
- Este otro es necesario en cuanto representativo de lo contrario para el varón y sujeto inferior.
- Lo justo para las mujeres es reproducir el patrón de comportamiento que corresponde a los relatos que sitúan a las mujeres en inferioridad a los varones, es decir, no salirse de su rol de sumisas, y descubrir ahí su valor como necesarias y lo injusto es cuestionar este rol saliendo de los patrones representativos masculinos.

La paradoja de la ética tradicional, en cuanto patriarcal, funciona como la referencia circular entre la inmadurez racional de las mujeres que justifica su inmadurez moral y asigna al varón el puesto predominante: lo ontológico (lo racional) condiciona lo ético (lo bueno), pero en el sentido contrario, no influye en el cambio.

Las tres autoras, cuestionan estos presupuestos teóricos que iluminan una moral hipócrita y, sobre todo, Carol Gilligan y Mary Daly proponen otra representación:

- En lugar de la mujer como lo otro para el varón, ambos se pueden ver como iguales en especie y no asimétricos por el género.
- En lugar del binomio dominador-sumisa, se presta atención a los terceros (los hijos, los demás, los animales) que rompen la gramática del nosotros contra ellos.

Desde esta perspectiva, lo justo no sería lo que refuerza los patrones dominantes sino lo que garantiza el cuidado de todos, en cuanto iguales en dignidad, aunque distintos y singulares en reconocimiento (el matiz es de Nancy Fraser).

El concepto holístico de "todos" incluye las mujeres, traza los límites inferiores para no caer en el exceso del totalitarismo o absolutismo y los límites superiores para no caer en el relativismo y subjetivismo individualista.

En definitiva, la teorización sobre la justicia necesita una visión global que conecte la teoría con la praxis en equilibrio y a través de mediaciones, representaciones y hermenéuticas acordes con los intereses de los diferentes de las mayorías, atentas al hecho de que las mayorías pueden ser democráticas, pero pueden generar estructuras de injusticia y opresión.

La visión de la justicia feminista, aunque no se puede englobar en un único movimiento, a estilo de los grupos sociales minoritarios que reivindican el reconocimiento de sus legítimos derechos de representación política, permite dar cuenta de los desequilibrios actuales en los ámbitos de poder político y económico, y ofrece mediaciones y símbolos que no sólo cuestionen los existentes, sino que inspiren tanto a los varones como las mujeres para lograr el bien común de forma más global.

c) Importancia de los ritos y los símbolos

Los símbolos y los ritos son representaciones de la autocomprensión de un grupo de personas. Esta autocomprensión (el saberse) tiene diferentes niveles como son el social, personal, familiar, laboral y se articula en unas coordenadas individuales (la manera de reconocerse a sí mismo ante uno mismo o ante los demás) o relacionales (la manera en que a uno le reconozcan dentro del grupo, desde otros grupos o desde la singularidad del uno).

Las tres autoras ponen de relieve la necesidad de hacer justicia a las mujeres desde la propia percepción individual con respecto a los demás, desde la imagen del colectivo de las mujeres ante las mismas y ante los varones, desde la recepción y representación en cuanto personas y en cuanto mujeres en los ámbitos políticos, económicos, familiares, étnicos y religiosos.

En el caso de Nancy Fraser, se tratará de buscar procedimientos legales, en cuanto mediaciones y representaciones, que garanticen no sólo la legalidad sino la justicia en la determinación de los marcos de participación e influencia en el ámbito de lo público (del derecho, de la política y la economía).

Carol Gilligan recuperará el ámbito atribuido y recluido a lo privado para descubrir la parte perdida por parte de la mitad de la humanidad y reconocer lo emocional y lo afectivo como valioso, y poder ofrecer símbolos y mediaciones que permitan elegir los papeles sociales sin determinación de género. Sus imágenes narrativas cuestionarán los relatos que condicionan evolutivamente el desarrollo moral y adscriben ciertos comportamientos y rasgos a los niños o niñas sin atender su singularidad radical que precede la organización sexual masculinizante y dominante. El cuidado se reconocerá como el principio ético básico y humanizador. Sus sucesoras trabajarán en el campo científico y educativo para trasmitir estos nuevos relatos y símbolos que describirán la humanidad como racional y afectiva, y la justicia como el cuidado.

Mary Daly revisará cómo han funcionado los ritos y los mitos, cómo han recibido la carta de ciudadanía en las culturas como tradiciones siendo, a menudo, actos atroces y antihumanos. La autora desafiará la lógica, la ontología y la gramática para que originen las representaciones y las interpretaciones que eviten los dualismos de lo público y lo privado y fundamenten una historia de las mujeres que ha existido (el patriarcado no es eterno) y que pueda ayudar a las mismas a construir su propia representación, la utopía del mundo biofílico, sin categorizarlo demasiado, y permitir a las protagonistas de su destino, refundar su historia y su pensamiento ético, sin necesidad de una constante referencia a los esquemas tradicionales patriarcales.

d) Conclusiones

La incorporación de la categoría de la experiencia ha permitido dar voz a las mujeres en sus circunstancias sin reducir la singularidad de la situación existencial de cada una. Esto implica también la cuestión de la trasmisión, la capacidad de captar, expresar, representar y reconocer la totalidad de la experiencia ajena, y permite situar el discurso filosófico no desde arriba, desde lo universal y abstracto, sino desde abajo, desde lo concreto.

Esta aproximación no está exenta de dificultades, como podría ser la provisionalidad del discurso o la situacionalidad de ciertas éticas, pero para evitarlo las tres autoras se asientan en la tradición ética que, hace legibles sus propuestas para la amplia comunidad científica. Daly profundiza en los presupuestos prearistotélicos y debate con la perspectiva cristiana tomista, mientras las demás establecen sus fuentes en la tradición moderna de la justicia. No obstante, no ceden al relativismo postmoderno.

Las tres descubren la necesidad un claro nexo entre la teoría (en cuanto normas) y la praxis (en cuanto procedimientos), al llegar a la conclusión de que la separación excesiva de las disciplinas teóricas (la filosofía, la historia) de las prácticas (la política, la psicología, la sociología, la educación, el derecho) perpetúan el sesgo machista de sus planteamientos y justifican los privilegios de la mayoría relevante a nivel de influencias económicas, políticas y sociales.

Al mismo tiempo, se dieron cuenta de la mediación que hace la representación, el símbolo, el rito y la imagen para mantener el dualismo de oposiciones binarias, pero solamente con respecto a las mujeres. La revisión de los principales relatos simbólicos (en el caso de Mary Daly, los relatos bíblicos y mitológicos; en el caso de Carol Gilligan, el relato de la vida doméstica y privada, idealizada y minusvalorada a la vez; en el caso de Nancy Fraser, el procedimentalismo excluyente que con el derecho en la mano, de forma legal, sanciona las medidas injustas) muestra el poder del imaginario y la mentalidad dominadora que ponen en práctica los presupuestos teóricos neutrales y a la vez, constituye la clave hermenéutica del cambio: al modificar la imagen, el símbolo, el rito, se generan otras praxis y desde otras praxis, se generarán otras imágenes.

La aproximación de Mary Daly se hace desde la imagen a la praxis, mientras que las demás parecen preferir un cambio de conducta para modificar los marcos de representación y reconocimiento de las mujeres. Estas diferencias de perspectiva se basan en fundamentos filosóficos y metodológicos que revisaremos seguidamente, al tratar de las diferencias de la metodología.

4.3.2 *Elementos diferenciadores*

Los principales contrastes los encontramos en las claves metodológica y de alcance. Dentro de la clave metodológica destacaremos los:

- *Campos temáticos: filosófico y la definición de la justicia.*
- *Ámbitos teóricos: teológico, ontológico y semántico.*

4.3.2.1 Punto de partida teológico

El elemento diferenciador principal de la obra de Mary Daly es su punto de partida teológico. No encontramos una mención específicamente religiosa en las demás autoras, aunque en alguna ocasión las autoras consideran que:

- La interreligiosidad es un tema de representación, al mismo nivel que la multiculturalidad o la orientación sexual; el fundamentalismo religioso mitiga la coalición entre las mujeres y profundiza en su división (la perspectiva de Nancy Fraser).
- Los criterios religiosos afectan a la valoración moral, sin evaluar si la ética que representan les constriñe o les moviliza a tomar decisiones autónomas. En este sentido, la perspectiva de Carol Gilligan es más psicológica que teológica.

Mary Daly empieza su reflexión moral por las praxis eclesiales, después hace una reflexión crítica sobre los presupuestos teológicos cristianos y no pierde su conexión con la tradición tomista (aristotélica) tanto desde la Metaética del Feminismo Radical, como desde la Filosofía Elemental Feminista.

En el campo de la transmisión del mensaje sobre el tratado de Dios, considera que:

- Una parte del lenguaje inapropiado de Dios tiene su origen en la influencia del pensamiento griego teísta para contrarrestar la imagen del dios uno frente al politeísmo, un dios que no se puede identificar con la naturaleza frente al panteísmo y en el hecho de que haya un dios frente al ateísmo. Ahora bien, el teísmo atribuye a Dios las perfecciones que en la antropología clásica correspondían a la perfección, y ésta llegó a representarse en la teología, en mayor medida en los varones.[66]

- Las perfecciones (inmutabilidad, omnipotencia, simplicidad, omnisciencia, impasibilidad, eternidad) y su presunta neutralidad chocan con la realidad de la miseria humana que reza a Dios compasivo y misericordioso. Entonces se descubre a Dios encarnado, sufriente, relacional y liberador.[67]
- El lenguaje conlleva un sistema de símbolos, que dirigen la atención hacia lo infinito que simbolizan y lo finito con lo que simbolizan y pueden llegar a justificar las tautologías como: un dios-guerrero que justifica la guerra santa, un dios-rey que justifica la existencia de los subordinados, un dios masculinizado que evoca la imagen de un varón dios. Al hacer referencia a lo divino, la realidad humana se convierte en consagrada.
- La crítica del lenguaje de Dios pasará por el cuestionamiento de su carácter exclusivista (sólo varón representa a Dios), literal (la masculinidad como la característica esencial del ser divino), patriarcal (Dios como rey absoluto), dualista (lo femenino es a lo masculino lo que la subordinación es a la dominación etc. ...).[68]
- La búsqueda se explicita en los lenguajes menos inadecuados de hablar de Dios y en un replanteamiento de la doctrina (tradición) que lleva tiempo en crisis de reformulación.[69]

En las dos últimas obras, a partir de los años noventa, las referencias teológicas son más escasas porque se centran sobre todo en aspectos prácticos y políticos del feminismo y manejan ya los conceptos y terminología propia y nueva; pero la metodología que utiliza Mary Daly a lo largo de

66. La hipocresía de la moral tradicional se fundamenta sobre la base teórica que enfatiza el rol femenino desde la caridad, docilidad, obediencia, humildad, abnegación, sacrificio y servicio y que ha sido asimilado no sólo por los varones sino por las mujeres evitando que ellas mismas pudiesen poner en cuestión este rol reforzando y perpetuándolo. El negar la parte racional a las mujeres, tan presente en la teología cristiana desde Tertuliano, pasando por S. Agustín, Tomás etc. ha sido la estrategia básica para confinarlas a la condición de imbecilidad moral. Daly, *Gyn/Ecology*, 121-125.

67. Johnson, *La búsqueda*, 24-38.

68. En *Beyond God the Father*, Daly revisará los lenguajes correspondientes, siguiendo su convicción mostrada en el libro anterior sobre la necesidad de los nuevos lenguajes teológicos, recuperando las nociones de metáfora y la teoría clásica de analogía. No se trata simplemente de dar la vuelta a las palabras, ni tampoco "montar" una especie de "neolengua" o "nueva habla" que denuncia Orwell sino de las nuevas palabras, proyecto que desarrollará ampliamente en su diccionario y que practica la autora en sus libros. Las palabras de la lengua de los "varones-madres" no vehiculan, ni son contenedores, ni trasmiten la experiencia de las mujeres; hay que aprender el lenguaje de las madres a través del exorcismo de los "varones-madres."

69. McFague, *Modelos*, 161.

toda su obra conjuga lo mejor del tomismo (rigor, precisión y lógica) con los alcances de la fenomenología y lingüística.

La autora quiere evitar que el feminismo caiga en las aporías postmodernas. La reivindicación de la experiencia como factor subjetivo y singularizado no debilita su cuerpo de pensamiento, sino que lo amplía y enriquece. Para no convertirse en abogada de la ética de situación, se basa en un fundamento metodológico clásico comprobado y conocido. Así su filosofía y apuesta ética tiene garantías de ser suficientemente universales como para ser adaptadas a diferentes contextos y experiencias y, al mismo tiempo, tan flexibles que no excluyas las experiencias particulares en nombre de esta universalidad.

Resumiendo: ante las imágenes teológicas tradicionales, la teología feminista tal como la plantea la autora, se comprometerá en tres perspectivas:

- Analizar críticamente las opresiones heredadas: la deconstrucción del prejuicio sexista.
- Buscar alternativas a la historia suprimida: recuperación de la imagen del bautismo como la incorporación en la imagen de Cristo.
- Encontrar las nuevas interpretaciones: reconstrucción de los símbolos integradores y prácticas inclusivas.

Esta visión teológica es totalmente ajena a las otras autoras que tratan de la justicia, aunque las consecuencias éticas de mantener estas imágenes desembocan en actitudes que coinciden con los síntomas de las carencias morales de las que habla Carol Gilligan. Si las mujeres sólo pudieran verse como *Imago Dei*, como dice Mary Daly, a condición de negar su propia identidad sexual o fiarse del poder masculino en detrimento de la confianza en el criterio propio, a las mujeres no se les podría pedir la autonomía moral, lo que presupone la pérdida de responsabilidad moral.

Carol Gilligan, en este sentido, criticaba la conclusión de Lawrence Kohlberg de que en lugar de ver la necesidad de empoderar a las mujeres para que puedan tomar decisiones libres y responsables, habiéndoles sido privada esta posibilidad, sostenía que ésta es la prueba de la condición inferior moral de las mujeres (y no del misoginismo sistémico de las estructuras patriarcales en la investigación sobre el desarrollo moral): la incapacidad de tomar decisiones autónomas por sí mismas.

4.3.2.2 Base filosófica

La filosofía de la que parten y sobre la que proponen los cambios difiere radicalmente si comparamos a Mary Daly y el resto de las autoras estudiadas. En el caso de la teóloga de Boston, su trayectoria intelectual europea y una base pre-conciliar tomista muy sólida, que se extendió hasta el doctorado (que era su tercer doctorado, tras el de literatura y lengua inglesa y la filosofía), le ha permitido elegir la tradición filosófica sobre la que efectuar la crítica y sobre la que construir su propuesta del cuerpo intelectual.

Nancy Fraser[70] (filósofa y doctora por la Universidad de Nueva York, actualmente docente en *The New School for Social Research*) y Carol Gilligan[71] (psicóloga y doctora por *Harvard University*, actualmente profesora ordinaria en la facultad de derecho de la Universidad de Nueva York), parten de la formación filosófica moderna, arraigada en Kant y sus sucesores.

Habría que añadir también que la perspectiva del reconocimiento y representación en el caso de Nancy Fraser se centra en los aspectos políticos y del derecho, mientras la idea de Carol Gilligan se ve apoyada en las ciencias educativas y en la psicología clínica, que confieren diferentes matices al trabajo de cada una, sin entrar ni siquiera en las diferencias del contenido de ambas autoras.

A nivel de principios éticos se plantea el debate si Fraser puede hacer coincidir en su marco deontológico el enfoque teleológico[72] propuesto por Axel Honneth. El *Sittlichkeit* o *ethos,* al que se refiere,[73] remite más bien a Friedrich Hegel en su "Fenomenología del Espíritu," mientras Lawrence Kohlberg y Jürgen Habermas, por el contrario, remiten a la moralidad individual reflexiva postconvencional, a lo universal y al derecho (siguiendo presuntamente a Immanuel Kant).[74]

Parece que precisamente el entronque ético desde la filosofía moderna tanto de Carol Gilligan como de Nancy Fraser en sus trabajos muestra lo que Gloria Martín llama "la dicotomía de la ética de justicia y del cuidado en la sociedad" que está en el origen mismo de la teoría moral moderna:

La dicotomía entre ética de la justicia y ética del cuidado está en el origen mismo de la teoría moral moderna y está ligada a la separación de esferas y la construcción de los géneros: la ética de la justicia es adecuada para lo público y para los hombres, la del cuidado para lo privado y para las mujeres.[75]

La tradición moral que surge en el contexto de la Ilustración coincidió con la separación de las esferas pública y privada al verse desautorizado

70. El CV de Nancy Fraser está disponible en: https://www.newschool.edu/nssr/faculty/Nancy-Fraser/

71. El CV de Carol Gilligan está disponible en: https://its.law.nyu.edu/facultyprofiles/index.cfm?fuseaction=profile.biography&personid=19946

72. Fraser, *¿Redistribución o reconocimiento?,* 35.

73. Fraser, *¿Redistribución o reconocimiento?,* 35.

74. Amorós, ed., *Feminismo y filosofía,* 47.

75. Gloria Marín, *Ética de la justicia y ética del cuidado,* 3. Accessed: May 19, 2016. https://es.scribd.com/document/344990804/Etica-de-La-Justicia-y-Etica-Del-Cuidado-Gloria-Marin

el esquema de la ley natural, que privilegiaba a cierta parte de la sociedad (masculina) a causa del nacimiento y conllevó la deslegitimación de la teología ligada a la filosofía a nivel teórico por la misma razón y a nivel político por la excesiva complicidad de lo religioso con lo monárquico.

La ética funciona como legitimadora del sistema social en el ámbito público y, sustituyendo la jerarquía natural por contrato, en nombre de la libertad de elección, se necesitaba una esfera privada, donde se aplicara otra ética, más adecuada a la vida privada y más apropiada para las mujeres que firman su sumisión al control sexual en el contrato matrimonial.

Esta tradición tiene varios puntos débiles, como demuestran las teóricas feministas, ya que está basada en la distinción entre la justicia y la vida buena, por lo que quedan fuera muchos aspectos importantes, incluso el de la vida pública, y en la restricción del dominio moral, que excluye la esfera privada: la familia, el amor, la amistad, la reproducción y la sexualidad.

Por todo eso, se consideran inconsistentes las teorías morales universalistas ya que se presentan como universales,[76] pero lo que hacen es sustituir el universo de la humanidad por una sola parte de ella: los hombres blancos, adultos y propietarios o al menos profesionales.

Daly conocía la repercusión moderna y articula en su ética la fenomenología de Martín Heidegger, la lingüística de Paul Ricoeur y la teología de Paul Tillich. Hay también publicaciones suyas sobre la filosofía de Jacques Maritain[77] y hasta de Hans Küng.[78] No obstante, prefiere basar su cuerpo doctrinal en el tomismo (con las salvedades y con el enriquecimiento que efectúa la autora). Esto puede deberse al desengaño moderno del feminismo y su manipulación patriarcal (el paso de la condición natural al contrato social).

La filósofa se da cuenta de que, partiendo de las teorías modernas se cae en las mismas aporías que en la teoría clásica, pero las nuevas coinciden con la ruptura entre la filosofía y la ciencia. Sopesa que, por claridad, es más fácil basarse en un único cuerpo filosófico, con sus certezas e intuiciones, y perfeccionarlo con los avances de las filosofías y ciencias sociales modernas. La tecnocracia, entre otros frutos de la disociación total de la ciencia respecto a la filosofía, es uno de los males a los que conduce el llevar a cabo hasta las últimas consecuencias las filosofías modernas.

El hecho de prescindir, en cierto sentido, del debate feminista con los filósofos de la modernidad, en caso de Mary Daly, hace difícil que su obra sea leida por la generación posterior de feministas que prefirieron

76. Adela Cortina, *Ética sin moral* (Madrid: Tecnos, 1990).

77. Mary Daly, *Natural Knowledge of God in the Philosophy of Jacques Maritain* (Rome: Officium Libri Catholici, 1966).

78. Mary Daly, "Hans Küng," in: *The New Day: Catholic Theologians of the Renewal* (Richmond: John Knox Press, 1968): 129-142.

abandonar todo sesgo religioso (en cuanto fruto de las alianzas Iglesia-Estado) para buscar lo común humano desde la tradición moderna. Este hecho la situaría fuera del circuito postmoderno, a juzgar por la pequeña repercusión de su obra en las feministas postmodernas, al menos en los países hispanoparlantes y, sobre todo, en España.

Existen, sin embargo, inconvenientes en el hecho de basar la ética solamente en los presupuestos teóricos modernos de los derechos y de la justicia, como bien matiza Gloria Marín[79] y como ya se había percatado Mary Daly.

a) La definición del alcance de la ética: justicia y vida buena.

La ética de la justicia sirve para resolver conflictos interpersonales y sociales por medio del consenso, desde la perspectiva de la distribución. No importa el contenido distribuido, sino que el procedimiento sea justo. Es, por tanto, una ética procedimental: lo que importa es el procedimiento llevado a cabo, no el contenido. La ética no se pronuncia sobre lo bueno en general, por lo que queda restringido al ámbito personal.

Esta visión de la ética inhibe el debate sobre valores, y desactiva la crítica de los valores dominantes.

b) La supuesta reciprocidad y universalidad de la teoría moral.

La reciprocidad y la justicia se solían considerar, como pudimos ver, principios básicos de una teoría moral. Sin embargo, con el tiempo, han variado los criterios de inclusión y exclusión y el marco de igualdad y reciprocidad entre los sujetos, generando exclusiones: mujeres, esclavos, negros. También han ido cambiando los aspectos de la conducta humana en cuanto regulados por estos principios, y relacionados con el proceso de permeabilidad de los límites entre lo público y lo privado.

En la teoría moral moderna la universalidad supone la inclusión de todos los humanos, pero las tres autoras plantean la cuestión de si la teoría moral dominante cumple realmente esta condición.

Cuando se define al sujeto moral en la modernidad, se excluye a las mujeres. Según Jean Jacques Rousseau las mujeres no hacen la abstracción de los intereses particulares por lo que no tienen una autonomía ética ni pueden ser sujetos del contrato social. No son sujetos morales. Para Emmanuel Kant se llega al imperativo moral por la razón, por la capacidad de abstracción, pero ésta no es propia de las mujeres, a las que no corresponden las virtudes sublimes sino las bellas, que no son genuinas

79. Marín, *Ética*, 1.

sino adoptadas, y que sólo conducen a resultados aparentemente virtuosos. Estas virtudes, como la compasión, la cortesía y la benevolencia, no pueden exceder el ámbito de lo particular y concreto, no se les puede aplicar la universalidad y la generalidad.[80]

De ahí, que los inicios de la filosofía moral y política moderna que se apoyan en el ideal de autonomía de un sujeto desarraigado y dominante que establece pactos, el contrato social, y la ley que domestica la competición y evita la lucha de todos contra todos, excluyen de su imaginario a la madre, la esposa y la hermana.

Son ideales concebidos para un ente masculino, sostenible sólo si existe la división social entre la esfera pública y privada. En realidad, la sociedad no podría funcionar y, sobre todo, reproducirse si todas las personas siguieran ese ideal de autonomía que provoca escisión y dicotomía entre la ética de la justicia y del cuidado.

Frente a ello, se han tenido que desarrollar conceptos que corrigieran esta visión del sujeto moderno central, por lo cual la ética del cuidado es una reacción, una deconstrucción del esquema moderno. Se analizan los cauces que vinculan el pensamiento antiguo y moderno y prefiere no basarse en planteamientos que llevan a la división y a conclusiones binarias y opuestas que a priori se pueden sacar de la teorización de la justicia de la representación y de la justicia del cuidado.

Gloria Marín compara, de forma muy acertada, ambas perspectivas en un cuadro esquemático de sus características que facilitamos a continuación. Añadimos a esta tabla las correcciones que aplica Nancy Fraser a la ética de la justicia al añadirle el componente de representación. Señalamos las correcciones utilizando otra fuente.

Ética de la justicia y su corrección por parte de Nancy Fraser (justicia de la representación)	**Ética del cuidado**
Aplica los principios morales abstractos (formalismo). El otro es un sujeto genérico (imparcialismo). Aplica la perspectiva bivalente al ampliar el marco geográfico y multicultural más allá del estado westfaliano.	Aplica el juicio moral contextual. El sujeto es un “otro particular”.

80. Marín, *Ética*, 3.

Respeta los derechos formales de los demás. La responsabilidad hacia los demás se entiende como pacto de no-violencia a los derechos de los demás (ética de mínimos). El principio de la paridad de participación permite respetar las reivindicaciones de los grupos sociales minoritarios.	Se responsabiliza de los demás. Existe la posibilidad de la omisión como una elección moral deficiente.
El sujeto es individual y previo a la sociedad. El principio de todos los afectados.	El mundo es una red de relaciones en las que se inserta la persona. Reconoce las responsabilidades hacia los demás.
Rigen las reglas mínimas de convivencia, marcadas por los procedimientos que se deben seguir para llegar a resultados justos, pero sin pronunciarse sobre los resultados mismos (procedimentalismo). La representación permite mantener los presupuestos éticos maximalistas, pero no reducirlos *ad absurdum* ante la magnitud de minorías que reclaman ser reconocidas.	El valor moral tiende hacia la excelencia y las éticas de máximos.

Los presupuestos de Lawrence Kohlberg se sostenían en la ética de la justicia, y sobre las mismas bases se fundamentan los críticos de Fraser. En todo caso, tanto Carol Gilligan como Nancy Fraser describen los fallos en sus presupuestos, pero no superan sus propias dificultades al cruzar sus conclusiones con la categoría del género y con las tendencias feministas de igualdad y diferencia.[81]

Las críticas a Carol Gilligan por cuestiones metodológicas se pueden englobar en dos aspectos referentes a:

- La utilización incorrecta de los métodos de investigación en psicología.
- Las diferencias de género. Las afirmaciones de Carol Gilligan, se ajustarían a los estereotipos sobre las mujeres, más que a su realidad. Las diferencias entre los géneros corresponderían más bien a diferencias de

81. Joan Tronto, "Beyond Gender Difference to a Theory of Care," *Signs* 12, no. 4 (1987): 644-663.

poder y de posición social, de forma que si se corrigen estos sesgos no se observan diferencias de género.

Carol Gilligan, en cuanto feminista de la diferencia, revaloriza lo que ha sido devaluado por ser femenino. Sus críticos ven en ello una variante moderna de la tradicional adscripción de la razón a los hombres y del sentimiento a las mujeres. Sus partidarios destacan que la diferencia puede equilibrar o contrarrestar los estilos de vida hasta ahora privilegiados. Tiene algo en común con las corrientes que pretenden que las mujeres aporten soluciones para la crisis de la humanidad en la que se halla.

Sin embargo, ella afirma que la voz diferente que describe no se caracteriza por el sexo sino por el tema. Su asociación con las mujeres es una observación empírica, pero no absoluta y los contrastes entre las voces masculinas y femeninas ponen de relieve la distinción entre el dualismo de pensamiento enfocando un problema de interpretación, más que representar una generalización acerca de uno u otro sexo.

Otra carencia consiste en la supuesta renuncia a la universalidad de la ética, independientemente de su sexo o estatus, mientras que parece que Carol Gilligan une el cuidado con la responsabilidad y con el sexo. Sin embargo, este énfasis en la responsabilidad no debería suponer más cargas para las mujeres. Se trataría de combinar las responsabilidades en lo privado para que sean asumidas por las instituciones y por los varones, y además se trataría de aumentar la responsabilidad de las mujeres en lo público.

La propuesta sería sustituir una responsabilidad absoluta en lo privado por una corresponsabilidad de las mujeres con los varones en lo público y en lo privado. Los avances de la situación de las mujeres han llevado a que muchas hayan ampliado su responsabilidad a lo público en diferentes grados: desde movilizarse por el convenio a una dedicación política o asistencial. También han disminuido algo sus cargas en lo privado: hospitalización, escuelas infantiles, pero el cambio resulta claramente insuficiente.

Otra carencia de ambos presupuestos viene desde el ecofeminismo: el aspecto planetario. La justicia de la representación y la justicia del cuidado apuntan a las filosofías que superan el androcentrismo. Sin embargo, no cuestionan el antropocentrismo que, a pesar de ser muy discutible en cuestión de la responsabilidad y la justicia, en cuanto valores humanos propiamente dichos, no deja de ser actualmente un factor crucial y más viendo cómo la mentalidad dominadora pone en riesgo la sobrevivencia biológica de la vida.

La solución de Mary Daly no pretende hacer coincidir las corrientes de la justicia de representación con la del cuidado. La filósofa se ahorra entrar en debates, sean de conciliación, sean de división sobre las corrientes éticas viendo un mayor provecho en la fundamentación de la ontología feminista que permite sostener las propuestas morales coherentes. Siguiendo su propia experiencia de desengaño después del Concilio Vaticano II en el campo eclesiástico que pretendía innovar en lo irreformable, en el caso de la ética, considera que no se pueden unir los discursos emancipadores con las bases patriarcales, más allá de su denuncia.

Para generar un pensamiento creativo decidió incluso abandonar la terminología misma de la justicia para no perder la radicalidad de su significado.

En el caso de las bases filosóficas de Carol Gilligan, éstas son depuradas aun por su especialización psicológica y literaria. La orientación de su trabajo es eminentemente social y educativa, más que filosófica, estrictamente hablando, por lo que, a pesar de las múltiples coincidencias en muchas conclusiones e intuiciones con Mary Daly, éstas no se deben a las fuentes filosóficas mutuas, sino a la lectura común de las experiencias de las mujeres.

En cuanto al planteamiento filosófico ecofeminista, al estar compuesto por las representantes de múltiples filosofías, una conclusión muy general podría coincidir con las fuentes filosóficas de las demás: son fuentes modernas y postmodernas que Mary Daly conoce, pero considera complementarias y fragmentarias, fruto de los dualismos patriarcales. No es su objetivo fundamentar una propuesta en ellas ni seguirlas. Su visión del feminismo radical, en cuanto nuclear, requiere una profundización y un sistema ético previo al moderno, aunque nutrido por la fenomenología y la lingüística actuales, para enmarcar el debate desde unos presupuestos originales. Se apoya también en la mitología y el tomismo para su cometido.

4.3.2.3 Contenido de la justicia

Existen profundas diferencias en la concepción de la justicia, entre las tres autoras, y no solo tomando como punto de partida teológico y filosófico. Trataremos cuatro ámbitos de aplicación de las teorías de las tres autoras, para mostrar los contrastes existentes entre ellas: la cuestión de género, la cuestión de la diferencia-igualdad, la definición de la justicia y la aproximación metodológica al problema.

a) Cuestión de género

En los capítulos sobre la justicia de la representación, se ha facilitado el debate de la autora con varios pensadores que preferían enriquecer el esquema tradicional (aristotélico) de la justicia de redistribución con el del reconocimiento, sin ver la necesidad de dar un paso más allá. Este enfoque dualista, detectado y cuestionado por Fraser, lo supera con la ampliación del marco al multiculturalismo y buscando los criterios de representación política de los grupos sociales minoritarios que merecen el reconocimiento, no solamente a nivel psicológico o de derecho, sino, de hecho, de sus diferencias con respecto a la mayoría. De forma que se pueda garantizar una convivencia que no sea ni totalitaria de las mayorías ni anárquica de las minorías (según los principios de paridad de participación y de todos los afectados). Además, Nancy Fraser cuestionaba el marco geográfico (westfaliano) de aplicación y de salvaguarda de los derechos de estos grupos desde la justicia del reconocimiento.

Las críticas que recibía por parte de los representantes de los seguidores de la tradición moderna de la justicia eran: 1) la utilización de los términos socialistas de clase y estatus para ilustrar el binomio justicia de redistribución y reconocimiento, y 2) que las conclusiones parecían no corresponder coherentemente a los principios de los que se partía.

Como conclusión del debate, hemos considerado que los filósofos que objetan a Nancy Fraser, tratan del reconocimiento de diferentes grupos sociales, sin tener en cuenta la cuestión del género. A la vez, se descubre que la categoría del género marca tan profundamente la teoría de la justicia de reconocimiento que, efectivamente, no es suficiente, pero que tampoco la teoría de la representación, propuesta por Fraser, puede aplicarse por igual tanto a los grupos o movimientos sociales (políticos) como a las mujeres en general, porque las mujeres no son un colectivo de representación única, ni tampoco son un grupo minoritario.

La justicia del cuidado ofrece una visión evolutiva y práctica que articula trasversalmente la cuestión del género en cuanto a la valoración y el juicio moral. No obstante, su acierto en poner de manifiesto las carencias del método científico en los estudios de la moral corre el riesgo de dar por supuestos ciertos roles sociales o papeles de las mujeres, sin cuestionar su validez, en nombre del rigor y el método elegido en su investigación.

Más que una base filosófica, política o legislativa, Carol Gilligan aboga por una narrativa diferente y por una educación inclusiva que tiende a recuperar la humanidad en su afectividad. Los principales seguidores de esta corriente hablan de la justicia cordial[82] o hasta del giro sentimental en la ética (un paso más allá del giro lingüístico[83] o del giro epistemológico de Descartes), como lo denomina el mismo Lawrence Kohlberg, cuyos métodos ha cuestionado Carol Gilligan, su alumna.

82. Adela Cortina, *Justicia cordial* (Madrid: Trotta, 2010).

83. Gustav Bergmann, *Logical Positivism, Language, and the Reconstruction of Metaphysics*, 1ª ed., (Frankfurt/Lancaster: Ontos-Verlag, 1953).

Practicar la justicia cordial, una demanda ineludible de nuestro tiempo, "exige superar la visión reduccionista de una ética impersonal masculina y una ética amorosa femenina."[84] Las mujeres y los varones deben ser educados en los valores de la razón y del afecto y en la capacidad de ver al otro como un ser humano tratado desde los principios universalistas de respeto a su dignidad, pero también como un tú concreto, situado, con sus circunstancias, que requiere comprensión y empatía, compatibilizando sus propias voces diferentes, como diría Carol Gilligan.

La educación moral necesita profundizar en la interconexión entre el afecto y la cognición en las conductas humanas, de modo que, si las emociones operan como motor para la acción, después interviene la capacidad argumentativa legitimando, justificando, reconduciendo o reprobando el caudal emocional (lo que hemos llamado la representación). No obstante, no deberían convertirse en un absoluto moral por lo cual, las acciones formativas deberían conjugar, desde el saber práctico:

- La orientación de la justicia y del cuidado en el marco de la empatía.
- La defensa de la atención afectiva.
- Las demandas de justificación o fundamentación junto con la sensibilidad moral desde la vida real.

Nel Noddings se decanta por una ética que se justifica ontológicamente en el ser humano en cuanto ser en el mundo y con otros, que surge en el encuentro humano y se basa en el sentimiento y no solamente en la deducción lógica o en base de los principios abstractos.[85]

Mary Daly decide, como comentamos en el apartado dedicado a los aspectos humanistas de su obra, dejar de representar a toda la humanidad ni pretender acercar la cuestión de género a las tendencias del pensamiento corrientes de su época. La ambigüedad del lenguaje y la retórica reversa del discurso patriarcal académico y eclesial han mostrado que pretender vestir el feminismo radical en las palabras y los modos de pensar tradicionales sería dispersar las energías con poco provecho.

La filósofa prefiere adoptar la perspectiva feminista de forma radical (de raíz), precisamente, para que no se confunda con las ramificaciones ni tampoco beba demasiado de las fuentes contaminadas por la academencia y por el pensamiento patriarcal que llevan a un callejón sin salida, al absurdo o a unas aplicaciones prácticas muy fragmentarias. Parece una tarea muy abstracta y poco concreta, pero ofrece múltiples ventajas: al no

84. Cortina, *Justicia cordial*, 67.
85. Vázquez, *La educación*, 35.

ser tan contextual como de las demás permite dar cabida a diferentes corrientes sin pretender enfrentarlas.

Sus principios son tan amplios que dan cabida a las teorías de Nancy Fraser y de Carol Gilligan, en definitiva, del feminismo social y liberal dentro del mismo pensamiento de la autora. Mary Daly ofrece coordenadas de acción, más que acciones concretas; actitudes personales, políticas y valores que permitan un juicio autónomo e interconectado a las mujeres cada una en sus circunstancias. No plantea un proyecto político global de las mujeres, ni siquiera unos métodos educativos asentados en los procedimientos y formatos existentes. Lo que propone es un cambio de mentalidad global precisamente desde la perspectiva feminista.

La filosofía feminista se convierte en filosofía, la ética feminista se convierte en ética, en cuanto que son un proyecto de conocimiento práctico con un estatus epistemológico propio, arraigado en una ontología y una cosmovisión Biofílicas. Una vez deconstruidas las simbologías que legitimen la inferioridad de las mujeres, sea pseudonatural, sea por una especie del acuerdo unilateral y recuperadas la memoria y la esperanza desde la perspectiva de las mujeres, se puede hablar de la justicia o, mejor dicho, de Némesis.

Su visión no excluye las demás, sino que prepara un marco adecuado para una corriente intelectual autónoma, que conoce las tradiciones morales antiguas y modernas, pero no depende de ellas, sino que ofrece novedades que no la modifiquen, ni siquiera transformen, sino estén ahí, madurando y desarrollándose.

Es cierto que las últimas publicaciones de Mary Daly muestran una mayor preocupación por lo político y lo económico, y tienen un talante más parecido a la aproximación de las demás, pero lo hacen desde sus principios, con un método y sobre la estructura filosófica claramente definida y con una pretensión, legítimamente filosófica, de universalidad.

b) Diferencia e igualdad: clave del alcance de las teorías

El tratamiento genérico de la justicia de la representación y justicia del cuidado parece mostrar que ambas teorías tienden a perder la fuerza cuando incorporamos al debate específicamente la cuestión de la igualdad y diferencia en su vertiente de género y feminista. Cuando se pretende aplicar ambas perspectivas a las experiencias y las reivindicaciones prácticas de las feministas, resulta que no son representativas de todo el colectivo, ni siquiera dentro de un único país, sin mencionar diferentes contextos de raza, religión, cultura. Nos encontramos con la clave del alcance: aplicación y repercusión.

La propuesta de la justicia de representación, en principio, conjuga en su aspecto bifocal tanto las reivindicaciones igualitarias (que tenderían al concepto de la justicia aristotélica, de redistribución) como de diferencia (que optarían por las estrategias políticas del reconocimiento), en función de las necesidades y retóricas políticas, globales, económicas. El punto débil es la suposición incierta de que las mujeres se comportarían como un grupo de interés capaz de reaccionar y organizarse para descubrir cuándo y qué estrategia sería la más oportuna. En un contexto de cambio continuo (la autora habla de las retóricas electorales manipuladoras), se trataría de los cambios en plazos de cuatro-cinco años. La viabilidad de su propuesta, de cara a las mujeres a nivel práctico, parece que podría darse en el hipotético caso de una organización multinacional de mujeres con un órgano de gobierno y representación propia.

En cuanto a la justicia del cuidado, la propuesta de Carol Gilligan, probablemente más acorde con el método narrativo de Mary Daly, propone un cambio educativo a largo plazo, con el objetivo de recuperar la humanidad plena perdida en el actual estado de disociación de las pautas educativas en función del sexo. Se trataría del presupuesto igualitario en cuanto humanizador y diferenciador, pero no en función del sexo, sino en función de los aspectos psicológicos de cada persona. Genera duda la posibilidad de aplicación de estas pautas educativas, ya que requeriría una activa participación de todo el colectivo formativo, académico y político, mientras que la educación se ve sacrificada en aras de una especialización y segmentación conforme a la demanda y las tendencias del mercado.

Al presuponer la colaboración, supone que le interesa a toda la humanidad el cambio de mentalidad, pero no valora los privilegios existenciales de los que se benefician los varones a costa de los traumas que padecen y hacen padecer. Es difícil que los varones reconozcan, tal como hemos señalado, que necesitan cambiar si los cambios implican la pérdida de control y de dominación. Cabría preguntar también cuánto tiempo se necesitaría para este cambio evolutivo de mentalidad. El problema con el que nos encontramos es justo el contrario del de Nancy Fraser.

Resumiendo: los cambios que afronta Nancy Fraser son demasiado rápidos para reaccionar, mientras que los planteados por Carol Gilligan son demasiado lentos para poderlos llevar a cabo.

Además, parece que, a pesar del punto de partida de Carol Gilligan de la humanidad genérica, la parametrización de las conductas y de los juicios morales, al menos en el estudio del 1982 (*In a Different Voice*), se da en función del sexo, por lo cual lo igual se identificaría con la humanidad y lo diferente con el sexo. Según Linda Kerber,[86] Carol Gilligan no se ocupa de las limitaciones de la voz femenina, favoreciendo así la percepción de que las mujeres fueran realmente más cuidadoras, menos aptas para dominar y más adecuadas para negociar, lo que se volvería en contra de las propias mujeres. Es una apuesta metodológica que ha recibido sus críticas, pero también refleja la realidad dualista y binaria de la que parece imposible salir en el discurso académico y científico tradicional.

Mary Daly se desmarca de nuevo del debate feminista sobre la diferencia e igualdad. La reivindicación de la diferencia por parte de las feministas liberales y la reivindicación de la igualdad de derechos por parte de las feministas socialistas se parece a otra oposición binaria con la que habérselas dentro del movimiento feminista y que ha producido escisiones debilitando las fuerzas ginérgicas, bajo las condiciones de la "*manipulación*" política y social condensadas por el capitalismo del libre mercado. Al analizar este debate, llamaba la atención la ambigüedad de las terminologías utilizadas y las interpretaciones del mismo problema. En cuanto a la cuestión de la igualdad, como lucha por los derechos iguales entre varones y mujeres (en base a la común dignidad humana y en contra de la injusticia de redistribución), parece ser un tema común y aceptado para todas las feministas. La disputa se genera más bien en la comprensión del ámbito de la diferencia:

i) La diferencia como la lucha por el reconocimiento de las condiciones existenciales de las mujeres (en cuanto seres humanos), mientras se da en un cambio de mentalidad que borre los roles asignados y los papeles estereotipados a las mujeres y los varones.
ii) La diferencia de las mujeres en cuanto condición femenina específica que contrapone a los varones y las mujeres.

Mary Daly no entra en la disputa, no necesita entrar porque el ser bio-fílico no está determinado sexualmente, es una categoría que funciona de forma análoga a la categoría de los ángeles en la filosofía tomista, donde, éstos eran cada uno de su género y especie. Es la forma de singularización total de la experiencia de cada persona, con su circunstancia, su contexto, su historia y su destino, sin perder la condición de criatura, pero por encima de las jerarquías de los hombres. Desde este presupuesto se salva tanto el principio de la igualdad como el de la diferencia, pero no se entra en un debate infructuoso y no constructivo sobre las nociones básicas o confrontando a las feministas entre ellas.

86. Linda Kerber, "Some Cautionary Words for Historians. *On a Different Voice*. An Interdisciplinary Forum," Signs 11 (1986): 2.

La perspectiva ecológica de la pensadora aporta luz a la raíz del problema tratado que desenfoca todo el debate: el antropocentrismo. Al partir del concepto del género humano y sus especies, encontramos, por analogía androcéntrica, el dualismo sexual cuya lógica se derrumba en cuanto aparece la consideración de los homosexuales, de los bisexuales etc.[87] Esta deconstrucción va más allá cuando ampliamos la perspectiva al mundo natural, al medio ambiente. Mary Daly se desprende del antropocentrismo y adquiere un horizonte en el que el grado de la justicia no se mide solamente con respecto a los seres humanos sino a la sostenibilidad de la vida en su sentido muy amplio. El ecofeminismo es la clave que equilibra las teorías de la justicia y funciona como un principio previo de la teorización sobre la misma.

Por un lado, Némesis, con sus ojos bien abiertos a la experiencia de cada persona no es sinónimo de parcialidad sino de atención a la singularidad individual y también de vigilancia para no dejarse engañar por las pretendidas leyes igualitarias manipuladas.

Por otro lado, Némesis, con su conexión con los elementos de la naturaleza, regula el criterio de la justicia, dándole su momento, su tiempo y su espacio acorde a las consecuencias a corto y largo plazo y no solamente respecto a los demás seres humanos sino también a las demás especies de vida biológica que sostienen y son la condición de posibilidad radical de cualquier vida humana.

c) Definición de la justicia

Habiendo visto los aspectos de la justicia tratados de manera diferente por las tres autoras, parece claro que el mismo concepto de la justicia variará en las tres teorías.

Según Nancy Fraser, la justicia de la representación englobaría la visión redistributiva (aristotélica, de contenido, el *qué*) y de reconocimiento (moderna, de sujeto, el *quién*) a través de un marco de referencia: el *cómo*, es decir, la forma de llevar a cabo social y políticamente los criterios de la justicia.

La división de las esferas de justicia en una estructura tripatrita: el objeto, el sujeto y el marco, es muy útil para ilustrar sus conexiones teóricas y prácticas, clásicas y modernas, y al mismo tiempo impregnadas de una visión actual multicultural y global. Los principios de la justicia de la representación serían la paridad de participación y un perspectivismo bivalente que permite evitar procedimientos que marginen o excluyan las

87. Marcella Althaus-Reid, *The Queer God* (London: Routledge 2003).

reivindicaciones de las diferencias entre los grupos sociales, pero también facilita marcar los límites de su funcionamiento correcto y la estructuración de la praxis socio-política desde la democracia. Se trata de una teorización deontológica, de derechos y de mínimos, pero con ciertas garantías de inclusión de los intereses de distintos grupos con el fin de salvaguardar el respeto mutuo.

Carol Gilligan trata de la justicia del cuidado que corrige la visión de la justicia del reconocimiento al vincular la esfera afectiva a la esfera objetiva en el proceso de la formación del juicio moral. Pone el énfasis en el contenido no solamente intelectual de la justicia (distributivo), ni tampoco (o conmutativamente con la redistribución) en el reconocimiento de los derechos objetivos de todos los seres humanos, sino que considera que la experiencia de vida también afecta a los criterios de la justicia.

Hablamos, en este caso, de una teoría práctica, más que de una teorización filosófica, pero el peso dado a la toma de decisión, al juicio moral, parece prevalecer en el caso de Carol Gilligan sobre la clásica visión de la justicia que remedia las injusticias ya cometidas. Se inclina por una visión no tanto medicinal de la justicia sino de la *pre*-ocupación, a adelantarse a los actos, al auténtico ejercicio de la *con*-ciencia que denota la libertad y la responsabilidad, es decir, la plenitud del acto moral. De esta forma, apunta también a la justicia teleológica, de máximos, donde el justo medio no se parece al principio del mal menor sino del máximo bien.

Martha Nussbaum apunta a una vuelta a Aristóteles para superar la aproximación kantiana (y moderna) a la persona y a la moral solamente desde la razón excluyendo los rasgos de condición (o de naturaleza).[88]

Mary Daly retrocede más allá de Aristóteles y de su visión (incompleta y sesgada) de la naturaleza, no solamente abandonando la visión procedente de la tradición puramente racionalista moderna que se convierte en el relativismo postmoderno, sino acudiendo a las tradiciones anteriores a Aristóteles y ocultas por la mitología para buscar la referencia e imagen de la justicia en Némesis. Esto supone una diferencia de capital importancia con respecto a las demás autoras, ya que permite tomar una distancia temporal-teórica suficiente y evaluar las teorías de la justicia existentes desde el prisma de las tradiciones pre-patriarcales, del que carecen Nancy Fraser, Carol Gilligan e incluso Martha Nussbaum o Alison Jaggar.

Sobre la definición de la justicia nos remitiremos de nuevo a *Pure Lust*. La autora deja de hablar muy pronto sobre la justicia y no le pone atributos de representación, de cuidado, cordial, sentimental etc., porque así

88. Diana Hoyos, "Ética del cuidado: ¿Una alternativa a la ética tradicional?," *Discusiones Filosóficas* 9 (2008): 71–91.

sólo se matizaría una tradición clásica y moderna de la justicia que no sirven a la causa de las mujeres, a veces hasta confunden.

Mary Daly pone de manifiesto, con su preferencia por Némesis, que la modificación de las pautas y del lenguaje tradicionales, puede ser útil en una primera fase de un sistema filosófico que deconstruye los contenidos encontrados. Con este fin la filósofa no abandona del todo el concepto de la justicia. El salto a Némesis, sin embargo, se produce por la necesidad de un punto de referencia ética original junto a la nueva ontología.

Las palabras nuevas no son meras sustitutas, sino que reflejan una realidad diferente y acompañan diferentes praxis, como lo vimos en la parte que trataba la pertenencia de las representaciones. Desde la teología cristiana, como desde las otras tradiciones, se ven los mecanismos de interpretación que han cambiado el concepto de Dios-*sofía* (principio femenino) en Dios-*logos* (principio masculino), pasando por Dios-*pneuma* (principio neutro). Si se ha podido dar una sustitución e inversión patriarcal por la gramática usada, se podrá construir un relato que llegue a impregnar las costumbres de otros valores.

Para conseguirlo, Daly utiliza la imagen y el relato de Némesis con su contenido simbólico, personificado, existencial (histórico), elemental (en cuanto remitido a la naturaleza) y conceptual. Este relato articula la claridad del juicio moral, la valentía o el coraje de la voluntad y de la conducta justa (aunque a veces suponga la trasgresión de las pautas establecidas), la conciencia del otro y del mundo, la autonomía libertad y la responsabilidad de los actos. La motivación arraiga no solamente en la ciudadanía sino en la esperanza de un mundo biofílico, del Ser-verbo radical y profundo.

El recurso a la Némesis concilia la orientación a las consecuencias (teleología) en la búsqueda del mayor bien y de la deontología de derechos y de los mínimos al alcance de todos. Némesis ofrece un campo de reflexión tanto sobre las mujeres, como sobre otros seres, desde su especificidad y desde su dignidad, y permite adaptar sistemas de aplicación social y política de momento desconocidos pero intuidos en el Continente Perdido y Hallado donde se altera el tiempo y el espacio, un poco utópico quizás, pero no por ello menos soñado.

d) Aproximación metodológica

Entre las mayores diferencias de las autoras, hemos destacado tres capitales: la perspectiva teológica, el punto de partida filosófico y el contenido mismo del concepto de la justicia desde el ámbito de la aplicación a la categoría del género, al debate feminista sobre la igualdad y diferencia y desde la definición de la misma. La aproximación metodológica engloba los tres aspectos mencionados.

Se han enumerado en el trascurso de la investigación varios criterios metodológicos de las autoras porque orientan sus teorías. En este breve punto, simplemente se sintetizarán para destacar las distancias con la metodología de Mary Daly en el campo filosófico, del contenido y de la aplicación de las teorías de la justicia.

La metodología que utiliza Nancy Fraser es el de debate filosófico con los representantes fundamentales de la teoría de la justicia del reconocimiento para desarrollar una ética de la justicia que articule los aspectos políticos, de derecho y filosóficos. La preocupación de la autora es garantizar la representación lícita y no excluyente de los grupos sociales minoritarios o marginados, sin olvidarse del grupo de las mujeres que trasciende a su vez, los alcances de su propósito.

La principal ventaja de tal articulación es crear vínculos ante la tradición feminista de la justicia y de la reflexión moderna sobre el tema abriendo debates futuros con vistas a la ordenación social diferente, sobre todo, ante el contexto social diferente del que disfrutaban los padres de la justicia moderna (el estado westfaliano, el silencio sobre el procedimiento, sobre el *cómo* de la justicia).

Carol Gilligan sigue el método de las ciencias experimentales, de la psicología clínica, al sacar las conclusiones tras el estudio de los veintinueve casos de mujeres que valoraban tomar una decisión muy seria que requería libertad, responsabilidad y análisis previos, como es el caso de una decisión sobre el aborto. Desde el análisis de lo particular (la muestra estadística) se llega a las conclusiones generales.

Las conclusiones de la investigadora ponen en evidencia las carencias del método y el sesgo de género de los alcances más prestigiosos en el campo y aportan una conexión muy estrecha entre el juicio moral, sus orígenes y la praxis moral. Las motivaciones van unidas a los relatos y a la concepción del bien y del mal y a los procesos de socialización y la preocupación por los demás, lo que aporta una perspectiva contextualizada y singularizadora al campo de la investigación de los procesos del desarrollo moral permitiendo una atención mayor a la esfera afectiva y superando la objetivación masculinizante de los estudios y sus conclusiones.

El método de Mary Daly, ciertamente más cercano a la aproximación de Nancy Fraser, comparte los rasgos de Carol Gilligan, sobre todo, el carácter narrativo subyacente a la toma de decisiones justas. La amplitud y la envergadura del método filosófico que pretende la universalidad se muestra en los puntos de partida de la reflexión de Daly: la ontología, la semántica, la visión general del contenido de la justicia.

Parece que Nancy Fraser con más claridad que el resto de las autoras, subdivide la historia de la justicia y de la reflexión tripartita sobre ella. Mientras Mary Daly se decanta por la meta-ética, que parte directamente de la ontología afirmando así el nexo entre la praxis y la teoría, la cuestión no es tan evidente en la obra de Fraser.

Carol Gilligan utiliza los relatos para presentar las estructuras simbólicas que rigen los juicios morales, mientras que Mary Daly interpreta globalmente ciertos bloques culturales de símbolos y ritos que son síntomas de las injusticias, cuyas raíces se encuentran no tanto en la represión de lo afectivo en la humanidad, sino en los privilegios masculinos basados en la infravaloración de las mujeres en cuanto adscritas al rol afectivo.

La mayor diferencia metodológica entre las tres autoras parece estar en el posicionamiento de la justicia en la disputa en torno al género. Las autoras más jóvenes hablan en representación del ser humano genérico; Mary Daly se posiciona directamente desde la perspectiva feminista, lo que le ahorra la necesidad de buscar grupos análogos cayendo en ciertas aporías (caso de Fraser) o de afirmar, como indirectamente lo hace Carol Gilligan, que los varones pierden una parte importante de su humanidad al no desarrollar sus capacidades afectivas.

El punto de vista feminista parecería el más honesto, aunque discutible, para plantear un sistema de justicia alternativo al tradicional y que, por sus cualidades holísticas, inclusivas y su amplitud es simplemente preferible al que está actualmente vigente convirtiéndose en un sistema ético nuevo.

4.3.2.4 Ámbito utópico

Reconocemos un aspecto único de la obra de Mary Daly que no tiene comparación con Gilligan o Fraser. Las dos últimas autoras plantean cambios y modificaciones a la realidad existente, pero su estilo y propósito no permiten que hagan un ensayo de futuro. No es un punto tan distintivo como el punto de partida teológico, pero no por ello de menor valor.

La pensadora, al final del ciclo narrativo, sobre todo, en las dos últimas obras, da una visión utópica del futuro/presente. Las esperanzas y las expectativas no acaban aquí y ahora, ni se agotan en los esfuerzos ni los éxitos en la implantación de la justicia feminista de Némesis.

La memoria, la identidad y los sueños del futuro, a nivel personal, tienen que conjurarse, a nivel histórico, donde podemos recordar a las pioneras del movimiento sufragista, con los esfuerzos, las ilusiones y el sufrimiento de muchas mujeres, que nos permiten tener valor y soñar con un futuro diferente.

La escritora ve la necesidad de un salto cualitativo (la *quintaesencia*, la hora trece, el espacio más allá de la tercera dimensión) que a nivel social no se hará sino a través un salto personal hacia la promesa, conectando el pasado con el presente y proyectándolos hacia un futuro. La escatología entronca con la preocupación personal, comunitaria y planetaria.

Sus últimas obras las podemos situar en la encrucijada entre lo teórico y lo práctico, lo presente y lo futuro, lo trasgresor y lo transformado. La filósofa se sitúa en el nivel personal, existencial y profesional, en los límites o los márgenes de lo ortodoxo o lo académicamente e estilísticamente al uso y esto le ha permitido ampliar la perspectiva de las fronteras, los sueños y las utopías que coinciden con las experiencias de las mujeres. Estas mujeres cuestionan los relatos que siempre escuchamos, pero también se apoyan en la fantasía y la imaginación para proyectarse a un futuro desde el saberse plenamente humanas a estilo propio, interiorizado e integrado en la identidad personal.

En los márgenes también aparecen los temores de no encontrar las referencias, las fuerzas o las energías suficientes para seguir con los sueños del mundo en armonía e ir haciéndolos realidad desde los modelos poco tradicionales y conocidos. De ahí, las referencias a las ilustres predecesoras del movimiento feminista, a sus actitudes y modos de plantear las soluciones biofílicas (vitales) sin desesperanza, pero al mismo tiempo, sin esperar ingenuamente el cumplimiento de las promesas del padre de turno.

Desde una especie de escatología contenida en estos libros, la autora invita al compromiso por mirar al futuro con ilusión, aunque sin hacerse demasiadas ilusiones en que los cambios y la transformación a nivel social o comunitario lleguen demasiado pronto. En la perspectiva de los años noventa del siglo XX, ante la realidad del retroceso de los avances de las feministas de los años setenta, cabe esperar que hace falta seguir de algún modo en actitud de resistencia, de trasgresión y seguir haciendo la traslación del conocimiento y de los principios Biofílicos para seguir transformando la realidad.

Hay que subrayar, que Mary Daly recoge varios aspectos de su utopía: desde el encuentro con una misma, la conciencia de las fronteras y los límites existentes, hasta los temores y los sueños personales y colectivos. Se logra también la visión planetaria y ecológica que media a nivel representativo y sugiere un criterio de valoración real de los alcances de la ética feminista. El aspecto planetario de la justicia y del cuidado amplía la visión más allá de una perspectiva humana y plantea el reto de una justicia para todos.

4.3.2.5 Conclusiones

Una vez revisadas las principales diferencias entre las autoras, las podemos ubicar dentro del esquema general de la comparativa, sobre todo, desde la clave metodológica y de alcance, aplicándose a los campos temáticos referentes a la comprensión y la definición de la justicia, el punto de partida, los presupuestos formales y el lenguaje utilizado. Estos campos se ven en los presupuestos teológicos y filosóficos (y su ausencia) y en algunos ámbitos prácticos.

La perspectiva teológica que mantiene Mary Daly, a diferencia del resto de las autoras, ofrece una visión ética, que no solamente tiene que ver con la ciudadanía, sino con las vivencias espirituales, los ritos y los símbolos presentes en las religiones y los relatos fundantes de la cultura actual, y no solamente en el pensamiento occidental.

Una ventaja parecida es la de decantarse por el tomismo (aprovechando solamente su metodología, el orden y las mejores intuiciones) y enriqueciéndolo con las actualizaciones fenomenológicas y lingüísticas, mientras que el resto de las autoras sigue la línea moderna, también lógica, porque el feminismo nace de la ilustración y la modernidad. El problema de ambas filosofías es que son occidentales y su alcance es occidental. De hecho, Fraser critica los presupuestos éticos modernos precisamente por su precomprensión estatal de la redistribución y del reconocimiento cuando, en el marco globalizado, estos presupuestos ya no valen.

En este sentido, la opción de Mary Daly por la filosofía de origen aristotélico, sin perder de vista los avances y las carencias de la modernidad, abarca una tradición cronológicamente mayor, muy bien estudiada, que puede ser más compleja, pero que forma un cuerpo único de pensamiento que permite, sin embargo, una sana pluralidad en el debate.

La modernidad, con su deriva postmoderna, corre el riesgo de la disolución, de la división interna y es una tradición muy corta en el tiempo y se complica aún más si le añadimos los aspectos postmodernos como el relativismo o el globalismo.

Desde el punto de vista feminista, para Mary Daly la modernidad no ofrece ventajas suficientes para construir sobre ella, debido a que a teoría del contrato social y sus instituciones (entre ellas, el matrimonio), rechaza los conceptos presuntamente desfasados y los sustituye por otros que pretenden legitimar la opresión de las mujeres, no por causas naturales, sino por su propia voluntad. Desde el cuerpo aristotélico-tomista se alcanza un período mayor de la historia para poder hacer el análisis y en sus estructuras caben las preocupaciones éticas y ecológicas con la misma intensidad y rigor como de las otras filósofas.

En cuanto al contenido de la justicia, es donde descubrimos los mayores contrastes, tanto a nivel de aproximación metodológica como de aplicación práctica. Fraser plantea la innovación del procedimiento en el reparto justo que no sólo atiende lo debido (planteamiento aristotélico), sino que, para que tengan todos, ve en los que reivindican (el reconocimiento de Axel Honneth), una justa representación en el contexto multicultural y global. Conecta la filosofía con la política y el derecho para abrir paso a una comprensión más compleja de la justicia y que responda mejor a la realidad social actual e incluya la perspectiva feminista.

Carol Gilligan utiliza el método de las ciencias empíricas para ver la justicia como una valoración racional en cuanto empática, afectiva y perteneciente a la humanidad. Los dilemas morales personales y las orientaciones de obligación representan no tanto las oposiciones o los extremos sino un juicio moral personalista que engloba los aspectos generales y contextuales de la persona.

Al mismo tiempo, reivindica el criterio moral de las mujeres como perfectamente válido, frente a las tradiciones que encontraban a las mujeres incapaces de tener tal juicio por su condición de mujer (ética clásica) o por pertenecer al ámbito privado donde, por contrato social, no se ejercía en plenitud la libertad y la responsabilidad a diferencia del ámbito público (reservado a los varones), manteniendo programáticamente y por consenso a las mujeres en la minoría de edad[89] y sin plenitud de facultades morales.

Conciliar ambas posturas requiere el uso de adjetivos al hablar de la justicia. Si integramos la justicia del cuidado y la justicia de la representación, haciendo la relectura de Emmanuel Kant y Lawrence Kohlberg, y vinculándolas con la propuesta ética de Sheila Benhabib, llegamos a la justicia cordial de Adela Cortina.[90]

Mary Daly considera que se generan equívocos al usar tantos atributos y adjetivos con referencia a la justicia, porque producen solamente una pequeña alteración del sentido original anclado en la tradición, mientras su planteamiento no es de una ética feminista de la justicia del genitivo sino el recurso a una imagen nueva que, sin perder vínculos con las mejores tradiciones éticas, represente otra realidad cuyas consecuencias éticas sean diferentes, porque partan no tanto de un cuerpo de contenidos sino de las experiencias envueltas en un relato, en concreto el de Némesis.

La proyección al futuro no sólo es un punto distintivo de Mary Daly en comparación con las demás autoras, sino que también cierra el círculo

89. Gozálvez, "Articulación de la justicia," 316.
90. Gozálvez, "Articulación de la justicia," 326.

completo de la narrativa de la teóloga, dotándola de un estatuto de obra completa. La autora empieza por la fase de deconstrucción y crítica (en sus dos primeras obras), pasa por la fase del análisis creativo y propuesta de una ontología y ética nuevas, y culmina con la etapa reconstructiva donde hallamos las propuestas políticas y sociales de aplicación de sus principios y también una proyección al futuro, una especie de escatología, donde recapitula en su proyecto las preocupaciones de múltiples ramas del feminismo (liberal, radical, socialista, del cuidado, existencial).

La preocupación ecológica permite desprenderse de las perspectivas no sólo androcéntricas sino también antropocéntricas, criticar la lógica que infravalora a las mujeres y la naturaleza al oponerlas a la cultura y al mundo público y masculino, y construir un discurso que tenga incidencias prácticas en el ámbito del cuidado del planeta e interpele sobre el reparto de los recursos naturales y su uso responsable. En el caso de Carol Gilligan y Nancy Fraser, a pesar de que la perspectiva ecológica les es conocida, y sus teorías deben presuponerla, no se ha visto las aplicaciones claras de sus propuestas a las actitudes planetarias.

4.4 Aspectos críticos de la teoría de la justicia de Mary Daly

Hemos visto cómo las propuestas de Daly ofrecen ventajas en comparación con las demás autoras. Sin embargo, existen críticas notables al planteamiento de Mary Daly, tanto a nivel general, como pudimos ver en al final del capítulo tercero, como en particular en referencia a la ética.

Al proponer su ética como una rama de la filosofía paralela a la tradicional de Aristóteles o Immanuel Kant, podría quedar totalmente marginada y sin seguidoras, como de hecho, se ha visto que ha pasado a nivel español: se efectúan solamente escasas traducciones y no se llega a profundizar en su ontología y ética. La reflexión alcanza solamente el aspecto eclesiológico tratado en las primeras obras.

La simbólica salida de Daly de la estructura patriarcal de la Iglesia y el abandono del discurso teológico tradicional, también conllevan el riesgo de que las teólogas no profundicen en los aspectos morales propuestos por la teóloga por doble motivo:

- La moral feminista aún no tiene un asiento y legitimidad suficiente en las comunidades cristianas para poder desarrollarse libremente.
- Siendo un planteamiento que no sigue los cauces tradicionales éticos, resultaría difícil de aplicar a la realidad sin una comprensión y elaboración muy pormenorizada que requiere un conocimiento profundo también del tomismo y sus otras fuentes.

Su visión utópica roza una perspectiva poética y contrasta con el contenido político del que trata. No hay propuestas políticas genéricas ni estrategias más allá de un ámbito personal.

Tampoco encontramos una base científica en sus presupuestos, tal como, por ejemplo, podemos ver en la obra de Carol Gilligan; y su aproximación interdisciplinar es tan amplia que desafía las ciencias cada vez más fragmentadas y especializadas.

Conviene preguntar si la referencia a la diosa mitológica Némesis no es un signo de occidentalismo de su visión ética. Así como Mary Daly revisa los ritos opresores sobre las mujeres en los cinco continentes, no menciona explícitamente otras referencias precristianas que pudieran servir como pautas de justicia y liberación para las mujeres de otras filosofías. La elección de Némesis viene en concordancia con su fuente filosófica aristotélica y no se pretendía ofrecer una visión de la moral por el conocimiento insuficiente de otras filosofías.

Una cuestión importante que se podría plantear a Mary Daly con respecto a las representaciones de la justicia/misericordia es que no menciona la tradición judía, es decir, la tradición propiamente bíblica de la raíz cristiana de la justicia. El salto que da es directamente a los Padres de la Iglesia y después a la tradición y la filosofía que orientan el cristianismo desde el siglo XII.

El interrogante que se plantea desde de la ausencia de las representaciones femeninas de la justicia/misericordia de la Biblia y de la lectura de la justicia cristiana desde Jesús puede explicarse desde:

- La comprensión de la tradición judía como patriarcal (no menos que la griega).
- La compresión griega pretendería ser más universalista y sobre su versión aristotélica se basa Sto. Tomás de Aquino.
- La exégesis bíblica en los tiempos de Mary Daly no estaba aun suficientemente desarrollada y más tarde, cuando ya perfiló su método, ella ya no tenía interés en volver a las fuentes judeocristianas sino en construir una filosofía que se apoyara en el método tomista, pero no desde los presupuestos tradicionales.

4.5 Perspectivas de desarrollo y líneas de investigación

Tras el análisis detallado y contextualizado de los aspectos de la justicia en la obra de Mary Daly y cómo se inserta en las mejores teorizaciones éticas, sin perder su conexión con las preocupaciones feministas y profundizando en las raíces de la ética en base a la ontología, no solamente desde la tradición patriarcal (sea moderna, sea aristotélica), surgen las intuiciones que habría que someter a un análisis más pormenorizado, que no realizado y que pueden verificar la plausibilidad de su aproximación filosófica y teológica en un ámbito no solamente feminista.

Su pretensión era que la teología feminista sea una disciplina con estatus epistemológico propio. La pregunta que surge es si su metodología permite que la filosofía feminista se convierta en una disciplina genérica al uso de todos. Se trataría de explorar los límites hermenéuticos y epistemológicos de la metodología de Mary Daly y analizar las influencias de distintas metodologías, sus interacciones y la validez y pertinencia de las conclusiones para tal intento.

Parece obvio que es imposible separar hoy en día el problema de la reformulación de las verdades del lenguaje de su reinterpretación. Dado que la hermenéutica moderna subraya la pluralidad y la divergencia de los sentidos, el carácter histórico de las interpretaciones,[91] la cuestión que interesa entonces no es la necesidad de la hermenéutica en sí misma, sino los criterios que hagan correcta o más adecuada una interpretación que otra del mismo texto o del discurso.

En el tiempo del desarrollo de la hermenéutica de Mary Daly, la hermenéutica se centraba, como resume George Lindbeck,[92] en perspectivas *experiencial-expresivas* (Paul Tillich, Bernard Lonergan) y *cultural-lingüísticas* (Karl Rahner). Las primeras se enfocaban a los aspectos cognitivos y estéticos y, las segundas, a los matices legales, morales, rituales, institucionales y psicológicos.

Mary Daly, al tanto de tales corrientes, elige conjugarlas para articular la categoría de la experiencia y del conocimiento con la praxis social que incluye el derecho, las costumbres, lo simbólico y lo institucional. Su perspectiva consistirá en la fusión de los horizontes, es decir, la elaboración de un horizonte más amplio a partir del horizonte del texto y del intérprete[93] teniendo, sobre todo, por intérpretes a las mujeres.

Desde ahí también sería interesante determinar los límites que separan su metodología de la variedad de los métodos postmodernos y buscar los pros y los contras de ambas aproximaciones.

Con su *hermenéutica onto-lingüística*, la autora aporta una perspectiva novedosa que permite una aplicación directa de los presupuestos hermenéuticos a las prácticas teológicas, éticas y social-políticas poniendo de relieve la necesidad de una orientación provisional y experiencial, sin que

91. Claude Geffré, *Un nouvel âge de la théologie* (Paris: Cerf, 1972), 60.
92. George Lindbeck, *The Nature of Doctrine: Religion and Theology in a Postliberal Age* (Philadelphia: The Westminster Press, 1984), 30-33.
93. Geffré, *Un nouvel âge*, 74.

este matiz le reste seriedad, rigurosidad y aspecto holístico a la teología como ciencia. La hermenéutica de Mary Daly muestra la teología no sólo como una ciencia especulativa sino práctica.

La perspectiva de Mary Daly aporta un criterio para arbitrar, en caso del conflicto de diferentes interpretaciones, la mejor opción (al conectar el aspecto racional ontológico con el lingüístico) y determinar, a priori, la validez y la legitimidad de una interpretación en función de las praxis derivadas que conlleva. De esta manera también evita el sesgo patriarcal arrastrado por la historia de las ciencias y la teología en las representaciones y praxis, facilitando la reducción de las arbitrariedades a la hora de escoger entre las interpretaciones rivales.

La cuestión, finalmente, se podría formular de la siguiente manera: ¿la filosofía/ética/teología feminista de Mary Daly sería solamente un método crítico de sus correspondientes disciplinas tradicionales o tomaría un camino diferenciado fundamentando las bases de un sistema teórico-práctico valido en los ámbitos científico-académico y político general?

CAPÍTULO V

CONCLUSIONES GENERALES

A lo largo de la investigación se han expuesto los siguientes aspectos:

- Las condiciones de posibilidad de estructurar una ética de la justicia feminista, a partir de la narrativa de Mary Daly, en comparación con los fundamentos de la ética moderna: conectar la reflexión teológica clásica sobre la virtud de la justicia con la preocupación feminista por los nuevos lenguajes que representen las praxis liberadoras; utilizar un método ético que se basa en la ontología y la semántica críticas de la justicia tradicional y de los marcos modernos de la misma.
- La pertinencia del símbolo/figura y concepto del Némesis para designar la orientación trasversal de la ética feminista como cuerpo epistemológico propio, no fragmentado y común de las feministas.
- El estado de la cuestión con respecto a las corrientes de la ética feminista actual para clarificar las categorías de comparación con otras autoras, para subrayar los aspectos novedosos del concepto de la justicia de Mary Daly como Némesis y con el debate ético feminista actual sobre la justicia de la representación y el cuidado en el contexto de la igualdad y diferencia.
- La aportación de la propuesta de Mary Daly a las perspectivas feministas de la justicia que hace de su ética una alternativa feminista al concepto tradicional de la justicia y proporciona un marco global para fundamentar distintas corrientes de la ética feminista.

Paso ahora a ofrecer un compendio de las conclusiones parciales, vistas ya en cada capítulo, que, al ser consideradas en su totalidad y relacionadas más con otras, permiten hacer explícitos algunos resultados que allí solamente se indicaban de forma parcial e implícita.

1. La obra escrita de la autora, que es pionera en la sistematización de la filosofía feminista, abarca más de medio siglo, y ha coincidido con los cambios en la Iglesia (Concilio Vaticano II). Mary Daly es una mujer de relevancia y gran repercusión, porque ha coincidido con las reivindicaciones feministas radicales y con la clarificación de un movimiento muy plural y diverso. Como pensadora y escritora ha sabido adaptarse y ha aportado una visión crítica a este mismo movimiento.

2. Su aportación metodológica consiste en fundamentar su propuesta ética sobre la ontología práctica del Ser-Verbo. La capacidad de su transmisión se refuerza a través del vehículo lingüístico y simbólico de la diosa Némesis que conecta con los mitos arcaicos, con la cultura patriarcal y —rescatada del olvido interesado— permite tender un puente creativo hacia los nuevos proyectos de Ser-actuar: Reír, Pertenecer y Encantar.
3. La revisión de la historia, su interpretación y aplicación del concepto "justicia" en la tradición cristiana apunta a la redistribución según la medida correcta que se regula a través de la *epikeia* (conmutación en versión de Tomás) o igualdad. Se trata de un hábito o disposición y es un concepto vinculado al derecho en una doble perspectiva: personal y social.
4. En el contexto económico, la fragmentación y el dualismo actual favorecen la pervivencia de la opresión y explotación, amparándose en la ley y la justicia. Hay muchos entornos donde la apelación a la justicia no llega porque su mensaje está lastrado con ideas; la lectura sesgada de éstas ha sido la base sobre la que ha crecido el sistema del mercado libre, las prestaciones y el intercambio. Esto ha supuesto que la filosofía propone conceptos de justicia "anormal"[1] o "del cuidado,"[2] en función de la modificación oportuna que supone un giro a la comprensión tradicional-moderna de ella misma. Sin embargo, el termino sigue siendo "justicia" aunque se le añadan muchos adjetivos.
5. La pensadora abandona el planteamiento de la justicia moderna, al llegar a la conclusión de que, en la praxis social regida por el principio patriarcal, a las mujeres no se las ha considerado ni tratado como plenamente humanas y responsables, por lo cual la categoría de la justicia no es inspiradora, ha agotado su sentido y su tradición está sesgada.
6. La mayor tarea en el campo de la semántica lógica la efectúa en la obra *Pure Lust,* donde remueve las bases filosóficas y de pensamiento que demuestran carencias en una interpretación holística de los términos a través del doble procedimiento *il-lógico* y *academente*: extender la separación puramente teórica y académica entre el ser y el hacer a la dimensión existencial y excluir la experiencia de las mujeres del establecimiento de la norma.
7. Entre los conceptos más importantes acuñados se encuentran, por orden cronológico: *Be-ing*, *Némesis* y *Biofilia*, que en sus últimas

1. Fraser, ¿Redistribución o reconocimiento?, 113.
2. Ramón, *Queremos el pan,* 156.

obras se conectan. Esto muestra la mutua interconexión de las dimensiones ontológica-práctica/ética y ecológica en la obra de Mary Daly.

8. Mary Daly conecta el arte con la ética en un empeño por redescubrir la historia de la justicia y la belleza figuradas en Némesis. Sin perder de vista la tradición clásica y el poder de la mitología en la creación de actitudes y comportamientos sociales, centra su atención en la imagen de Némesis que inspire a las feministas (tejedoras-*spinsters*) a reinventar su presente y ofrecer nuevos criterios de belleza y ética, renovando, de esta manera, su propia tradición.
9. Es crucial entender la conexión entre la imagen (representación) y la praxis ética. La mentalidad dualista y patriarcal está arraigada en las imágenes que deben ser purificadas o cambiadas para que la realidad pueda cambiar. No se puede separar en la práctica la justicia del amor, en la misma medida que no deben funcionar en diferentes planos (ni siquiera metodológico) la ontología y la ética. La "academencia" y la metodolatría serán herramientas que hay que detectar y eliminar en una especie de "metodocidio" acometido por Mary Daly, con el fin de conectar lo que es (ontología, *verum*) con lo que se hace (ética, *bonum*) a través de la representación, lo bello, *pulchrum* que equilibra ambos extremos y se vehicula a través de lo simbólico y el lenguaje.
10. Némesis como diosa, Ser, acompaña el sufrimiento, alienta, anima, se indigna, va más allá de la redistribución de los bienes, sin olvidarse de la necesidad de satisfacer el hambre y la sed que no es otra preocupación que la de la naturaleza (en el sentido ecológico y biofílico). Está atenta a la realidad; es capaz de ser crítica y constructiva, de cambiar las formas, de recordar las fuentes y las tradiciones que aportan criterios de valor y juicio para la humanidad. Némesis coexistirá como modelo personificado de lo que es correcto desde el punto de vista planetario (teniendo en cuenta los elementos y los seres humanos), capaz de valorar la experiencia singular como la norma general, sin caer en el antropocentrismo ni el androcentrismo y como un compendio de valores. Estos abstractos valores, de acuerdo con los presupuestos ontológicos, permitirán marcar los criterios universalmente válidos que garanticen el respeto a la singularidad y al conjunto.
11. Némesis, tal y como vimos en el análisis de la figura, desde el punto de vista mitológico y literario, no nos remite solamente a una diosa sino a una serie de conceptos y actitudes. Al articular la presencia (el ser de la diosa) con las ideas que trasmite, Daly consigue conectar los

conceptos que tradicionalmente estaban separados en la teología: la verdad, el ser, la bondad y la ética. A través de la representación y la presencia simbólica de Némesis (*pulchrum*), la autora tiende un puente entre la teoría y la praxis, el *verum* y el *bonum*, lo abstracto-lo absoluto y la experiencia-lo subjetivo. Esta construcción elaborada y madurada con el tiempo y la investigación, permite impregnar el conocimiento académico tradicional con la experiencia y, en definitiva, subrayar la necesidad de una ciencia ligada a la ontología, a la realidad, a la verdad y a la ética.

12. Némesis es un modelo ético base y fundamentado en tres nociones denominadas *Be-ing, Be-speaking, Be-leaving*, que implican un giro ontológico en dirección del ser, que es objeto de comprensión, es decir, el lenguaje. El mensaje de Némesis, de la justicia, puede y debe ser traducido a formas lingüísticas y artísticas diferentes, propias de cada tiempo. Mary Daly traduce las expresiones arcaicas al modo de hablar de las mujeres actual.
13. Mary Daly intuye el alcance de la representación en los modelos éticos y propone un modelo alternativo a la ética tradicional en la figura de Némesis, más acorde con la realidad de las mujeres que una categoría, intelectual o teórica, de la justicia. Al mismo tiempo, conecta de forma indisoluble la ética, la ontología y el lenguaje trasmitiendo la tradición del mito de Némesis, no sólo como una representación sino como un contenido que estructura la forma de Ser y Nombrar, a partir de la cual se plantea una forma de actuar.
14. La propuesta de ética de Némesis que presenta Daly es holística, no está sólo destinada a las mujeres. Se reconoce la necesidad de trascender el marco de la justicia humana con la referencia trascendente y divina, no como una liberación o justificación en el más allá sino una conversión interna que tenga capacidad de transformar el mundo en biofílico. La pensadora no quiere que la imagen del Dios-varón eclipse el poder de representación y transformación que conlleva la imagen de Némesis, símbolo del empoderamiento, la vida y la promesa.
15. Las principales corrientes de la ética feminista de justicia son: la justicia de representación (Nancy Fraser) y la justicia del cuidado (Carol Gilligan). El problema de estas corrientes es que designan la justicia feminista no solo con el sustantivo "justicia" sino que le añaden un adjetivo para expresar los matices feministas del concepto: justicia social, justicia reflexiva, anormal, justicia del cuidado, justicia de representación. Mary Daly pone de manifiesto la insuficiencia del término ya que requiere su matización añadiéndole atributos o descripciones para que no se confunda con su compleja tradición.

16. En el contexto del debate feminista sobre la igualdad y diferencia, el feminismo de la diferencia daría primacía a las éticas del cuidado, frente a las corrientes de la justicia más acordes a las reivindicaciones de la igualdad de derechos. Los feminismos postestructuralistas no ven posibilidades de establecer criterios normativos de la justicia, ya que éstos generarán siempre exclusiones. Los feminismos multiculturales apostarán por remediar las injusticias culturales, en consonancia con las tesis del feminismo de la diferencia, teniendo en cuenta que la política de la identidad/diferencia, en cuanto la teorización multicultural, es reductiva.
17. La problemática de género complica la adscripción del feminismo a cualquiera de los tipos de las éticas multiculturales: o se cae en el uso de la cultura de modo romántico o instrumental o se potencia un relativismo cultural simplista. El respeto multicultural por la diferencia a veces se confunde con la línea liberal que encarna una posición individualista ciega a las diferencias de género.
18. El contexto del debate feminista sobre la igualdad y la diferencia complica la cuestión confrontando las visiones feministas de la justicia. A su vez, la complejidad de la terminología de género requiere ulteriores matizaciones, que tienen como consecuencia la marginación de la ética feminista de justicia y su escasa repercusión en el ámbito académico y político actual, por falta de un consenso de mínimos.
19. La ética feminista sugiere que no basta con que la ética tradicional incorpore los intereses y asuntos de las mujeres y reconozca a las mujeres como agentes morales que deben ser tomados en serio. Insta a la ética tradicional a repensar los supuestos ontológicos y epistemológicos sobre los que se basa su pensamiento y a considerar la posibilidad de que, lejos de ser fuentes de liberación humana, sus principios, reglas, normas y criterios sirvan realmente para apoyar los patrones de dominación y subordinación que desmoralizan a todos.
20. Esta perspectiva tan abierta conlleva una cierta debilidad, porque no existe una perspectiva feminista ética cohesionada. Uno de los retos feministas es el de conseguir una posición clara, convincente y unificada sobre las cuestiones morales claves; de lo contrario, en un entorno político, las perspectivas menos favorables para las mujeres pueden llenar su ausencia.
21. La aportación de la justicia del cuidado se ancla en la conexión que establece entre la filosofía y la política o la identidad y la moral y también en la conclusión que saca Carol Gilligan al intercalar estas dimensiones: la reivindicación del valor propio y de la necesidad de

renunciar a los privilegios de dominación de las mayorías a favor del reconocimiento de la singularidad de los demás. Hace esta constatación, al fijarse en el lenguaje y el carácter dialógico de la vida humana en diferentes modos de expresión.

22. Gilligan está convencida de que lo que se consideraba el déficit o la carencia en el desarrollo moral de las mujeres (la preocupación por los sentimientos y las relaciones, una inteligencia emocional junto a la racional) son ventajas humanas, porque agudizan la capacidad humana, de cuidar de los demás y mejoran la capacidad de empatía porque atemperan la sensibilidad hacia el clima emocional del entorno presente, tanto en las niñas como en los niños (antes de que se inserten en el marco binario y jerárquico de los ritos de paso al patriarcado).
23. La fuerza crítica de las propuestas de Nancy Fraser y Carol Gilligan exigiría un cambio del paradigma de la justicia global que privilegia las relaciones de dominación, en nombre de la presunta democracia, poniendo de relieve la precomprensión de la misma desde la mentalidad del patriarcado que genera dualismos excluyentes y perpetúa una redistribución incorrecta del poder y de los bienes, un falso reconocimiento y una inadecuada representación de los grupos interesados.
24. Los principios de la paridad participativa y de todos los afectados, como propone Nancy Fraser, y el principio del cuidado dentro del marco del desarrollo moral, propuesto por Carol Gilligan, se convertirían en los principios morales fundamentales que garantizarían la necesaria inclusión de todos los intereses legítimos en el procedimiento de la justicia y prestarían atención a los contenidos morales que amplían la visión moderna del mismo contenido de la justicia y sus sujetos.
25. La implicación de las corrientes del ecofeminismo en el debate sobre la justicia, permite enfocar el problema de la justicia tradicional y moderna desde una perspectiva aún más amplia que la de las relaciones interpersonales. Pone de relieve no solamente el sesgo androcéntrico del desarrollo de las teorías y prácticas de la justicia, que excluyen a las mujeres y ciertos grupos sociales, sino también el sesgo antropocéntrico que justifica la distribución de los bienes a costa del porvenir del planeta y de la vida de todos los seres.
26. Las dificultades de las teorías de Nancy Fraser y Carol Gilligan residen en su carácter tan general y amplio que necesitarían una representación orgánica del colectivo de las mujeres en el mundo, para poder implementar las estrategias de su impacto en las políticas mundiales, máxime dada la velocidad vertiginosa de los cambios políticos

y sociales, ante la presión financiera y económica. Esta representación parece utópica, ya que el colectivo de las mujeres no es comparable con ningún otro grupo social y en cada continente o país e incluso dentro de cada país, existen reivindicaciones variadas entre diferentes grupos de mujeres que no se reconcilian fácilmente entre ellas.

27. Los cambios que afronta Fraser son demasiado rápidos para reaccionar, mientras que los planteados por Gilligan son demasiado lentos para poderlos llevar a cabo.
28. La debilidad de la representación política invisibiliza las propuestas que, en algunos casos, parecen hasta contradictorias y a veces son hasta manipuladas dentro de las corrientes políticas hegemónicas o estructuras sociales y religiosas.
29. Daly se da cuenta de las carencias de la ética moderna, las limitaciones y los debates que debilitan la fuerza transformadora de la visión de la justicia de representación y del cuidado. Propone otro enfoque que, distanciándose de raíz de las mismas, permite, no obstante, su incorporación y su operatividad, ya que engloba las propuestas de Carol Gilligan, Nancy Fraser, Nel Noddings, Alison Jaggar etc., dentro de un cuerpo completo de filosofía.
30. Conocedora de la ética moderna y haciendo una crítica feroz de la moral tradicional, la autora prefiere basarse en la tradición aristotélica-tomista, lo que le permite ampliar el espectro de la experiencia al ámbito también religioso y ritual. Carol Gilligan y Nancy Fraser, que parten en el último término de Immanuel Kant, operan desde los presupuestos racionales y ateos. Sin embargo, Mary Daly como teóloga, no prescinde de los aspectos teológicos, porque, por un lado, refuerzan su discurso, tuvieron y tienen incidencia en la realidad moral social actual y, por otro lado, proporcionan esquemas de legitimación y de representación de ciertos ideales morales y prácticas sociales actuales.
31. Dentro del esquema tomista encuentra las herramientas metodológicas y hermenéuticas para un cuerpo de filosofía y ética radicalmente feminista que no dependa de las terminologías y conceptos manipulados tradicionalmente y que son difícilmente modificables. Es una propuesta universal y holística, pero no exclusiva para las mujeres. No pretende ser una mera modificación ni mejora de las ciencias y filosofías patriarcales actuales, ni siquiera una crítica de las éticas tradicionales. Se propone una ontología, una ética y una semántica en la que caben todos los discursos feministas y que por su magnitud y rigor es capaz de convertirse en la base de pensamiento de las mujeres respetando la particularidad de cada procedencia y circunstancia.

32. La categoría de género marca tan profundamente la teoría de la justicia de reconocimiento, que no es suficiente quedarse en ella. Pero tampoco la teoría de la representación, propuesta por Nancy Fraser, puede aplicarse en los mismos términos a los grupos o movimientos sociales (políticos) como a las mujeres en general, porque ni son un colectivo de representación única ni tampoco un grupo minoritario.
33. Las tres autoras descubren la necesidad de un claro nexo entre la teoría (en cuanto normas) y la praxis (en cuanto procedimientos), al llegar a la conclusión de que la separación excesiva de las disciplinas teóricas (la filosofía y la historia) de las prácticas (la política, la psicología, la sociología, la educación, el derecho), perpetúa el sesgo machista de sus planteamientos y justifica los privilegios de la mayoría relevante a nivel de influencias económicas, políticas y sociales.
34. A nivel metodológico Mary Daly coincide con Nancy Fraser y Carol Gilligan en la fase crítica y deconstructiva del contenido de la ética moderna, pero sus propuestas constructivas y creativas superan con creces las de aquellas, sobre todo, porque se asientan en una base antropológica que no presupone la legitimidad y validez de los avances éticos modernos ni pretende modificar sus resultados, sino que cuenta una historia de futuro, una utopía, un relato de lo imaginado y pretendido por las mujeres.
35. Mary Daly parece evitar un aparente callejón sin salida metodológico-conceptual actual a través de su dinámica de reflexión que, por un lado, deconstruye el problema generado por la ambigüedad hermenéutica del mismo concepto "justicia" y, por otro lado, articula muy hábilmente los elementos valiosos de varias tendencias, tanto filosóficas como de reflexión práctica feminista.
36. La proyección hacia el futuro no sólo es un punto distintivo de Mary Daly en comparación con las demás autoras, sino que también cierra el círculo completo de la narrativa de la teóloga, dotándola de un estatuto de obra completa. La autora empieza por la fase de deconstrucción y crítica (en sus dos primeras obras), pasa por la fase del análisis creativo y propuesta de una ontología y ética nuevas, y culmina con la etapa reconstructiva donde hallamos las propuestas políticas y sociales de aplicación de sus principios y una proyección al futuro, una especie de escatología donde recapitula en su proyecto la totalidad de las preocupaciones de las múltiples ramas del feminismo (liberal, radical, socialista, del cuidado, existencial).
37. La visión teológica está ajena a las otras autoras que tratan de la justicia, aunque las consecuencias éticas desembocan en actitudes que coinciden con los síntomas de las carencias morales de las que habla

Carol Gilligan. Si las mujeres sólo pudieran verse como *Imago Dei*, como dice Mary Daly, a condición de negar su propia identidad sexual o fiarse del poder masculino en detrimento de la confianza en el criterio propio, no se les podría pedir una autonomía moral, y esto conllevaría la pérdida de responsabilidad moral.

38. Consideramos que la propuesta de Mary Daly responde con creces a los retos planteados por la ética feminista actual, según Alison Jaggar[3]: conferir igual peso a los intereses de las mujeres que a los varones, ampliar el contenido de la ética, repensar el sujeto moral, revalorizar lo femenino y basarse en la experiencia moral de las mujeres. Además, amplía los horizontes de la teorización y la praxis más allá del problema diferencia-igualdad o justicia de la representación y justicia del cuidado.

3. Alison Jaggar, "Caring as a Feminist Practice of Moral Reason," *Justice and Care: Essential Readings in Feminist Ethics* (Boulder: Westview Press, 1995): 117-137.

CONCLUSIONS

We would like to draw the following main conclusions:

1. Mary Daly is a pioneer both in her academic accomplishments (a doctorate in Catholic Theology at European and American levels) and in her systematization of feminist philosophy. Her work spans more than half a century of dramatic changes in the Church (especially the Second Vatican Council). Her work is relevant, because it agrees with radical feminist demands and with bringing clarity to a highly diverse and pluralistic movement. As a thinker and writer, she has been able to adapt and promote a critical vision for this movement.
2. Methodologically, Daly supports her ethical proposal for the practical ontology of the Being-Verb through a linguistic and symbolic vehicle of the goddess Nemesis. This means connects the archaic myths with the patriarchal culture, establishing a creative link with new projects that construe Being-Act as *Be-laughing*, *Be-longing*, and *Be-witching*.
3. Revising the history of the concept "justice", as well as its interpretation and application in the Christian tradition, it promotes a corrective redistribution that is regulated by appeal to *epikeia*, or equality.
4. In the economic context, our present state of fragmentation and dualism foster oppression and exploitation – even in the name of justice and law. Moreover, the appeal to justice often falls flat because its message is hindered by biased ideas about the free market system of benefits and exchange. In a misguided attempt to deal with these problems, philosophy proposes concepts of abnormal justice, or justice of care.
5. When we realize that women, in a society governed by the patriarchal principle, have not been considered as fully human and responsible, we have little choice but to abandon the approach of modern justice. For we are forced to conclude that the category of justice, as understood in today's discourse, is fully uninspiring: its meaning and its tradition has been biased.
6. The greatest work on logical semantics features in Daly's *Pure Lust*. This work removes the philosophical principles, showing both their shortcomings and the illogical double procedure that, on the one hand, extends the purely theoretical separation between being and doing, and on the other hand it excludes the experience of women from contributing to the general norm.

7. The most important concepts, are: *Be-ing, Nemesis*, and finally *Biophilia*. They show the way in which ontological-practical/ethical dimensions interweave with ecological ones in Daly's work.
8. Mary Daly was a pioneer in combining art (aesthetics) with ethics. She saw the imminent crisis of epistemological notions in the post-modern sensibility. She tried to show the connection between image (i.e., representation) and ethical praxis that follow the dualistic and patriarchal mentality. These images must be purified or changed so that reality can change. The justice of love cannot be separated from the practice, just as ontology should not work on a different level, or with a different methodology, than ethics.
9. The "academentry" and "metodolatry" are tools that must be detected and eliminated in a kind of "metodocidy" that Daly undertakes to connect what is (ontology, *verum*) with what is done (ethics, *bonum*) and with the representation, beauty. *Pulchrum* balances both extremes (*verum* and *bonum*) through symbols and language.
10. Nemesis does not just refer to a goddess, but also to a series of concepts and attitudes. Mary Daly manages to connect various magnitudes that theology traditionally kept separate: truth, being, goodness, and ethics. The symbolic representation (*pulchrum*) of Nemesis bridges the gap between theory and praxis, the *verum* and the *bonum*, the abstract and the experience. This complex construction enriches the traditional academic knowledge with the idea of the experience. It also shows the need of a science based on ontology, reality, truth, and ethics.
11. Mary Daly's basic ethical model is based on three notions: *Be-ing, Be-speaking*, and *Be-leaving*. These imply an ontological turn in the direction of being, which is the object of understanding, that is, of language.
12. Mary Daly's proposal of the ethics of Nemesis is holistic: it does not refer only to women. She recognizes the need to appeal to the transcendent and the divine for the sake of transcending the framework of human justice. What she has in mind is not a liberation or justification in the hereafter, but rather an internal conversion and the capacity to transform the world into a *biophilic* one. She does not want the image of the god-male to eclipse the power of representation and transformation possessed by the symbol of empowerment, life, and promise that is the Nemesis.
13. Major currents in the feminist ethics of justice flow in two directions: representation justice (Nancy Fraser), and care (Carol Gilligan). The problem with both currents is that they do not just call feminist justice "justice," but instead they add an adjective to bring out uniquely

feminist nuances: social justice, reflexive, abnormal justice, care, representation. Mary Daly highlights the inadequacy of an approach that qualifies this term by adding attributes or descriptions simply for the sake of distancing it from a complex tradition.

14. In the context of the feminist debate on equality and difference, a feminism of difference would favor the ethics of care above views that emphasize the demands of equal rights. Post-structuralist forms of feminism do not see a way to establish normative criteria of justice, for such criteria, they argue, will always generate exclusions. Multicultural feminisms for their part try to remedy cultural injustice, in line with feminism of difference, taking into account the reductive nature of traditional politics of identity/difference.
15. The gender problematic complicates the ascription of feminism to any type of multicultural ethics. It either appeals to culture in a romantic or instrumental way, or promotes a simplistic cultural relativism. Multicultural respect for difference is sometimes confused with the liberal line embodying an individualist position that fails to recognize gender differences.
16. The context within which the feminist debate on equality and difference is situated complicates the issue by confronting feminist views about justice. In turn, the complexity of gender terminology requires further refinements. Because a minimum consensus is lacking, feminist ethics of justice is marginalized and fails to impact academic and political discourse.
17. Feminist ethics suggests that it is not enough for traditional ethics to incorporate the interests and issues of women and to recognize women as moral agents who must be taken seriously. On the contrary, it urges traditional ethics to completely rethink the ontological and epistemological assumptions on which its thinking is based, and to consider the possibility that, far from being sources of human liberation, its principles, rules, norms, and criteria actually serve to support the patterns of domination and subordination that demoralize everyone.
18. But this very open perspective succumbs to a certain weakness, because there is no cohesive ethical feminist perspective. Feminism faces the challenge of constructing a clear, convincing, and unified position on key moral issues. Without such a clear position, less favorable prospects for women could take its place in a political environment.
19. Justice of care is anchored in the connection that it forges between philosophy, politics, identity, and morality, as well as in its ability to cross these dimensions. It provides a vindication of self-value and urges that we renounce the privileges flowing from the domination

of majorities, holding instead that we must recognize the uniqueness of others.

20. Carol Gilligan is convinced that what was considered the deficit or lack in the moral development of women (the concern for feelings and relationships, an emotional intelligence next to the rational one) are in fact human advantages – for they are present both in girls and boys (before children are socialized into the binary and hierarchical framework of our patriarchal culture), and they foster sensitivity to the emotional climate.
21. Nancy Fraser and Carol Gilligan, if we take their proposals seriously, demand a change in the paradigm of global justice that privileges relations of domination in the name of presumed democracy. They call attention to the way how the patriarchal mentality generates exclusionary dualisms and perpetuates a wrong redistribution of power and goods, false recognition, failing to represent appropriately the various social groups.
22. The principle of participatory parity, as proposed by Nancy Fraser, and the principle of care within the framework of moral development, proposed by Carol Gilligan, would become the fundamental moral principles guaranteeing the inclusion of all legitimate interests in the procedure of justice.
23. The involvement of ecofeminism in the debate on justice allows us to address the problem of traditional and modern justice from an even broader perspective than that of interpersonal relationships. Ecofeminism highlights not only the androcentric bias in the theories and practices of justice that exclude women and certain social groups, but also the anthropocentric bias that justifies distributing goods at the expense of planet and the life of all beings.
24. The difficulties of Fraser's and Gilligan's theories lie in their general and wide-ranging character. In order to implement these theories in worldwide policy (especially given the speed of political and social changes under the financial and economic pressure), we would need an organic representation of women throughout the whole world. Yet such a representation seems utopian, since women as a whole do not constitue a unified social group: in each continent or country, and even within each country, there are varied demands among different groups of women that are not easily reconciled.
25. The changes that Nancy Fraser faces would have to be implemented more quickly than is realistic, while the ones proposed by Carol Gilligan would take too much time to implement. The weakness of political representation makes invisible the feminist proposals that,

in some cases, seem contradictory and are sometimes manipulated within the hegemonic political currents or social and religious structures.

26. Mary Daly recognizes the shortcomings of modern ethics, including the limitations and disagreements that weaken the transformative potential of the justice of representation and care. She proposes an alternative approach that, while clearly separated from any classic or modern roots, nonetheless allows them to be incorporated, at least insofar as it is compatible with the proposals of Carol Gilligan, Nancy Fraser, Nel Noddings, Alison Jaggar etc.
27. Nancy Fraser and Carol Gilligan (and their respective schools) intend to design a theory of justice based on modern principles (Immanuel Kant). Mary Daly, by contrast, who knows modern ethics and fiercely criticizes traditional morality, prefers to draw on the Aristotelian-Thomistic tradition. This allows her theory to be extended to religion and ritual.
28. Carol Gilligan and Nancy Fraser operate with rational and atheist principles. By contrast, the theologian Mary Daly does not ignore the theological aspects, as these reinforce her discourse and affect our contemporary moral and social reality, providing schemes for legitimating and representing certain moral ideals and social practices.
29. Within the Thomist scheme, Daly locates the methodological and hermeneutical tools to create a radical feminist philosophy and ethics that does not depend on traditionally manipulated terminologies and concepts that are difficult to change. Her proposal is universal and holistic, not intended to apply exclusively to women. It does not pretend merely to modify or improve current patriarchal sciences and philosophies, or even to merely criticize traditional ones. Due to the magnitude and rigor of Daly's ontology, ethics, and semantics, most feminist views could fit within them, making her proposal the basis of women's thought in a way that respects the particularity of each origin and circumstance.
30. Fraser's theory of representation cannot be applied either to groups or social movements or to women in general, for none of these is a single representative collective or a minority group.
31. Three authors discover the necessity of a clear nexus between the theory (as rules) and the praxis (as procedures), to erase the excessive separation of the theoretical disciplines (philosophy, history) from the practices (politics, psychology, sociology, education, law). Their aim is to change the sexist bias of these disciplines that privileges men.

32. Mary Daly's work resembles that of Nancy Fraser and Carol Gilligan at a methodological level, given their shared criticism and deconstruction of modern ethics. But Daly's constructive and creative proposals exceed those of Fraser and Gilligan. The main reason is that they derive from the anthropology, that neither presupposes the legitimacy and validity of modern ethics, nor intends merely to modify it. Daly instead tells a story of the future, a utopia, a story of what women have imagined and intended.
33. Mary Daly seems to anticipate the apparent dead-end of traditional methodological-conceptual currents, for she deconstructs the problem generated by the hermeneutic ambiguity of the concept of justice, and she articulates what is valuable in various aspects of philosophical and practical feminist thought.
34. The projection to the future is a distinctive point of Mary Daly's in contrast with Fraser and Gilligan. Daly begins (in her first two works) with deconstruction and criticism; she then moves into creative analysis and proposes a new ontology and ethics; she finally culminates with a reconstruction, in which we find her political and social proposals for applying her principles and projecting to the future. This part of her work amounts to a kind of eschatology that rearticulates multiple concerns of various branches of feminism.
35. The ecological concern allows Daly to overcome not only androcentric but also anthropocentric perspectives. It also criticizes the logic that underestimates women by opposing them to culture and the public world.
36. In contrast to Daly's work, Fraser`s and Gilligan`s work dealing with the ethics of justice lacks any theological vision.
37. We conclude that Mary Daly´s proposal fully responds to the challenges posed by current feminist ethics. According to Alison Jaggar, these are: to give equal weight to the interests of women and men, to broaden the contents of ethics, to rethink the moral subject, and to revalue the feminine as based on the moral experience of women. In addition, Daly's work broadens the horizons of theory and praxis beyond the problem of justice of representation and justice of care.

APÉNDICE

La tabla muestra las menciones sobre *Be-ing*, Némesis-justicia, ética-moral, actos, lenguaje/metáforas en las obras de Daly.

Categorías	Título	Páginas
Justicia	*The Church and the Second Sex*	
Ética		
Lenguaje		
Be-ing		18, 23, 49
Justicia	*Beyond God the Father*	127-131
Ética		4, 45, 98-131, 105, 109, 110
Lenguaje		105-106, 120
Be-ing		149
Justicia-Némesis	*Gyn/Ecology*	40, 245-250, 347
Ética		11-14
Lenguaje		12, 22-27, 322-333, 340, 404
Be-ing		
Justicia-Injusticia-Némesis	*Pure Lust*	58, 142, 218, 220-230, 240, 274-280
Lenguaje-metáfora		9, 24-28, 61, 80, 87, 95-116, 291, 293, 343, 402-405
Be-ing-Presencia-Ontología		29, 85, 146, 159, 297, 373
Justicia-Némesis	*Outercourse*	95, 196-199, 269, 294, 398
Ética-Moral		196, 292, 328, 329
Lenguaje-metáfora, metaetimología		161, 188
Be-ing		3, 21, 133-196

Némesis-justicia	*Wickedary*	64
Ética		
Lenguaje		
Be-ing-Ontología		86
Némesis-justicia	*Quintessence*	20, 79–105
Ética		24, 64, 86, 119, 190
Lenguaje		
Be-ing		27, 39, 50–54, 89, 91, 125, 183

BIBLIOGRAFIA

La bibliografía se divide en cuatro partes: las fuentes, la bibliografía sobre la autora, la bibliografía sobre la ética tradicional y feminista, la bibliografía complementaria. Respecto a las fuentes disponibles y la bibliografía sobre la autora hemos hecho una mención expresa en los puntos 1.2.1: "Fuentes de la investigación" y 1.2.2: "La novedad y la originalidad de la obra de Daly."

Fuentes

Daly, Mary. *Natural Knowledge of God in the Philosophy of Jacques Maritain.* Rome: Officium Libri Catholici, 1966.

—. "Hans Küng." In *The New Day: Catholic Theologians of the Renewal*, edited by William Boney and Lawrence Molumby, 129-142. Richmond: John Knox Press, 1968.

—. *The Church and the Second Sex.* 2nd ed. Boston: Beacon Press, 1985.

—. *Beyond God the Father.* 2nd ed. London: The Women's Press, 1985.

—. *Gyn/Ecology: The Metaethics of Radical Feminism.* 3rd ed. London: The Women's Press, 1984.

—. *Pure Lust: Elemental Feminist Philosophy.* 2nd ed. London: The Women's Press, 2001.

—. *Websters' First New Intergalactic Wickedary of the English Language.* 2nd ed. New York: Harper Collins, 1994.

—. *Outercourse: The Be-Dazzling Voyage.* 2a ed. London: The Women's Press, 1993.

—. *Quintessence... Realizing the Archaic Future: A Radical Elemental Feminist Manifesto.* 2nd ed. London: The Women's Press, 1999.

—. *Amazon Grace: Re-Calling the Courage to Sin Big.* New York: Palgrave Macmillan, 2006.

Bibliografía sobre la autora

Tesis doctorales

Hope, Paula. "Patriarchy and Self-Hate: Mary Daly's Psychological Assessment of Patriarchal Religion Appraised and Critiqued in the Context of Karen Horney's Psychoanalytic Theory." PhD diss., University of Ottawa, 2013.

Juschka, Darlene. "Feminist Encounters with Symbol, Myth and Ritual: Mary Daly, Elisabeth Schüssler Fiorenza, and Rosemary Radford Ruether." PhD diss., University of Toronto, 1998.

Korte, Anne-Marie. "Een passie voor transcendentie: feminisme, theologie en moderniteit in het denken van Mary Daly." PhD diss., Catholic University Nijmegen, 1992.

Nutt, Aurica. "Gott als Verb: Gott, Geschlecht und Leiden: Die feministische Theologie Elizabeth A. Johnsons im Vergleich mit den Theologien David Tracys und Mary Dalys." PhD diss., Tilburg University, 2008.

Wood, Johanna Martina. "Patriarchy, Feminism and Mary Daly: A Systematic-Theological Enquiry into Daly's Engagement with Gender Issues in Christian Theology." PhD diss., University of South Africa, 2013.

Monografías dedicadas a la obra de Mary Daly

Alvizo, Xochitl. "Celebrating and Con-Questioning Mary Daly." *Journal of Feminist Studies in Religion,* 28, no. 2 (2012): 98-100.

Culpepper, Emily. "Special Edition in Memory of Mary Daly." *Journal of Feminist Studies in Religion,* 28, no. 2 (2012): 89-90.

Gibellini, Rosino. *La teología del siglo XX*. Santander: Sal Terrae, 1998.

Gómez Acebo, Isabel. "Dios en la teología feminista. Estado de cuestión." *Estudios Eclesiásticos Vol.* 78, N° 304 (2003): 10-35.

Hunt, Mary. "Celebrating and Cerebrating Mary Daly (1928-2010)." *Journal of Feminist Studies in Religion,* 26, no. 2 (2010): 7-9.

Hoagland, Sarah and Marilyn Frye. *Feminist Interpretations of Mary Daly.* Pennsylvania: The Pennsylvania State University Press, 1992.

Loades, Ann, ed. *Teología feminista*. Bilbao: DDB, 1997.

Plaskow, Judith. "Lessons from Mary Daly." *Journal of Feminist Studies in Religion,* 28, no. 2 (2012): 100-104.

Ratzel, Eveline. *The BIG SIN: Die Lust zum Sündigen: Mary Daly und ihr Werk.* Hamburg: Christel-Göttert, 2011.

Ress, Mary Judith, Ute Seibert and Lene Sjørup. *Del cielo a la tierra: Una antología de teología feminista*. Translated by Elena Olivos. Santiago de Chile: Sello Azul, 1997 (1ª ed. 1994).

Tomassone, Letizia, ed. *Un vulcano nel vulcano: Mary Daly e gli spostamenti della teología.* Cantalupa: Effata, 2012.

Riswold, Caryn. "Two Reformers: Martin Luther and Mary Daly as Political Theologians?" *Political Theology* 7 (2006): 43-52.

Russel, Letty. *Dizionario di teologie femministe.* Torino: Claudiana, 2009.

Bibliografía sobre la ética tradicional y feminista

Amorós, Celia. *Tiempo de feminismo: Sobre feminismo, proyecto ilustrado y posmodernidad.* Madrid: Cátedra, 1997.

—. *Diez palabras clave sobre mujer.* Estella: Verbo Divino, 2000.

—. *Feminismo y filosofía*. Madrid: Síntesis, 2000.

—. *La gran diferencia y sus pequeñas consecuencias... para las luchas de las mujeres,* 2ª ed. Madrid: Cátedra, 2006.

Arana, María José. "El Fórum Ecuménico de Mujeres Cristianas de Europa." *Revista de teología pastoral* N° 1027 (1999): 745-758.

—. "Mujeres y espiritualidad de la resistencia." In *Espiritualidad y fortaleza femenina,* edited by Pilar de Miguel. Bilbao: DDB, 2006: 79-124.

Arendt, Hannah. *La condición humana.* Madrid: Paidós, 2005.

Aristóteles. *Ética Nicomaquea*. Madrid: Instituto de Estudios Políticos, 1970.

Bartky, Sandra Lee. *Femininity and Domination*. New York: Routledge, 1990.

Bautista, Esperanza. "Dios." In *10 mujeres escriben teología,* edited by M. Navarro, Estella: Verbo Divino, 1998: 56-75.

Bedford, Nancy. "La espiritualidad cristiana desde una perspectiva de género." *Cuadernos de Teología* 01 (2000): 105-125.

Benhabib, Sheila. "El otro generalizado y el otro concreto: La controversia Kohlberg-Gilligan y la teoría feminista." In *Teoría feminista, teoría crítica*, edited by S. Benhabib and D. Cornell: Valencia: Alfons el Magnànim, 1990: 119-149.

—. "Una revisión del debate sobre las mujeres y la teoría moral." *Isegoría* 6, (Noviembre 1992): 37-66.

Bernabé, Carmen. *Mujeres con autoridad en el cristianismo antiguo*. Estella: Verbo Divino, 2007.

Blundel, Sue. "Myth: An Introduction." In *Women in Ancient Greece*, edited by S. Blundel. London: British Museum Press, 1995: 14-19.

Butler, Judith. *El género en disputa: el feminismo y la subversión de la identidad*. Madrid: Paidós, 2007.

Calvo, Quintín. *Espíritu de la moral cristiana*. Madrid: PCC, 2002.

Carrasco, Alejandra. "La justicia utilitarista y las paradojas del liberalismo de Mill." *Anuario Filosófico* 32 (1999): 395-428.

Chalmeta, Gabriel. *La justicia política del bien común político*. Pamplona: Eunsa 2002.

Chodorow, Nancy. *El ejercicio de la maternidad*. Barcelona: Editorial Gedisa, 1984.

Copeland, Shawn. "La diferencia como categoría en las teologías críticas de la liberación de las mujeres." *Revista Concilium* 1 (1996): 91-108.

Cordero, Karen. *Crítica feminista en la teoría e historia del arte*. México: Universidad Iberoamericana, 2007.

Cortina, Adela. *Ética sin moral*. Madrid: Tecnos, 1990.

—. *Justicia cordial*. Madrid: Trotta, 2010.

Correas, Massini. "La sistemática de la justicia en la filosofía de Aristóteles." *Persona y derecho. Revista de fundamentación de las Instituciones Jurídicas y de Derechos Humanos* 39 (1998): 273.

Dermienice, Alice. "Teología de la mujer y Teología feminista." *Révue théologique de Louvain*, 31 (2000): 492-523.

Eisler, Riane. *El Cáliz y la espada: Nuestra historia, nuestro futuro*. Santiago de Chile: Cuatro vientos, 2006.

Fascioli, Ana. "Ética del cuidado y ética de la justicia en la teoría moral de Carol Gilligan." *Revista Actio* 12 (2010): 32-51.

Fisas, Vicenç. *El sexo de la violencia*. Barcelona: Icaria, 1998.

Fraser, Nancy. "Multiculturalidad y equidad entre los géneros: un nuevo examen de los debates en torno a la diferencia en EEUU." *Revista de Occidente* 173 (1995): 13-35.

—. *Social Justice in the Age of Identity Politics: Redistribution, Recognition and Participation*. California: Stanford University Press, 1996.

—. *Escalas de justicia*. Translated by Antoni Martínez. Barcelona: Herder, 2008.

Fraser, Nancy y Axel Honneth. *¿Redistribución o reconocimiento? Un debate politico-filosófico*. Translated by Pablo Manzano. Madrid: Morata, 2006.

Forcades, Teresa. *Por amor a la justicia*. Madrid: HOAC, 2015.

Gebara, Ivone. *El rostro oculto del mal: Una teología desde la experiencia de las mujeres*. Madrid: Trotta, 2002.

Gilligan, Carol. *In a Different Voice: Psychological Theory and Women's Development*. Cambridge: Harvard University Press, 1982.

—. *La moral y la teoría: Psicología del desarrollo femenino*. México: FCE, 1985.
—. "La ética del cuidado." *Cuadernos de la Fundació Víctor Grofols i Lucas 30* (2013): 66-113.
Gómez Acebo, Isabel. *Así vemos a Dios*. Bilbao: Desclée de Brouver, 2001.
Gozálvez, Víctor. "Articulación de la justicia." *Educación XXI*, 19, no. 1 (2016): 311-330.
Griffin, Susan. *Woman and Nature: The Roaring Inside Her*. New York: Harper and Row, 1978.
Häring, Bernhard. *Libertad y fidelidad en Cristo*. Barcelona: Herder, 1979.
Heidegger, Martín. *El ser y el tiempo*, 1ª ed. 1928, 4ª ed. Translated by José Gaos. Madrid: Tecnos, 2009.
Held, Virginia. *Justice and Care: Essential Readings in Feminist Ethics*. Boulder: Westview Press, 1995.
—. *Justice and Care: Personal, Political, and Global*. Oxford: Oxford University Press, 2006.
Herrera Lima, María. "La ética desde el feminismo. Notas sobre la diferencia." *Isegoria 6*, (1992): 153-160.
Hoagland, Sarah and Marilyn Frye. *Lesbian Ethics*. Palo Alto: Institute of Lesbian Studies, 1988.
Honneth, Axel. *The Struggle for Recognition: The Moral Grammar of Social Conflicts*. Cambridge: Cambridge University Press, 1995.
Hoyos, Diana. "Ética del cuidado: ¿Una alternativa a la ética tradicional?" *Discusiones filosóficas*, 9 (2008): 71-91.
Hunter, Jeffrey. *Feminism in Literature*. Stanford: Gale Thompson, 2005.
Hunter, Kathryn. *Doctors' Stories: The Narrative Structure of Medical Knowledge*. Princeton: Princeton University Press, 1991.
Irigaray, Luce. *La ética de la diferencia sexual*. Ellago: Castellón, 1974.
Jaggar, Alison. *Feminist Politics and Human Nature*. New Jersey: Rowman and Allanheld Publishers, 1983
—. "Feminst Ethics: Some Issues for the Nineties." *Journal of Social Philosophy* 30, (1989): 213-225.
—. *Living with Contradictions: Controversies in Feminist Social Ethics*. Boulder: Westview Press, 1994.
—. "Caring a Feminist Practice of Moral Reason." *Justice and Care: Essential Readings in Feminist Ethics*. Boulder: Westview Press, 1995: 117-137.
Johnson, Elizabeth. *La búsqueda del Dios vivo. Trazar las fronteras de la teología de Dios*. Santander: Sal Terrae, 2008.
Joslyn, Matilda. *Women, Church and State. A Historical Account of the Status of Women through the Christian Ages: With Reminiscences of the Matriarchate*. Chicago: Charles Kerr and Company, 1893.
Kerber, Linda. "Some Cautionary Words for Historians. On In a Different Voice. An Interdisciplinary Forum." Edited by L. Kerber et al. *Signs* 11, no. 2 (1986): 2-26.
Kittay, Eva. *The Subject of Care: Feminist Perspectives on Dependency*. Lanham: Rowman and Littlefield, 2003.
—. *Love's Labor: Essays on Women, Equality, and Dependency*. New York: Routledge, 1999.
Lagarde, Marcela. *Los cautiverios de las mujeres. Madresposas, monjas, putas, presas y locas*. México: UNAM, 1997.

Martínez, Jorge. "Santo Tomás de Aquino y la teoría de la justicia." *Derecho y humanidades* 12 (2006): 109-117.
McFague, Sallie. *Modelos de Dios: Teología para una era ecológica y nuclear.* Santander: Sal Terrae, 1994.
Medina, María. "La ética del cuidado y Carol Gilligan: una crítica a la teoría del desarrollo moral de Kohlberg para la definición de un nivel moral postconvencional contextualista." *Daimon Revista Internacional de Filosofía* 67 (2016): 35-92.
Milhaven, John Giles. *Toward a New Catholic Morality.* New York: Image Book, 1970.
Mill, John Stuart. *The Subjection of Women.* London/New York: Longman, Green and Co., 1909.
—. *El utilitarismo.* Translated by Josefa Sainz Pulido. Madrid: Alianza Editorial, 2014.
Millet, Kate. *Sexual Politics.* Chicago: University of Illinois Press, 1970.
Molina, Cristina. *Dialéctica feminista de la ilustración.* Barcelona: Anthropos, 1994.
Muraro, Luisa. *Sobre la autoridad femenina.* Madrid: Horas y horas, 1991.
—. *El orden simbólico de la madre*, Madrid: Horas y horas, 1994.
Navarro, Mercedes. *Para comprender el cuerpo de la mujer. Una perspectiva bíblica y ética.* Estella: Verbo Divino, 1996.
—. *Cuerpos invisibles, cuerpos necesarios. Cuerpos de las mujeres en la Biblia: exégesis y psicología.* Estella: Verbo Divino, 2004.
Nelson, Hilde. "Context: Backward, Sideways and Forward." *HEC Forum: Special Issue on Narrative* 11, 1 (1999): 11-35.
—. *Damaged Identities, Narrative Repair.* Itaca: Cornell University Press, Ithaca 2001.
Noddings, Nel. *Educating Moral People: A Caring Alternative to Character Education*, New York: Teachers College Press, 2002.
—. *Starting at Home: Caring and Social Policy.* Berkeley: University of California Press, 2002.
Nussbaum, Martha. *Las fronteras de la justicia: consideraciones sobre la exclusión.* Translated by Ramón Vila Vernís. Buenos Aires: FCE, 2006.
Ricoeur, Paul. *Caminos del reconocimiento.* México: FCE, 2006.
—. *Tiempo y narración III: El tiempo narrado.* Translated by Manuel Maceiras. México: Siglo XXI, 2006.
—, *Hermenéutica y acción: De la hermenéutica del texto a la hermenéutica de la acción.* Buenos Aires: Prometeo, 2008.
Radford, Rosemary. *Gaia y Dios: Una teología ecofeminista para la recuperación de la tierra.* Translated by Marta Novo de Ferragut y Norma Lazcano. Demac: México, 1993.
Ramón, Lucía. *Queremos el pan y las rosas.* Madrid: HOAC, 2011.
Rossi, Alice. *Essays on Sex Equality.* Chicago: University of Chicago Press, 1971.
Ruddick, Sara. "Maternal Thinking." In *Mothering: Essays in Feminist Theory*, edited by Joyce Trebilcot. New Jersey: Rowman and Allanheld, 1983: 213-230.
Schüssler Fiorenza Elisabeth. *Cristología feminista crítica. Jesús, hijo de Miriam, profeta de la Sabiduría.* Translated by Nancy Bedford. Madrid: Trotta, 2000.
—. *Los caminos de la Sabiduría. Una introducción a la interpretación feminista de la Biblia.* Translated by Jose Manuel Lozano Gotor. Santander: Sal Terrae, 2004.

Sölle, Dorothee. "Los nombres de Dios." *Alternativas,* 16/17 (2000): 111-123.

Tomás de Aquino, *Summa Theologiae,* 3. Translated by Ovidio Calle y Lorenzo Jiménez. Madrid: BAC, 1990.

Tronto, Joan. "Beyond Gender Difference to a Theory of Care." *Signs* 12, no. 4 (1987): 644-663.

Valcárcel, Amelia. *Tiempo global, tiempo de crisis, tiempo en Asia, tiempo de las mujeres.* Accessed May 19, 2016. http://www.youtube.com/watch?v=TDXQiLfph18.

Vázquez, Victoria. *La educación y la ética del cuidado en el pensamiento de Nel Noddings* (Valencia: Universidad de Valencia, 2011). Accessed June 14, 2016. http://hdl.handle.net/10550/15711

Weems, Renita. *Amor maltratado: Matrimonio, sexo y violencia en los profetas hebreos.* Bilbao: Desclée de Brouver, 2004.

Wollstonecraft, Mary. *A Vindication of the Rights of Women,* 5th ed., London: Penguin, 1988.

Wozna, Antonina. "Rasgos de la teología feminista en la narrativa de Mary Daly." *Carthaginensia* 32 (2016): 365-405. Accessed 25 March, 2019. https://dialnet.unirioja.es/servlet/articulo?codigo=5926043

Bibliografía complementaria

Althaus-Reid, Marcella. *The Queer God.* Routledge: London, 2003.

Aranda, Gonzalo. *La literatura intratestamentaria.* Estella: Verbo Divino, 2009.

Aristóteles, *Ética Nicomaquea.* Translated by Julián Marías y María Araujo. Madrid: Instituto de Estudios Políticos, 1970.

Beecher, Catherine and Harriet Stowe. *The American Woman's Home: Principle of Domestic Science.* New York: Aeno Press and The New York Times, 1971.

Benedicto XVI, *Caritas in veritate.* Roma, 2009. Accessed March 13, 2018. http://w2.vatican.va/content/benedict-xvi/es/encyclicals/documents/hf_ben-xvi_enc_20090629_caritas-in-veritate.html.

—. *Audiencia general.* Roma, 17 de marzo de 2010. Accessed April 20, 2019. http://w2.vatican.va/content/benedict-xvi/es/audiences/2010/documents/hf_ben-xvi_aud_20100317.html

Bergmann, Gustav. *Logical Positivism, Language, and the Reconstruction of Metaphysics.* 1st ed., Frankfurt/Lancaster: Ontos-Verlag, 1953.

Buenaventura de Bagnoregio. "Collationes in Hexameron." In *Obras San Buenaventura. Colaciones Hexaemeron o sobre el de la Iglesia Iluminaciones,* Volumen III. Translated by León Amorós, Miguel and Bernardo Aperribai Oromi. Madrid: La Católica Editorial, 1957: 176-659.

Buhle, Mari Jo y Paul Buhle, *The Concise History of Women's Suffrage.* Urbana: University Of Illinois Press, 1978.

Christ, Carol- Plaskov, Judith. *Womanspirit Rising: A Feminist Reader in Religion.* New York: Harper and Row, 1979.

Di Tullio, Anabella. "¿Hacia una justicia sin fronteras? El enfoque de las capacidodes de Martaa Nussbaum y los límite de la justicia", *Daimon. Revista Internacional de Filosofía* 58 (2013): 51-68.

Downing, Christine. *The Goddess: Mythological Images of the Feminine.* San Diego: San Diego State University, 1981.

Dulles, Avery. *Modelos de Iglesia.* Translated by José Benito Portada y José Mª García Wamba. Santander: Sal Terrae, 1975.

Fisichella, Rino. *Introducción a la teología fundamental.* Translated by José Mª Hernández Blanco and Fermin Cebrecos Bravo. Estella: Verbo Divino, 1993.

Gadamer, Hans. *El giro hermenéutico.* Translated by Arturo Parada. Madrid: Cátedra, 2008.

García, Jesús. *Virtud y personalidad según Sto. Tomás de Aquino.* Pamplona: Eunsa, 2003.

Geffré, Claude. *Un nouvel âge de la théologie.* Paris: Cerf, 1972.

Gimber, Arno. "Mito y mitología en el romanticismo alemán." *Amaltea: Revista de Mitocrítica,* 3. Accessed April 18, 2017. http://Revistas.Ucm.Es/Index.Php/Amal/Article/View/21521.

Giobellina, Fernando y Elda González. *Mito-Rito. Lévi Strauss.* Translated by Mary Douglas. Uppsala: Instituto de Antropología Cultural de la Universidad de Uppsala, 1981.

González, Olegario. *Cristología.* Madrid: BAC, 2001.

Graves, Robert. *Los mitos griegos 1.* Translated by Esther Gomez Parro. Madrid: Alianza Editorial, 2014.

Grimal, P., *Diccionario de mitología griega y romana.* Translated by Pedro Pericay. Paidós, Barcelona, 1981.

Izquierdo, Carlos. "Tradición eclesial y tradiciones culturales (la enseñanza de *Fides et Ratio*)." *Scripta Theologica* 37 (2005): 77-98.

Juan Pablo II. *Veritatis splendor.* Roma, 1984. Accessed April 20, 2019. http://w2.vatican.va/content/john-paul-ii/es/encyclicals/documents/hf_jp-ii_enc_06081993_veritatis-splendor.html.

—. *Christifideles laici.* Roma, 1988. Accessed April 18, 2019. http://w2.vatican.va/content/john-paul-ii/es/apost_exhortations/documents/hf_jp-ii_exh_30121988_christifideles-laici.html.

—. *Evangelium vitae.* Roma 1995. Accessed April 19, 2019. http://w2.vatican.va/content/john-paul-ii/es/encyclicals/documents/hf_jp-ii_enc_25031995_evangelium-vitae.html.

Karrer, Leo. "Experience as an Interpretative Framework for Art in Knauss." In *Reconfigurations: Interdisciplinary Perspectives on Religion in a Post-Secular Society,* edited by Alexander Ornella, 29-43. Berlin: Lit Verlag 2007.

Kuhn, Thomas. *La estructura de las revoluciones científicas.* Translated by Marjorie Gabain. México: FCE, 1971.

Leon-Dufour, Xavier. *Vocabulario de teología bíblica.* Barcelona: Herder, 2001.

Lindbeck, George. *The Nature of Doctrine. Religion and Theology in a Postliberal Age.* Philadelphia: The Westminster Press, 1984.

Lonzi, Carla. *Escupamos a Hegel.* Milán: Librería de Mujeres de Milán, 1970.

Lyons, John. *Linguistic Semantics: An Introduction.* Cambridge: Cambridge University Press, 1995.

Maceiras, Manuel. *La hermenéutica contemporánea.* Bogotá: Cincle, 1990.

Marín, Gloria. *Ética de la justicia y ética del cuidado,* 3. Accessed: May 19, 2016. https://es.scribd.com/document/344990804/Etica-de-La-Justicia-y-Etica-Del-Cuidado-Gloria-Marin

Martín, José Luis. *Puedo ser otro y feliz.* Salamanca: Sígueme, 1999.

Martínez, Francisco. *Jesús.* Espigas: Murcia, 2011.

Molina, José Antonio. "San Gregorio de Elvira y el uso de etimología bíblica en la España romana durante la segunda mitad del siglo IV." *TONOS,* 13 (2007).

Accessed March 20, 2018, https://www.um.es/tonosdigital/znum13/subs/indice/IndiceTonos.htm

Moltmann, Jürgen, and Elisabeth Moltmann-Wendel. *Pasión por Dios: Una teología a dos voces.* Translated by Milagros Amado Mier. Santader: Sal Terrae, 2007.

Oviedo, Lluis. *La fe cristiana ante los nuevos desafíos sociales: Tensiones y respuestas.* Madrid: Cristiandad, 2002.

Papa Francisco, *Laudato si.* Roma, 2015. Accessed April 20, 2019. http://w2.vatican.va/content/francesco/es/encyclicals/documents/papa-francesco_20150524_enciclica-laudato-si.html.

Pérez-Andreo, Bernardo. *No podéis servir a dos amos: Crisis del mundo: Crisis en la Iglesia.* Barcelona: Herder, 2013.

Perkins Gilman, Charlotte. *Herland: A Lost Feminist Utopian Novel.* New York: Pantheon, 1979.

Pikaza, Xavier. *Antropología Bíblica.* Salamanca: Sígueme, 1993.

Popper, Karl. "Los dos significados de falsabilidad." Translated by Andrés Rivadulla. *Revista de Filosofía,* IV (1991): 3-11.

Ricoeur, P., *Hermenéutica y acción: De la hermenéutica del texto a la hermenéutica de la acción.* Buenos Aires: Prometeo, 2008.

Rus, Salvador. "Apuntes a la teoría de la justicia de David Hume (Comentarios al Tratado de la naturaleza humana, libro III, parte II, sección 2)." *Persona y Derecho* 25 (1991): 98-135.

Sarmiento, Pedro. "Estética y teología." *Acontecimiento* 23 (1992): 12-36.

Salamanca, Li Mizar. "Encuentro entre teología y estética." *Theologica Xaveriana,* 143 (2002): 489-501.

Sánchez, Román. *La teoría hermenéutica de E. Schillebeeckx.* Salamanca: Sígueme, 1981.

Scola, A., *Hans Urs von Balthasar, un estilo teológico.* Translated by Juan Miguel Prim. Madrid: Encuentro, 1997.

Stone, Merlin. *When God Was a Woman.* San Diego: Harcourt Brace Jovanovich, 1976.

Tillich, Paul. *Courage to Be.* Newhaven: Yale University Press, 1953.

—. *Teología sistemática (1): La razón y la revelación. El ser y Dios.* 5ª ed., Translated by Damián Sánchez Bustamante. Madrid: Casa del Libro, 2010.

Vidal, Marciano. *Moral de actitudes, tomo II.* Madrid: PS, 1974.

Vilanova, Evangelista. *Historia de la Teología, II.* Barcelona: Herder, 1992.

Wozna, Antonina. "Arte como categoría analógica y operativa para la superación del dualismo Iglesia-laicidad-laicos." In *Actas del simposio de teología histórica: iglesia, laicado, laicidad.* Valencia: Facultad de Teología S. Vicente Ferrer, 2015: 449-460.

ÍNDICE DE LOS TÉRMINOS